거대한 음모, 세월호 침몰

이 책은 억울하게 희생된
304명의 고귀한 생명들의 영전에 바칩니다.
아울러 그 유가족분들에게
심심한 위로를 드립니다.

아스팔트 우파 애국동지인 조원룡 변호사가 세월호 고의 침몰설을 주장하는 저서 《거대한 음모, 세월호 침몰》을 발간하였습니다.

조변호사는 본인이 과거에 세월호 특별조사위원회의 비상임위원으로 활동했던 전력이 있다는 인연을 들어 본인에게 추천사를 의뢰하였습니다.

세월호 고의 침몰설은 본인이 세월호 특조위에서 근무할 당시 유가족 측으로부터 질리게 들었던 일종의 음모설이기 때문에, 이성적인 조변호사가 어떻게 해서 그런 음모설에 빠지게 되었나 궁금하기도 하고 걱정되기도 했던 것이 사실입니다.

그런데 조변호사가 보내준 원고를 읽다 보니 조변호사의 주장에도 일리가 있다는 생각을 하게 되었습니다.

우선 1987년의 KAL858기 폭파 사건의 경우, 그 당시 김현희가 검거되지 않았다면 단순한 항공사고로 치부될 수도 있지 않았을까 하는 것입니다.

그리고 본인 생각으로는 너무나 명백한 해상 교통사고에 대하여 북한과 국내 좌익세력들이 어쩌면 그렇게 일사불란하게 국정원 또는 미군에 의한 고의 침몰설을 주장하고, 결국에는 박근혜 대통령 탄핵으로까지 몰고 갈 생각을 할 수 있었을까? 이렇게 보면 세월호 침몰은 반드시 우연이기만 한 것은 아닐 수도 있겠다 싶은 생각도 들었습니다.

저들은 세월호의 고의 침몰설을 전제로 하고 국정원 또는 미군에 의한 세월호 고의침몰이란 결과가 나올 때까지는 진상이 인양된 것이 아니라고 주장하고 있는데, 이들의 주장대로 고의 침몰이 분명하다면 세월호 사건으로 가장 큰 혜택을 입은 세력이야말로 세월호 고의 침몰 사건의 주범일 가능성이 높다 할 수 있지 않겠습니까?

새롭게 구성된 세월호 조사위에서는, 앞으로는 고의 침몰 원인으로서 국정원과 미군에 의한 경우만 검토할 것이 아니라, 이 책의 내용을 검토하여, 북한이나 국내 좌익세력의 공작에 의한 것이 아닌지 여부도 함께 검토해 주시기 바랍니다.

감사합니다.

추천사
이용식 - 건국대학교 의학전문대학원 교수

2014년 4월 15일 밤 짙은 바다 안개를 뚫고 세월호가 인천항을 출항할 때, 세월호와 단원고 학생들을 포함한 승객 476명은 불과 12시간 뒤에 닥쳐올 자신들의 운명을 알지 못하였다.

그러나 이러한 불법적인 출항을 강행한 임시선장 이준석과 그날 처음 배에 승선한 일등 항해사와 조기장은 배를 침몰시킬 준비를 완벽히 한 채 침몰장소에서의 각종 조치를 머릿속에서 여러 번 반복 연습하였을 것이다. 침몰 기획자들은 400톤의 철근을 포함한 각종 화물을 배가 가라앉을 정도로 싣고 난 후 배를 안정화시키는 배 바닥의 물을 빼서 과적이 아닌 것처럼 눈속임을 하고, 자동차와 화물이 쉽게 움직일 수 있도록 고정도 제대로 하지 않은 채 침몰장소에 다다르자 운항 속도를 줄이지 않은 채 급격히 방향을 바꿈으로써 화물이 한쪽으로 쏠리게 하였다.

배가 기울어진 채 바로잡히지 않게 된 것이 확실해지자 비로소 선장은 조난사실을 알렸으나, 승객들에게는 "움직이지 말고 그대로 있어라."는 방송을 내보냈다. 선장과 승무원들이 배에서 탈출할 때도 "밖으로 나오지 말고 안전하게 선실에서 기다리라"는 방송이 흘러나오고 있었다. 이들은 가라앉기 직전의 세월호에 100톤급 경비정 하나가 다가오자 퇴선명령 없이 자기들만 경비정을 타고 도주하였다.

　조난 신고를 받은 해경도 이 침몰작전에 동원된 듯한 의혹을 갖게 하는 행동을 보였다. 신고를 받고 30분이 지나서야 사고해역에 나타난 것은 9명을 구조할 수 있는 능력을 가진 100톤급 123정이었다. 그나마 이 함정은 선원들만을 구조하였을 뿐이었다.

　앞부분만 남고 세월호가 완전히 침몰한 직후인 11시경 누군가가 퍼뜨린 '승객 전원 구출'이라는 거짓말을 모든 언론이 검증 없이 사실인 양 퍼뜨림으로써 박근혜 정부도 이 사건을 대수롭지 않게 대처하는 바람에 오후가 되어서야 대책에 착수하게 되었고, 이는 훗날 '세월호 7시간'이라는 터무니없는 유언비어로 박근혜 대통령을 탄핵하는 지렛대로 작용하게 된다.

　탄핵 후 대통령이 된 문재인은 바로 팽목항으로 달려가 사망한 아이들에게 "미안하고 고맙다."는 방명록을 남기게 되어 국민들은 이 사건에 의혹을 품기 시작하였다. '세월호 7시간'으로 박근혜 대통령을 모함하여 대통령이 되었으므로 아이들에게 "고맙다"는 말을 할 수는 있겠으나, "미안하다"는 말은 도대체 무슨 의미인가? 너희들을 죽게 해서 미안하다는 말인가? 세월호의 실제 주인인 유병언과 문재인은 사업상 공생관계 또는 공동체 관계였기 때문에, 문재인이 세월호 선주 청해진해운과 짜고 벌인 기획 침몰이었다는 의혹을 불러일으킬 수 있는 발언이었다.

이런 의혹을 뒷받침하듯, 2017년 1월 7일자 〈인터넷 미주통일신문〉에는 단원고 전교조 선생이 기고한 양심선언문이 올라와 있다. 이 글에서 제보자는, 세월호 침몰은 박근혜 정부를 멸살하기 위해 북의 지령에 따라 세월호를 침몰시키게 된 것으로서 전교조뿐 아니라 해경까지도 관여된 북한에 의한 기획 침몰 사건이라는 것이다. 이 제보자의 말이 어디까지가 사실인지 여부는 앞으로 밝혀져야 하겠지만, 세월호 침몰과 관련된 일련의 사건들을 찬찬히 들여다보면 충분히 그럴만한 개연성을 발견할 수 있다.

이 책은 이런 가정 하에 그 동안 일어났던 사건들을 객관적으로 정리하였고, 확률적으로도 우연으로 볼 수 없는 이유에 대해서도 과학적·논리적으로 분석해 놓았다.

세월호 침몰 사건은 아직도 그 원인을 규명해야 할 부분이 남아 있는 미제의 사건으로서 단순 해상 교통사고라고 보기에는 너무나 이상한 점들이 발견된다. 분단 70년 동안 대한민국에서 발생한 거의 모든 대형사고의 뒷배경에는 북한에 의한 남한전복 공작이 있었음을 상기해 볼 때, 세월호 사건은 5.18광주사태와 비슷한 점이 많이 발견된다. 죽음을 이용한 선전선동과 뒤집어씌우기, 유언비어의 유포, 그리고 터무니없는 보상과 헬기사격처럼 끊임없는 문제 제기와 이와 관련된 조형물 설치 및 성역화 등 단순 해상사고와는 그 처리과정이나 후유증이 상식에서 크게 벗어나 있다.

독자들은 이 책을 통하여, 세월호 침몰을 계기로 대한민국에 자리잡고 있는 종북 좌파 단체들이 얼마나 악랄하게 박근혜 정부를 전복시키기 위해 세월호 침몰을 이용했는지 확인할 수 있을 것이다. 또한 임시선장 문재인과 그 일당들에 의해 침몰하고 있는 대한민국호의 위기는 자연히 발생한 것이 아니라 문재인 일당에 의한 대한민국호 기획 침몰이라는 사실을, 이 책을 읽는 독자들은 발견하게 될 것이다.

그들이 '비핵화와 평화'라는 거짓말로 우리 국민을 그 자리에 가만히 있으면 안전하다고 선전하고 있는 이 때, 이 책이야말로 우리에게 새로운 눈을 뜨게 하는 좋은 교사의 역할을 할 시의적절한 책이라고 생각되어 일독을 추천하는 바이다.

2014년 4월 16일 세월호 침몰 사고는 한순간에 젊은 학생들과 선생님 등 304명의 생명을 앗아가면서 국민들은 안타까움과 미안함에, 자식 잃은 부모들은 슬픔과 좌절에, 전국을 죄책감과 슬픔 속으로 몰아넣었다.

그리고 2017년 3월 10일 헌법재판소는 "박근혜 대통령에 대해 세월호 구조대응 성실수행 여부는 탄핵소추 심판대상이 아니다."라고 하면서 "헌법상 성실한 직책수행의무 및 국가공무원법상 성실의무를 위반하였다."고 했다. 이어 "위헌·위법행위는 국민의 신임을 배반한 것으로 헌법수호의 관점에서 용납될 수 없는 중대한 법 위배행위로 피청구인 박근혜를 파면한다."라고 판시했다. 세월호 침몰을 시작으로 계속된 종북좌파 세력의 선전선동적 정치과정에서 박근혜 정부는 탄핵이라는 핵폭탄을 맞아 침몰하고 말았다.

세월호 침몰 사건은 무리한 증개축·평형수 감축 운행 등 누적된 총체적 관리 부실이 가져온 해상 교통사고라고 대다수 국민들은 그렇게 생각하고, 그렇게 알고 있었다. 다만 정부의 신속하고 기민한 대응 부족으로 무고한 젊은 청춘들이 죽게 된 것에 대해 정부를 불신하고 원망하면서 강한 불만을 표출했던 것이다.

그런데 2012년 대선에서 패배한 세력은 명목상 패배를 인정하면서도 댓글사건을 물고 늘어져 실질적으로는 승복하지 않고 기회만 찾고 있었다. 이런 차제에 세월호 침몰 사고가 나자, 이를 박근혜 정부의 무능을 넘어 의도적으로 기획된 공작으로 세월호의 7시간이라는 음모설을 만들어 좌파 언론을 동원해 국민들을 선동해 나갔던 것이다.

해상 교통사고임이 분명한데도 좌파세력은 ①육해공 취약한 곳을 통한 국가보안 침해를 막고, 삼풍백화점 사고와 성수대교 붕괴 이후 대형 사고를 미연에 방지하는 한편 2천 톤급 이상인 세월호를 국가보호장비로 지정하기 위한 보안측정을 한 사실을 왜곡해 국정원을 실질적인 세월호 소유자라고 하면서 세월호 침몰은 정부의 기획공작이라고 주장하고, ②참여연대 등 좌파단체들이 조직적으로 세월호 사건에 적극 개입하고, ③세월호 참사 진상 규명 등을 위한 세월호특별법이 만들어져 1인당 10억에 가까운 돈을 지급하고, 특별조사위원회가 꾸려져 진상규명을 했음에도 아직도 더 밝혀야 할 진실이 있다면서 영정 시위를 하고 있다. 조선시대에도 고인이 죽은 지 3년이 지나면 탈상하고 일상으로 돌아오는 것이 정상이었는데, 이 세월호 망인들에 대해서는 5년이 다 되어 가는데도 탈상하지 않고 지금도 정치적으로 주검 시위를 하면서 활용하고 있다. ④거기다가 문재인은 박근혜 대통령 탄핵 후 세월호 희생자 분향소를 찾아 "얘들아 너희들이 촛불광장의 별빛이었다. 너희들의 혼이 1,000만 촛불이 됐다. 미안하다. 고맙다. 2017. 4(3인데 당황해 오기). 10. 문재인"이라고 방명록에 적었다. 문대통령의 "고맙다"는 문구가 실수가 아니라 생각 속 무거운 짐이 무의식적으로 그렇게 한 것이 아닌가 하는 의구심을 자아냈다.

 이런 여러 가지 정황과 북한의 KAL858기 폭파·천안함 폭침 사건 등을 감안해 보면 해상 교통사고라는 통념이 흔들리고, 《거대한 음모, 세월호 침몰》이라는 조변호사의 주장 즉 북한과 연계한 국내세력의 기획된 공작이라고 하는 것도 '합리적 의심'이라고 생각된다. 이제 좌파들이 거꾸로 서서 우리 현대사를 보고 자기들 임의로 역사전쟁의 프레임을 짜는 데 대응해, 우파도

좌파들의 주장을 정말 거꾸로 서서 되짚어 보면서 우리의 프레임을 짜야 할 시점이 아닌가 생각한다. 그런 차원에서 조변호사의 《거대한 음모, 세월호 침몰》은 선구자적 저작으로 생각되며, 강호제중의 일독을 권한다.

추천사
안정권 - GZSS 대표

먼저 어려운 이야기를 법조인이라는 한계적 상황에도 불구하고 용기 내어 폭로해 주신 필자께 감사드립니다.

'세월호 침몰 사고'는 본인과 뗄래야 뗄 수 없는 사건이고, 아이들의 사망을 포함하여 대한민국에 도저히 지울 수 없는 무수한 상처를 남긴 재앙입니다. 무엇보다 사고를 정치적으로 이용한 집단들로 인해 대한민국은 혼돈으로 치달았고 급기야 투표로 당선된 대통령이 탄핵된, 언젠가는 반드시 재조명되어야 할 숙제이기도 합니다.

박근혜 전 대통령이 탄핵되던 날 팽목항으로 달려가 "미안하고 고맙다."고 방명록에 적은 문재인이야말로 애국시민들이 붙여준 '문재앙'이라는 별명 그대로, 대한민국을 벼랑 끝으로 몰고 가는 재앙입니다.

최근에는, 단순한 항공사가 아니라 미국 록히드마틴과 보잉의 첨단 우주항공기술로 항공기 제작과 정비 시스템까지 운용되고 있는 항공기제작업체 '대한항공'의 경영권을 침탈해 미국의

14 거대한 음모, 세월호 침몰

최첨단기술을 중국과 북한에 넘기려다가 미국의 첩보망에 걸렸습니다. 그래서 문재인 정권이 현재 강력하게 추진하고 있는 10대 재벌기업 강탈 획책음모를 저지하기 위해, 한국기업에 대한 미국 최대 투자자그룹인 유태인들의 로비스트그룹 AIPIC가 트럼프 대통령에게 압력을 가해서 문재인을 소환한 것이라고 미국 현지 언론이 백악관 소식통을 인용해 보도하였습니다.

2019년 4월 15일은 북한 최대의 명절이자 김일성의 제107번째 생일인 태양절이라, 북한에서는 4월 11일 그 준비태세 점검을 위해 최고인민회의 제14기 1차 회의가 열릴 예정입니다. 문재인은 이날 북한에서 열리는 회의에 호응하여 '대한민국 상해 임시정부 수립 100주년 기념식'을 빙자해서 대대적인 정부행사를 벌여 공산화를 노골적으로 선언하려고 작정하고 있었는데, 부랴부랴 이 행사의 연설도 취소하고 워싱턴으로 소환되어 가는 것입니다.

이 또한, 한미동맹도 무시한 채 어떻게 하면 북한에 이 나라를 넘겨줄지만 궁리하면서 안보와 경제까지 허물다가 미국의 압박으로 겨우 공산화를 막고 있으니 대한민국으로서는 그야말로 재앙이 아니고 무엇입니까?

 조변호사님은 법조인일 뿐 아니라 드물게 해양계통에도 해박한 지식을 겸비한 덕분에, 세월호 사건을 바라봄에 있어 기술자와 법조인이라는 다소 조합하기 어려운 시각에서 접근해 나가는 흥미롭고 조밀한 구성이 무엇보다 돋보인다 생각합니다.
 모쪼록 이러한 진실을 원하고 갈구하는 노력들이 결실을 맺어 더 이상 아이들의 죽음이 정치적 판놀음에서 벗어나 자유를 찾기를 바라는 마음으로, 보다 많은 분들이 읽기를 바라는 마음입니다.

| 목차 |

| 제1장 | 세월호 사건은 단순 교통사고인가, 기획된 정치공작인가?

| 제2장 | 유병언과 문재인, 누가 더 신출귀몰한가?

| 제5장 | 좌파단체들의 조직적인 세월호 사건 개입

| 제6장 | 인양업체의 선정에 숨겨진 비밀과 정치적 의도

발간에 부쳐

 먼저 이 사고로 희생된, 무섭도록 어둡고 깊은 맹골수도의 거대한 침묵 속 바다에 빠져 고통에 몸부림치며 눈조차 제대로 감지 못할 정도로 억울하게 익사당했던 단원고 학생들과 여러 승객들의 명복을 진심으로 간절히 빈다.
 아직도 그들을 보내지 못한 채 가슴에 품고 살고 있는 유족들의 한 맺힌 절규를 풀어주기 위해, 이 책이 그 어둠 속에 묻혀버린 죽음들의 의문을 풀어줄 하나의 서광 같은 실마리가 될 수 있기를 기대하며 첫 글을 시작한다.

 필자가 이 책을 쓰는 궁극적인 목적은, 배부전 사장이 운영하는 〈미주통일신문〉의 2017년 1월 7일자 '자유게시판'에 "세월호 사건은 우리가 조작 모의한 사건으로 단원고 희생자 가족 여러분, 너무나 죄송합니다."라고 고백했던 전교조 출신 교사나 그의 동료들이 그 폭로사실이 진실이라면 용기를 내 양심선언해 줄 것을 촉구하기 위함이다. 만약 그것이 진실이 아니고 박근혜 전 대통령의 탄핵을 위한 일종의 혼란전술이라면, 그들은 역사 앞에 저지른 죄를 자손대대로 책임져야 할 것이다. 필자는 그들이 부디 자유대한민국을 수호하기 위한 전사로 거듭나서, 대한민국의 정의를 실현하려는 조직에 의해 보호를 받으며 신변안전이 보장되는 미국 내 안가에서 공식 인터뷰를 해주기 바란다. 실명으로 떳떳이 전 세계 언론에 북한의 만행을 폭로해 주기를 간곡히 바란다.

그래서 필자는 그들이 양심선언을 하기 쉽도록 경제적·정치적 여건을 조성하기 위하여 이 책을 집필·판매할 계획이고, 책의 인세는 실비를 제외한 전액을 양심선언을 한 전교조 교사에 대한 보호비 및 포상금으로 사용할 예정이다. 이 책이 많이 팔릴수록 세월호 사건이 북한에 의한 고의 침몰이라는 인식이 확산됨과 아울러 양심선언을 할 전교조 교사가 나타날 확률도 더욱 높아지리라 생각된다.

필자는 "사회적·정치적 동물인 인간에게 자유란 생물체에게 있어 공기와 같다"고 생각한다. 평소 공기의 소중함을 거의 잊고 사는 우리가 최루탄 가스나 독한 냄새를 맡고서야 신선한 공기의 소중함을 깨닫게 되듯이, 자유는 전체주의가 임박한 위기상황이 닥치게 되면 더욱 절실하게 느낄 수 있는 소중한 가치인 것이다.

문재인 정부는 집권하자마자 국회에 헌법개정특별자문위원회라는 기구를 설치해 놓고, '자유'를 삭제하는 헌법개정안을 제출하려고 했다. 그러나 여야합의안이 도출되지 못하자, 이른바 정부안으로 문재인 대통령 명의로 개헌안을 제출하였으나 국회에서 부결된 바 있다. 하지만 문재인 정권이 '자유'를 삭제하는 것은 소위 허수아비 목표[1]로 설정한 형식적이고 부수적인 것이 아닌가 싶다. 헌법 개정의 목표 중 '자유 삭제'가 형식적 목표이고, 실질은 지방분권을 통한 '낮은 단계의 연방제'를 실현하여 궁극적으로 공산화 통일을 이루는 것이 아닌가 한다.

이러한 조짐은 해외로 출국할 자유를 제한할 가능성이 큰 항공사에 대한 국민연금의 소위 '스튜어드십 코드'[2] 행사를 통한 경영권 찬탈에서 확연히 나타난다. 한국에서는 2014년 말부터 논의되기 시작해 2016년 한국 스튜어드십 코드가 공표되었고, 2018년 7월 국민연금에서 도입을 결정했다. 기업의 지배구조 투명화로 자본시장의 건전성이 개선될 수 있다는 긍정적 효과가 있지만, 정부의 기업경영 개입으로 인한 관치의 우려가 있어 찬반 논란이 지속되고 있다.

'아시아나항공'과 달리 '대한항공'의 경우에는 소위 '스튜어드십 코드'라는 명분으로 국민연금이 직접 주총에 개입하여, 조양호 회장이 사내이사에 선임될 수 없도록 의결권을 행사하였다.

---

1) 허수아비 목표란 전 국민이 이것에 매몰되게 해놓고 그 사이에 다른 실질적인 목표를 달성하려는 꼼수로, 허수아비처럼 표면적으로 국민들이 매달리게 하는 목표를 가리키는 말이다.

2) 〈매경시사용어사전〉에서는, "스튜어드십 코드는 기관투자자의 책임원칙, 국민연금, 자산운용사 같은 기관투자자들이 주인(고객)의 자산을 맡아 관리하는 집사(스튜어드)처럼 고객을 대신해 투자기업의 의사결정에 적극 참여, 고객의 자산을 충실하고 선량하게 관리하도록 하는 자율지침을 말한다. 2010년 영국을 필두로 미국, 호주, 일본 등 총 20여 개 국가에 도입됐다."라고 정의하고 있다.

문재인 정부는 이른바 '적폐청산'이라는 명분으로 대한항공이라는 친미적인 운송재벌의 경영권을 빼앗았다. 이것은 직업선택의 자유에 대한 침해이자 기업국유화를 위한 시작이다. 게다가 대한항공이나 아시아나의 경우처럼 국민연금을 앞세워 운송기업의 경영권을 확보하여 사실상 국유화하는 것은 매우 심각한 현상이다. 왜냐하면 무엇보다도 국민의 거주이전의 자유를 침해할 구체적 위험이 도래했기 때문이다. 즉. 범죄자들에 대해 수사기관이 출국금지 조치를 내리는 것이 아니라 국영항공사에서 임의적으로 출국을 금지시킬 위험성이 발생하는 것이다. 특히 대한항공이 정부의 통제에 놓이게 될 경우, 대한항공의 VIP고객들에 대한 신상정보를 정부당국에서 악용할 가능성마저 존재한다. 만약 이러한 정보들이 실제로 불법정부에 의해 이용된다면, 이것은 단순히 '개인정보보호에관한법률' 위반의 문제가 아니라 그들의 신변안전과 관련된 매우 심각한 문제이다.

대한항공은 단순한 항공사가 아니다. 1969년부터 항공 화물운송 사업에 뛰어든 대한항공은 1996년부터 화물부문에서 2위로 도약하였다. 2005년 하반기부터는 화물부문 세계 1위업체로 자리매김한 후, 그 분야 협회의 주도적 기업으로 맹활약 중인 기업이다. 더욱 중요한 사실은 2012년 9월에 아시아태평양지역 미국 공군 F-16전투기의 성능개량 사업자로 선정되었다는 것이다. 대한항공은 미국 공군기의 정비와 관련하여 긴밀한 협력 사업을 해오고 있는 대표적인 친미기업이자 미국 공군의 아시아태평양 지역 대표적인 정비협력 기업이다. 이러한 대한항공의 경영권을 장악하기 위해 문재인 정부가 국민연금의 스튜어드십 코드 행사를 핑계로 삼은 것은 삼척동자도 알 수 있다. 왜냐하면 원래 스튜어드십 코드의 행사대상 기업은 경영 실적이 극도로 악화되거나 방만한 경영 때문에 주주들의 이익이 침해될 위험이 큰 기업이기 때문이다.

 그런데 대한항공은 2016년 6월 세계 최대 규모의 항공엔진 테스트 시설을 완공한 후 2017년 2월에 B787-9를 국내 첫 도입하여, 비약적인 성장을 더하고 있는 세계 굴지의 항공 기업이다. 대한항공은 50년 전 취항하여 현재 44개국 124개 도시를 166대의 항공기가 취항 중인 글로벌 항공사로, 자체 경영 실적이 매우 양호한 기업이다. 이처럼 경영 실적이 우수한 세계 굴지의 항공사의 경영권을 스튜어드십 코드라는 명목으로 빼앗으려는 것은, 결국 대한항공이 가지고 있는 방위산업 분야 및 전투기 항공기 정비창 운영에 관련한 최고급 기술을 찬탈하여 중국에 넘기려는 의도가 있지 않을까?

 더 나아가서는 김동원과 도두형이 댓글순위조작 시스템을 동원해 더불어민주당 및 제19대 대통령선거를 지원하고, 그 대가로 받기로 했던 적대적 M&A를 통한 재벌 해체라는 '경제적공진화모임(경공모)'의 목적 달성을 위해 법정 구속되지 않은 M&A 전문가 도두형과 협상하여 대한항공의 경영권을 완전히 접수하려고 그를 투입할 계획을 세워 놓은 것은 아닐까?

 이와 같이 문재인 정부가 대한항공 조양호 회장의 경영권을 사실상 빼앗아 접수하려고 하는 것은 단순히 조양호 회장만의 문제가 아니다. 이 문제는 대한민국의 안보문제와 직결되기 때문에 더욱 심각한 것이다.

좌파 정권이 집권했을 경우에는 일관된 흐름이 있다. 그들은 국민들을 개·돼지로 취급하고 근로의욕을 떨어뜨리기 위해 도박이나 한탕주의를 조장한다. 이 한탕주의의 희생자들 대부분은 자신이 어떻게 몰락했는지 그 원인을 분석하고 재기하려는 노력이 부족하다. 그보다는 하루하루 살아가기 어려운 현실에 구속되어 자본주의체제의 탓만 하는 불만세력으로 남게 될 확률이 매우 높다. 그야말로 공산주의를 실현하려는 자들은 꿩 먹고 알 먹는 격이다. 즉, 사회 불만세력을 확산시키면서 동시에 이 작전을 통해 자신들의 집권자금도 확충하기 때문이다. 이해찬이 처음에는 20년 집권을 주장하다가 평양에 가서는 50년, 100년 집권까지 자신 있게 주장한 것이 바로 이 때문이다. 김대중 정권 당시에 벌어진 벤처기업 투자 열풍, 강원랜드의 설치 운영, 각종 특혜대출 게이트를 통한 부정축재가 그 전형적인 예들이다. 노무현 정권 당시의 바다이야기 사건, 문재인 정권의 법무부장관에 의한 비트코인 등 암호 화폐 단속예고 기자회견에 뒤이은 기획재정부 장관의 허용 논란과 국민연금을 통한 스튜어드십 코드 행사를 통한 주가 조작이 바로 그 예들이다. UN의 경제제재로 인해 숨이 넘어가고 있는 북한정권의 발악과 독촉으로 인해 문재인 정부의 이러한 현상은 더욱 노골적이고 가속화될 것이다.

다음으로 공산주의자의 속성이 바로 허구성(비현실성)이라는 점을 지적하고 싶다. 좌파이념의 비조라 할 수 있는 장자크 루소는 산고로 죽은 어머니 대신 가난한 시계공인 아버지 밑에서 어렵게 자랐다. 이후 외가에서 자라다가 제네바를 떠나 16세 때 사보이지방에서 후원자인 남작부인 바랑을 만나 집사로 일하며 공부할 기회를 얻었고, 30세 때 파리에 도착하여 운 좋게 드니 디드로를 만나 〈앙시클로페디〉에 기고하게 되면서 평등사상을 펼치게 되었다. 이에 비해 마르크스와 엥겔스는 독일의 유복한 집안에서 태어났으나 기존 질서에 비판적이고 저항적인 반항아들이었다. 요즘 말로 하면, 이른바 '강남좌파' 출신들이었다. 그들의 공통점은 자신의 노력으로 돈을 벌어본 적이 없다는 것이다. 즉 '비능률'적인 공산주의 이론을 정립하여 현실에서 실현될 수 없는 유토피아를 그리고 있다는 점이다.

 이 책은 각 가정에서 발생하는 세대차를 뛰어넘어 할아버지와 손자가 함께 읽을 수 있기를 바라며 썼다. 앞서 필자가 출간한 '글마당출판사'의 《드루킹의 따거》에서는 젊은 층이 관심이 많은 '제4차 산업혁명'의 특성과 정치적 환경의 변화를 반영한 것과 달리, 이 책에서는 젊은이들이 사용하는 용어를 되도록 많이 써서 그들에게 친근하게 다가가려고 노력하였다. 또한 정치적 이념갈등 때문에 단절된 가족 간의 화합을 도모하고자 하는 것이 부수적인 집필 목적이다.

 이 책이 나오기까지, 특별히 젊은이들의 감각에 맞도록 일일이 젊은 언어감각으로 고쳐주신 동료 박주현 변호사와 별첨자료 작성에 도움을 주신 김범락 사무국장께 감사의 마음을 전한다.

바쁘신 중에도 흔쾌히 추천사를 써주신 고영주 전 세월호 특별조사위원회 비상임위원님, 이용식 건국대부속병원 두경부외과 과장님, 이범찬 가천대 겸임교수님, 세월호 전문가 안정권 GZSS 대표께도 깊이 감사드린다.

교정과 교열을 도와준 아내에게도 고마움을 전하며, 표지의 아이디어를 주신 화가 김정철 선배님께 감사를 올린다.

2019년 3월 22일 서초동 사무실에서

프롤로그

 3.10 무효탄핵 2주년을 3일 앞두고 있다. 다른 날 같으면 비몽
사몽 뒤척이다가 다시 잠자리에 들었을 새벽에 채 세 시간도 못
자고 일어나 앉았는데 머리는 아주 맑다. 미국 출장 후 아직 시
차에 적응하지 못한 탓인지 이 책을 쓰려는 사명감 때문인지는
애매하지만, 오늘따라 아주 또렷한 의식으로 불가사의하게도 한
두 시간 만에 이 책의 목차를 완성하였다.

 필자가 이 책을 쓰려는 궁극적인 목적은 이미 머리글에서 밝혔
다. 하지만 필자의 직업은 변호사, 즉 증거로 입증하는 직업을
가졌다. 따라서 막연하고 추상적인 의문만을 제기할 경우에는
앞으로 변호사 직을 영위하기 어려운 위험이 따른다. 그런데도
이 책을 집필해야 하는지, 사실 이러한 번민에 사로잡혀 수년간
망설여왔다. 그럼에도 불구하고 이 책을 집필하게 된 것은 필자
의 내면에서 요동치는 양심의 소리를 뿌리칠 수 없었기 때문이
다. 성경에 있는 "진리를 알지니 진리가 너희를 자유케 하리라
(요 8:32)"는 말씀을 붙들고, 집필을 작정하였다.

맹골수도에서 침몰하는 세월호에는 임시선장 이준석이 조타실이 있는 선교(브릿지)에 있었다. 학생들이 빠져 죽을 줄 알면서도 사무장이 "기다려라, 가만히 있어라."를 무려 10여 차례나 거듭하여 선내방송을 하는 동안, 선원들만 세월호를 빠져 나왔다. 이와 똑같이, 대한민국호의 가짜선장 문재인이 적화통일의 붉은 바다에 전 국민을 빠뜨리고 있는 중이다. 이를 위해 자신의 주사파 참모들을 통하여 전 국민들에게 위장평화라는 선전선동을 일삼고, 무효인 남북군사합의서를 체결해 스스로 대한민국의 안보를 무너뜨리고 있다. 문재인의 이런 모든 행위들에서 세월호 선장 이준석을 보는 데쟈뷰를 느낀다.

"......피고인의 무책임한 행위로 꽃다운 나이에 꿈도 펼치지 못하고 삶을 마감한 수많은 학생들, 생때같은 어린 자식들을 먼저 보내고 아직도 자식의 사진을 가슴에 품고 살면서 분노와 좌절 속에 신음하고 있는 부모들, 1년이 넘도록 장례도 치르지 못하고 팽목항을 맴돌면서 방황하고 있는 실종자 가족들, 구사일생으로 탈출하였으면서도 죄의식과 우울증 등 극심한 후유증에 시달리고 있는 생존자들에게 치유될 수 없는 깊은 상처를 남겨주었다.

나아가 세월호가 어린 학생들과 함께 침몰하는 과정을 언론을 통하여 지켜보던 많은 국민들에게 크나큰 공포와 슬픔을 안겨주었고, 국민 전체가 집단적인 우울증을 겪게 되었고, 국가기관과 사회질서에 대한 신뢰가 하루아침에 무너지고 공동체가 극심한 분열과 혼란에 빠지게 되었고, 외신을 통하여 전 세계에 세월호의 침몰하는 모습과 선장의 무책임한 탈출 장면이 보도되는 등 대한민국의 국격은 곤두박질치게 되었다.

 이와 같은 크나큰 비극을 초래한 피고인의 행위는 어떠한 명분으로도 용서받기 어렵고, 우리 사회에 다시는 이와 같은 참사가 되풀이되지 않도록 하기 위해서라도 피고인에게 엄중한 형사책임을 묻지 않을 수 없다. 피고인에 대하여 사회와 영구히 격리시키는 무기징역형을 선고한다."[3]

 피고인 이준석의 선고이유가 이렇다. 그 선고형이 사회와 영구히 격리시키는 무기징역이다. 국민들에게 위장평화라는 선전선동을 일삼아 그들의 눈과 귀를 막아버린 채, 무효인 남북군사합의서를 체결해 안보를 무너뜨리고 있다. 그렇다면 대한민국호의 가짜선장 문재인에게는 오직 형법 제93조 여적죄 적용만이 정답이 아닐까?

 필자가 이 책을 집필하게 된 또 다른 동기는 2014년 4월 16일에 발생한 '세월호 사건'과 관련한 논쟁 때문이다. 그때 필자가 보다 적극적으로 의견 표명을 하지 않고, 상대에 대한 인간적인 배려 때문에 그 논쟁을 피하였던 것이다. 이 논쟁 회피가 결국

---

3) 임시선장 이준석 피고인에 대한 광주고등법원 2015. 4. 28. 선고 2014노490 살인, 특정범죄가중처벌등에관한법률위반, 유기치사에 대한 무기징역 선고의 판결문 중 그 선고이유를 설시한 부분만을 인용하였다.

나비 효과로써 오늘날 좌파들이 집권하게 된 결과에 일조하지 않았나 하는 아쉬움이 남아서이다.

'세월호 사건' 발생 당시 '민주사회를 위한 변호사 모임(약칭 '민변')' 소속 변호사들 중심으로 법률지원단이 꾸려졌었다. 이들은 법률문제 조언은 물론 유족들을 위한다는 명분으로 방송인터뷰 등을 통해서 매우 조직적으로 선전하였다. 이를 이끌어간 중심 인물 중 한 사람이 필자와 개인적인 인연이 있던 변호사였고, 필자는 페이스북에서 그와 며칠 동안 논쟁을 벌이다가 흐지부지 된 적이 있다. 그 당시에는 그들의 역할이 얼마나 중요한지 구체적으로 가늠하지 못했다. 그러나 결국 박근혜 전 대통령이 불법적인 탄핵을 당한 후, 문재인 정권이 들어서는 과정에서 깨닫게 되었다. 뜻밖에도 그들의 역할이 586세대를 이은 차세대 중심으로 부각되는 것을 보며, '내가 판단 미스를 했다.'고 후회가 막심했다.

그때 필자와 잠시 논쟁을 했던 변호사는 방송장악을 위한 의결 감독기구의 이사가 되는 데 그쳤다. 하지만 박주민은 '세월호 사건'을 통하여 국회의원 배지를 달았고, 그 후 승승장구하던 박주민은 초선임에도 최고의원으로 선출되어 투쟁의 선봉에 서게 되었다. '드루킹 사건'에 대한 1심 재판에서 김경수 피고인에게 유죄가 선고되고 법정구속이 되자, 박주민이 더불어민주당의 '드루킹사건대책법률지원단장'을 맡게 되었다. 그들이 '적폐청산'이라는 슬로건을 앞세워 공산화 전선의 최일선에서 투쟁하는 홍위병이라는 것을 보았고, 필자가 이를 수수방관하다가는 정말 역사와 민족 앞에 크나큰 죄를 짓게 된다는 점을 여실히 깨닫게 되었다.

현 상황에서 필자가 할 수 있는 최선의 일이 무엇인가 골똘히 생각해 본다. 세월호에서 수장당한 학생들은 자신에게 다가올 운명조차 확연하게 깨닫지 못하고 귀중한 골든타임을 놓쳐 버렸다. 이후 세월호에 침수가 시작되자 고통 속에서 살아남기 위해 발버둥치던 모습이 떠올라 온몸에 전율이 흐른다. 좌파선동가들의 사탕발림에 속아 정치무감각증에 빠진 채 "우리 이니 하고 싶은 대로 해."라는 문슬람들이 안타깝다. 좌파독재에도 수수방관하고 사치와 향락 속에 빠져 허송세월하는 이른바 정치무관심층들은 각성해야 한다. 그들을 일깨워 국민 전체가 합심하여 붉은 바다에 침몰되는 대한민국호를 바로 세우고자 하는 것이 이 책을 펴내는 가장 큰 이유이다.

필자는 이 책을 통하여 개인주의사상을 넘어 공동체의 안위에 대해 거의 무관심할 만큼 정치무감각증에 빠져 있는 이기주의적인 국민들을 일깨우고자 한다. 사치와 향락에 빠져 하나님의 심판으로 인해 악인들과 함께 비참한 멸망을 맞이한 소돔과 고모라의 시민들 같은 중도층을 깨우고자 한다. 자신들의 명운을 걸고 적화통일을 향해 일로매진하고 있는 문재인 정권의 그 잔악하고 비열한 속셈을 국민들에게 충분히 알리고 싶다. 이 책을 통하여 중도층 국민들을 일깨울 수만 있다면, 그것은 세월호가 빠져 침몰했던 바로 그 맹골수도에 일본의 대군을 수장시켜 조선을 건져낸 이순신 장군의 명량대첩에 견주어도 손색없을 것이다. 그것은 역전의 하나님께서 주시는 천재일우의 은혜로운 역사일 것이다. 이 책에는 절체절명의 위기에 빠진 대한민국을 구하기 위해 쓰라고 하나님께서 주신 지혜라고 볼 수밖에 없는 필자만의 독특한 경험도 많이 녹아 있기 때문이다.

끝으로 독자 여러분에게 드리고 싶은 말이 하나 더 있다. 박근혜 전 대통령께서는 주 4일씩 피고인의 신분으로 인권유린을 당하며 스스로 결백을 밝히기 위해 불법적인 재판에 참여하셨고, 이 과정에서 역대 대통령 중 가장 청렴한 대통령이었음이 만 천하에 밝혀졌다. 이 과정을 통하여 우리가 깨달아야 할 것은 박근혜 전 대통령께서는 오히려 부패한 국회의원들과 헌법재판관들의 카르텔에 의해 위헌적인 탄핵을 당했으며, 무고함에도 불구하고 억울한 형사재판을 통해 죄를 뒤집어썼다는 점이다. 탄핵심판을 통해 불법적으로 대통령직에서 탄핵을 당하신 후, 탄핵심판에 대한 재심청구서를 작성하여 유영하 변호사를 통해 재심청구에 대한 의사를 여쭸으나 완곡하게 이를 거절한 박근혜 전 대통령께서는 결국 스스로 정치적 희생양이 됨을 감수하였다. 그러나 역설적이게도 이 과정에서 자유민주주의를 갈망하는 여러 애국시민들은 정치적으로 더욱 각성되고, 성숙하였다. 박근혜 전 대통령에 대한 위헌적이고 불법적인 탄핵심판과 형사재판과정이 바로 자유민주주의의 학습장이었던 것이다. 즉, 여론에 휩쓸리는 여론-예속적 지위의 정치적 노예상태에서 벗어나 국민 스스로가 나라의 주인이 되어야 함을 깨닫게 된 것이다. 여론 형성의 주체가 되는 민주시민으로 부활하는 계기를 마련해 주신 그분의 숭고한 희생과, 그 대가를 인식하면서 이 책을 읽어주기를 독자 여러분에게 부탁드린다.

| 제1장 |

세월호 사건은 단순 교통사고인가,
기획된 정치공작인가?

1. 세월호 사건은 단순 교통사고인가, 기획된 정치공작인가?

가. 세월호 사건의 진행 경과[4]

이 문제를 검토해 보기 전에, 우선 세월호 사고의 발생과 인양에 관해 간단하게 경과를 살펴보기로 하자. 이를 바탕으로 필자의 결론적인 주장부터 먼저 하고 나서 그 이유나 근거를 차례로 자세히 설명해 나가기로 한다.

세월호 침몰사고는 2014년 4월 16일 오전 8시 50분경 인천에서 제주로 운항하던 청해진해운 소속 여객선 세월호가 전라남도 진도군 조도면 부근 울돌목 해상에서 전복되어 침몰한 사고를 말한다. 이 사고로 인하여 당시 탑승객 476명 가운데 172명이 생존하였고, 잠정적으로 실종 처리된 시신 미수습자 9명을 포함한 304명이 사망 또는 실종하였다.

세월호는 안산시에 소재하는 단원고등학교 학생이 주요 구성

---

4) 이 부분은 '위키피디아'를 참고하여 작성하였다

원을 이루는 탑승인원 476명을 태운 청해진해운 소속의 인천발 제주행 연안 여객선으로 4월 16일 오전 8시58분에 병풍도 북쪽 20km 인근에서 조난신호를 보냈는데, 2014년 4월 18일 세월호는 완전히 침몰하였다. 침몰 사고 생존자 172명 중 절반 이상은 해양경찰보다 약 40분 늦게 도착한 어선 등 민간선박에 의해 구조되었다.

 3년 동안 인양을 미뤄오다가 2017년 3월 10일 제18대 대통령 박근혜가 파면되고 12일 후인 2017년 3월 22일부터 인양을 시작했는데, 2017년 3월 28일에서야 국회에서 세월호 선체조사위원 선출안이 의결되었다.

나. 세월호 지연인양과 언론보도 통제사건

이러한 세월호 침몰사고 후 무려 3년 만에 세월호가 인양된다. 박근혜 전 대통령의 탄핵심판이 2017년 3월 10일 결정된 후에 그동안 미뤄왔던 인양이 시작되며, 이에 장단을 맞춰 2017년 3월 28일에서야 국회에서 세월호 선체조사위원 선출안이 의결되었던 것은 바로 국회가 박근혜 전 대통령을 탄핵시키기 위해 세월호를 이용하는 데 적극적으로 동조한 주범 내지 적어도 공범이라는 사실을 간접적으로 입증해 주는 중요한 사실이다.

또 하나의 중요한 사실은 2017년 5월 9일 제19대 대통령 선거일 일주일 전쯤인 5월 2일 SBS를 통해 보도된 '세월호 인양 고의 지연 의혹' 사건이다.[5]

SBS는 2017년 5월 2일 익명의 해수부 관계자를 인용해 "솔직히 말해 이거(세월호 인양)는 문 후보에게 갖다 바치는 것"이라며 "(세월호 인양을 고의 지연해) 정권 창출되기 전에 문 후보에게 갖다 바치면서 문 후보가 약속한 해수부 2차관을 만들어주고 해경도 해수부에 집어넣고 이런 게 있다."고 보도한 바가 있다. 이 보도사실에 대해서, 김영석 해양수산부 장관은 이틀 후인 5월 4일 오후 긴급 브리핑을 통해 SBS가 보도한 '세월호 인

---

5) 이 사건에 대해 더 자세히 알고 싶은 독자는 2017년 5월 2일 SBS방송 이후 조국 당시 서울대 법학전문대학원 교수가 개입한 방송규탄 및 통제를 폭로하는 내용으로 2017년 5월 6일에 방송한 유튜브 방송 〈조갑제TV〉의 "해양 전문 변호사가 말하는 세월호와 조기 대선 이야기"라는 프로를 참고 바란다.

양 고의 지연 의혹'을 해명하며 "SBS 보도에 등장한 해수부 직원의 발언은 4월 16일쯤 기자와 통화했던 내용"이라고 밝혔다. 3년차 7급 공무원인 이 직원은 목포의 세월호 인양 현장에 파견돼 언론지원반에서 근무했으며, 발언 내용은 인터넷 등에 떠도는 이야기를 단순히 전달한 것이라고 설명했다. 김영석 해양수산부 장관이 직접 언론을 상대로 한 인터뷰에서 "해양수산부 직원이 어제 오후 4시쯤 감사관실에 해당 기자와 통화한 사실이 있음을 알려와 감사관실에서 사실관계 등에 관한 조사를 실시하였습니다. 조사 결과, 그 직원은 임용된 지 3년 차의 7급 공무원으로 지난 4월 16일부터 일주일간 목포 현장의 세월호 수습본부 언론지원반에서 근무했었습니다. 근무기간 중 4월 16일쯤 해당 기자와 통화하는 과정에서 단순히 인터넷 뉴스 등에 떠도는 이야기를 전달하였고, 이 전달한, 통화한 내용을 본인의 동의 없이 녹취하여 편집한 것으로 추정된다고 진술하였습니다. 판단컨대, 그 직원은 세월호 인양 과정이나 정부 조직개편 등에 대하여 책임 있는 답변을 해줄 수 있는 위치는 전혀 아닌 것으로 보고 있습니다."라고 상세히 해명하였다.

 하지만 알고 지내는 기자와 인터뷰를 한 3년차 7급 공무원은 인터넷 뉴스에 떠도는 이야기를 전달한 것이 아니라 해수부 공무원들 사이에서는 '주지의 사실'에 해당하는 것을 언론지원반의 담당 실무자로서 취재에 응한 것이다. 즉 세월호 인양 과정의 언론에 대한 보도자료를 작성하는 것이 그의 주된 업무 중 하나인 대변인이었다는 사실이다. 그 익명의 해수부 '관계자'라 함은 원래 국가기관을 취재할 때, 그 직급이 국장 이상의 공무원일 경우에는 '당국자'라 하고, 하위직급일 때는 '관계자'라 하는 등의 취재 관행에 따른 표현이므로 SBS의 취재기자로서는 정당한 취재원으로부터 적법하게 취재한 것이다. 결국 해수부 장관이 직접 나서서 '3년차 7급 공무원'이라고 강변하는 실무자는 언론지원반의 담당 실무자로서 충분히 책임 있는 답변을 할 공적인 의사표시의 보조자 지위에 있었다. 그는 SBS 담당기자의 공식적 취재에 응한 것이고, 세월호 인양 과정의 언론에 대한 보도자료를 작성하는 것이 그의 주된 업무 중 하나였으므로 SBS의 취재기자는 정당한 취재원으로부터 적법하게 취재를 한 것이었다.

한편, 진보진영의 최고 지성으로 추앙받는 서울대학교 법학전문대학원의 조국 교수가 "SBS가 보도한 '세월호 인양 고의 지연'에 대한 보도는 공작성 보도"라면서, "보도한 기자는 뒤로 빠지고 사과도 하지 않는다."며 "사과문은 보도본부장 명의로 8시 메인뉴스에 발표되어야 한다. 이 공작성 보도의 책임성을 다 찾아내야 한다. 절대 그냥 넘어가서는 안 된다."고 언론에 입장을 밝히면서 이 보도를 진화하려고 나섰다. 이미 조국 교수는 세월호 침몰 사고 52일째인 2014년 6월 6일 오후 서울 광화문 파이낸스빌딩 앞에 작은 농성장에서, '민주화를위한전국교수협의회(약칭 민교협)'를 비롯한 교수단체와 전국 대학교수들이 세월호 참사의 철저한 진상 규명과 박근혜 대통령의 정치적 책임을 촉구하며 시국농성에 돌입한 지 6일째인 이날 프랑스혁명을 전공한 최갑수 서울대 서양사학과 교수와 나란히 세월호 참사 책임을 놓고 '토크 콘서트'를 열어 지방선거가 끝난 직후 선거 결과에 나타난 세월호 민심에 대한 평가를 하였다. 이러한 행위는 지식인으로서 마땅히 해야 하는 정당한 사회비판의 한계를 넘어 서서, 서울대 법학전문대학원 교수로서의 명성을 이용하여 자신의 전공과 관련 없는 제반 사회분야에 대해 충분한 전문성과 식견도 갖추지 못한 채 무책임한 선동을 일삼는 전형적인 폴리페서나 하는 행위였다. 문재인 진영에서 얼마나 다급했으면, 조국 교수가 비판받을 것을 뻔히 알면서도 언론중재법에 따른 언론중재위원회 제소나 반론보도청구 등의 정당한 법적 절차에 따르면 될 것을 이것도 무시했다. 그러한 채 신속히 언론에 재갈을 물리기 위해 "사과문은 보도본부장 명의로 8시 메인뉴스에 발표되어야 한다."는 가이드라인을 제시하면서 협박성 발언까지 하는 것을 보며 그 당시 필자로서는 도저히 이해하기 어려웠다. 그런데 참여연대 소속이었던 조국 교수가 이렇게 위법을 무릅쓰고라도 몸을 던져 SBS 등 언론에 재갈을 물렸던 것은 문재인의 집권이 바로 그들이 합작하여 일으켰던 '촛불정변'의 완결판이자 중간목표였기 때문임을, 조국이 문재인 정부의 초대 민정수석비서관에 취임하는 것을 보고 나서야 확실하게 깨닫게 되었다.

우리나라 최고 지성인이 모인 법학전문대학원으로 평가받는 서울대 법학전문대학원의 교수라는 지위를 이용해, 특히 자신의 전공에 대해서는 학생들의 인정도 확실하게 받지 못한다고 알려져 있는데, 그러면서 제반 사회문제에 지나치게 개입하는 것은 원칙에 충실해야 하는 법조인을 양성해야 할 법학전문대학원 교수로서의 자격이 부족함은 물론 최소한의 기본 자질마저 의심받을 우려가 크다고 생각한다.

아울러 특정 정당의 대선후보 당선을 위해서 편파적인 정치활동을 통해 언론사에 압박을 행사하는 것은 헌법상 표현의 자유 중 가장 강하게 보호받아야 할 '언론의 자유'를 침해하는 행위로, 이는 민주주의에 대한 매우 심각한 도전이다. 독립법인이기는 하지만 국립대학교의 교수인 공무원, 교육공무원의 정치적 중립의무를 정면으로 위반하는 엄연한 범죄행위인 것을 자신의 전공인 형법에 비추어 보면 명약관화한 사실인데 모른다고 부인할 것인가? 아니면 그 정도의 법 따위는 지킬 필요가 없다고 여기는 혁명전사로서, 혁명을 위하여 실정법조차 어기는 이른바 '확신범'이란 말인가?

결론적으로 말한다면, 조국은 이미 세월호 사건을 기화로 광범위하게 박근혜 정부를 무너뜨리기 위한 총감독에 해당하는 기획자라고 보인다. 그 활동은 세월호 침몰 사고 후인 2014년 6월 6일부터 서울 광화문 파이낸스빌딩 앞에 농성장을 마련하여 본격적인 정치투쟁을 하도록 지휘하였고, 마무리인 세월호 인양에 관한 기획이 SBS에 의해 폭로될 위기에 처하자 부랴부랴 본인이 직접 진화에 나섰다. 그 자신이 대한민국을 적화시키려는 소위 '강남좌파' 출신 PD(People's Democracy)의 이념을 실현시키기 위해 법치주의를 파괴하는 한 축인 것이다. 그래서 임종석은 비서실장이라는 역할에서 벗어나 외교특보로 자리를 교체하며 2020년 총선을 대비하기 위해 더불어민주당으로 복귀했음에도 불구하고, 그는 여전히 민정수석비서관의 자리를 지키며 대한민국의 법치를 사망시켜 나가고 있는 것이다.

다. 지만원 박사가 제기한 세월호 침몰의 북한공작설

[지만원 박사의 첫 번째 견해][6]

세월호 침몰, 북한공작일 것

북한은 김신조와 문세광을 보내 박정희 대통령을 암살하려 했다. 아웅산에까지 공작조를 보내 전두환 및 그의 내각 모두를 소멸시키려 했다. 그 대담함과 정교한 수법은 일반 상식인들의 상상 범위를 한참 초과한다. 북괴는 남한의 대통령뿐만 아니라 남한 국민들도 집단 살해했다. 1968년 11월 120명의 무장간첩을 울진삼척에 보내 이승복을 비롯한 수많은 국민을 살해했다.

세월호 참사, KAL858사건과 유사

가장 악랄했던 공작은 1987년의 KAL858기 폭파사건이다. 이는 한국이 올림픽 행사를 치르는 것을 방해하기 위해 기획됐다. 한국으로 비행기가 가면 이렇게 당한다는 것을 전 세계에 보여주기 위한 것이었다. 이런 뜻을 이루기 위해 북괴는 중동에서 오랜 동안 고생하고 귀국하는 가여운 근로자들을 희생양으로 삼았다. 115명의 목숨이 공중에서 한순간에 산화한 것이다.

우리는 이렇게 상상을 초월하는 테러를 가장 예술적으로 설계하는 북괴를 머리에 이고 살아간다. 그러면서도 북괴를 전혀 의심하지 않고 산다. 임동원은 대통령 전용기를 타고 북으로 가 북괴 김정일을 만나고 오면서 이런 말을 했다, "통일을 하려면 북을 의심하지 말라." 의심해야 할 적을 의심하지 말라는 그 자체가 빨갱이인 것이다.

---

6) 필자는 지만원 박사가 〈시스템클럽〉에 게재한 세월호 침몰에 대한 견해에 거의 전적으로 공감한다. 하지만 〈미주통일신문〉에 실린 단원고 전교조 교사에 대한 견해에는 그 단원고 전교조 교사를 보호하고자 하는 방법론과 세월호 고의침몰을 밝혀내는 방법론에서 일부 다르게 생각하므로, 여기서는 지만원 박사의 주장을 전제로 견해를 달리하는 부분에 대한 필자의 견해를 따로 제안하고자 한다.

북한을 의심하면 언론으로부터 몰매 맞는 세상

김대중-노무현 시대를 겪으면서 북괴는 의심해서는 안 되는 사회가 형성됐다. 북괴를 의심하면 또라이로 매도되어 전국 단위로 왕따 당한다. 세월호 참사 직후 나는 "곧 시체장사가 시작될 것이다."라며 빨갱이들의 정곡을 찔렀다. 아니나 다를까 이에 대한민국의 모든 언론들이 나를 물어뜯었고, 경찰 내부의 빨갱이가 나를 내사한다며 장구를 쳐 주었다. 소송을 걸었더니 거의 모든 판사들이 다 빨갱이 논리를 폈다. 모든 국민들이 다 슬퍼하는데 왜 자극적이고 혐오스런 단어를 쓰느냐 하는 것이 모든 판사들의 판결문이었다.

이런 수모를 당하고도 나는 또 세월호가 북한의 공작이었을 것이라는 합리적 의혹을 또 제기하고자 한다. 세월호 사고에 대해 북괴의 소행임을 추적해야 한다는 생각에서다. 그 이유를 아래에 소개한다.

북한 공작 냄새 진동하는 세월호

1. 시대적 상황: 무인기가 연속해서 발견되고, 박근혜가 드레스덴선언을 위시해 통일대박몰이를 한창 하고 있었을 때였다. 이 때 자존심 상한 김정은이 버릇을 가르쳐 놓아야겠다는 생각을 했을 것이다.

2. 2014년 3월 31일, 북한잠수함이 인천에 왔다: 2014년 3월 31일, 북한은 인천에까지 이르는 긴 해로를 따라 사격구역을 설치한다고 발표했다. 3월 31일 단 하루만 사격을 한다는 것이었다. 나는 바로 그 날 "오늘 북괴가 공작하려고 잠수함을 인천으로 보냈을 것이니 대비하라"는 요지의 글을 여기에 게시했다. 세월호 사고가 발생하고 선원들의 이상한 행위들이 보도되면서 나는 세월호 침몰을 북괴 공작원이 인천에 와서 공작을 한 결과라고 확신하였다.

왜? 세월호가 침몰되는 과정을 보면 이는 사고가 날 수밖에 없는 모든 요소들이 정말로 정교하게 싱크로되어 있다는 것을 느낄 수 있었다. 사고 이후 인명구조 과정에서 선장, 선원들 그리고 일부 해경이 보인 수상한 행동들이 공작의 결과로 보였다. 단원고 학생들이 수백 명 단위로 승선한 사실, 정체불명의 40대 여성이 "전원 구조되었다"고 허위사실을 퍼트린 행위, 선원들이 학생들을 침몰하는 배 안에 가두어 놓고 탈출을 못하도록 "움직이지 말라"는 방송을 한 사실, 선장과 주요 선원들이 탑승자들을 구출하려는 행동을 전혀 보이지 않은 사실, 가장 위험한 물길로 들어갔다는 사실, 3등 항해사가 어린 여성이었다는 사실....... 대략 이런 이상한 행위들이 도저히 상식의 범위 내에 있지 않았다.

3. 미주통일신문에 실린 단원고 전교조 교사의 양심고백: 한 단원고 전교조 교사가 미주통일신문에 익명으로 했다는 양심고백을 자유게시판에서 접했다. 미주통일신문에도 그 양심고백문이 실려 있다. 지금 단계로는 그 사람이 정말 전교조 교사인지, 선언내용이 진실인지에 대해 알지 못한다. 하지만 게시된 글의 내용을 보면 내가 그 동안 상상해 왔던 그림과 아주 정확히 일치한다, 그리고 박근혜를 7시간 동안 묶어 둔 것도 공작의 일환이 아니었을까 하는 생각이 든다,

이 대목이야말로 1%의 가능성을 위해 모두가 나서서 정보와 지혜를 모아 추적해야 할 문제라고 생각한다. 만일 그 교사의 신원이 알려지면 그는 암살당할 것이다. 그를 살리기 위해서는 이 글이 널리 확산돼야 할 것이다. 만일 전교조 교사 한 사람이 암살당하면 그것은 그의 고백내용이 사실임을 증명할 것이다.

[지만원 박사의 첫 번째 견해에 대한 필자의 평가 및 제언]

지만원 박사가 단원고 전교조 교사를 살리기 위해서 〈미주통일신문〉에 실린 단원고 전교조 교사의 양심고백을 널리 퍼뜨리자고 주장하는 점에 대해서는 동의한다. 하지만 필자는 아래에서 자세히 밝히는 바와 같이 세월호 사건 발생에 기여한 우연한 사실들을 각각 독립적인 변수로 보고, 이를 독립시행의 법칙에 따라 계산된 확률에 의해 세월호 사건이 고의에 의한 침몰임을 먼저 밝히려고 한다. 그렇다면 세월호가 과연 누구에 의해 침몰되었는가? 이 문제를 살펴보면서, 세월호에 대한 〈미주통일신문〉에 실린 단원고 전교조 교사의 양심고백은 아홉 가지 부수적인 근거 중 가장 우선순위로 파악한다. 또한 이 책의 집필목적에서 이미 밝혔듯이, 필자는 이 양심고백한 단원고 전교조 교사가 나서서 실명을 밝혀 양심선언하기를 바란다. 뿐만 아니라 같이 모의하는 데 참여했던 다른 전교조 교사라도 나서서 실명을 밝히

고 양심선언하기를 바란다. 그가 붉은 바다에 가라앉는 한국호를 구할 구국의 영웅이 되기를 바란다. 그와 그의 가족들을 실제로 보호해 줄 방책을 마련하여 그가 실명을 밝힌 채 양심선언을 해서 대한민국을 구할 수 있는 기회를 주자는 것이 궁극적인 이 책의 집필목적 중 하나이다.

[지만원 박사의 두 번째 견해][7]

세월호 사고, 북한 공작원과 간첩이 주도했다
청주-문경 지역 간첩단, 청주유골 430구 위험하다 북에 SOS

청주에는 북괴군 유골 430구가 지하 1m 깊이에 가매장돼 있었다. 이 유골집단은 청주와 문경새재를 본거지로 하는 간첩들에 의해 감시되고 있었다. 옛날에는 청주와는 거리가 먼 밀림지대였지만 5.18 이후 34년 동안 청주시가 개발되고 유골이 매장된 흥덕지구가 파헤쳐질 날이 그리 멀지 않아 보였다. 청주지역 간첩단은 북한에 SOS를 쳤다. "5.18 공화국 영웅들이 곧 드러날 것 같다." 일단 430구의 유골이 발견되면 그에 대한 여론이 가히 핵폭탄급일 것이라는 점은 누구나 짐작할 수 있는 일이다. 발각되기 전에 빨리 세상을 뒤집을 수 있는 공작을 해야 했다.

북한 판단, 청주유골 쓰나미 막으려면 더 큰 쓰나미 미리 일으켜야

2014년 3월 31일, 북한은 공작원들을 태워 인천에 침투시켰다. 그날 북한은 간첩이 많은 해군 제2함대사령부에 전통을 보냈다. "인천에까지 이르는 긴 해

---

7) 지만원 박사의 이 견해는 필자의 원고가 초안 탈고 후 출판사에서 교정작업 중이던 2019년 3월 24일 21시 44분경에 게재되었다. 이 글은 '5.18연구학회' 운영위원 박명규 박사님의 조언으로 긴급하게 확인하고 전재하였다. 이 글이 보충됨으로 인해서 세월호가 북한의 지령에 따라 전교조 교사들과 청해진해운 선장과 선원들, 진도해양경찰의 공모에 의해 실행된 고의 침몰임을 더욱 더 확신할 수 있다고 판단된다.

로를 따라 또 다시 사격구역에 사격훈련을 할 예정이니 선박을 통제하라."는 것이었다. 하지만 그날 북괴는 사격을 하지 않았다. 나는 그 전문을 뉴스에서 접한 순간 곧바로 시스템클럽에 "오늘 북괴가 공작하려고 잠수함을 인천으로 보냈을 것이니 대비하라."는 요지의 글을 올렸다.

세월호 침몰, 대량살상, 그리고 이후 일으킨 쓰나미급 굿판들은 정교하게 짜여진 공작 결과

4월 16일 세월호 사고가 발생했다. 선적상태, 항해상태, 대량학살이 발생한 경위 등을 종합해 보면 이 사고는 100% 정밀하게 기획된 공작이었다. 청주유골은 이후 27일 만인 5월 13일 발견됐다. 많은 언론들이 보도했지만 요란한 세월호 굿판놀이에 정신 나간 국민들은 나를 포함해 그 누구도 여기에 관심을 갖지 못했다. 나 역시 2015년에야 비로소 알게 되었다.

북한과 고정간첩들이 벌인 430구 청주유골 북송작전

5월 13일 청주유골이 발견되자 북한은 갑자기 이미 신청이 마감된 아시안게임에 참가하겠다고 돌변했다. 조선중앙통신은 5월 23일 "조선민주주의인민공화국올림픽위원회는 아시아올림픽이사회 성원국으로서 오는 9월 19일부터 10월 4일까지 남조선 인천에서 진행되는 제17차 아시아경기대회에 선수단을 보내기로 결정했다."고 보도했다.

2014년 7월 17일, 남북한 실무 접촉이 판문점에서 이루어졌고, 남한 대표는 권경상(아시안게임 조직위 사무총장), 정기영(조직위 국제본부장), 김영일(조직위 자문위원)이고, 북측 대표는 손광호, 장수명, 고정철이었다.

2014년 8월 17일, 북한에서 전례 없이 김대중 사망 제5주년을 맞아 조화를 보낸다며 박지원, 임동원, 김홍일이 조화를 가지러 개성으로 가서 김양건을 만나고 왔다. 나는 이들이 청주유골 처리에 대한 모의를 했을 것으로 의심한다.

2014년 8월 19일, 조 추첨 북한대표단이 인천에 왔다. 8명 모두가 다 광수들이다. 그리고 폐막식인 10월 4일, 황병서, 최룡해, 김양건이 그야말로 아무런 명분 없이 김정은 전용기를 몰고 인천에 왔다가 시간이 되자 북으로 돌아갔다. 여러 달 동안 나는 김정은 전용기의 수수께끼를 풀 수 없었다. 아무리 명분을 찾으려 해도 찾을 수 없었다. 바로 그 전용기에 430구가 실린 1개의 컨테이너 박스가 실려 갔을 것이다. 청주시 체육과와 흥덕경찰은 430구의 무연고 유골이 화장됐다고 거짓말을 했다. 하지만 2015년 9월 9일 데일리메디는 2014년 충북 전체의 무연고 화장 건수는 겨우 18구였다고 밝혔다. 조달본부 역시 무연고 청주유골에 대한 입찰공고가 없었다.

[지만원 박사의 두 번째 견해에 대한 필자의 평가 및 제언]

지만원 박사는 단연코 5.18 광주사태의 최고 전문가이다. 아울러 북한의 대남공작부에 의하여 저질러지는 각종 공작과 테러, 철수작전 등의 분석에 있어서도 단연코 일인자다. 이러한 지만원 박사의 정곡을 찌르는 분석에 대하여 북한 측이나 남한의 종북 좌파들은 속수무책이다. 진실을 이길 수 있는 것은 없다. 다만 '극우'라든지 '또라이'라는 프레임을 덮어씌워 소극적으로 국민들에게 전파되는 것을 차단하려고 애쓸 뿐이다. 하지만 진실은 언제든 드러날 수밖에 없다. 박근혜 전 대통령의 탄핵심판 변호인으로 재판정에 출석했던 김평우 변호사와 필자 역시 좌경화된 언론들의 '또라이' 프레임에 여지없이 덮어씌워졌다. 지금에서야 그 탄핵 결정이 잘못되었음을 일반 국민들이 서서히 인식하고 있지만 필자의 마음은 안타깝기 그지없다. 진실을 외치는 자의 말에는 귀 기울이지 않고, 정교하게 짜인 거짓의 틀에 갇혀 진실을 보지 못하는 우리 국민들이 맞이해야 할 운명을 생각하면 서글프기까지 하다. 지만원 박사의 분석력과 이에 따른 결론 도출 능력에 대한 독자 여러분의 정당한 평가를 바란다.

라. 세월호 사건의 발생 원인에 대한 과학적 확률 분석[8]

필자가 세월호 사건이 단순한 교통사고가 아니라 정치적으로 기획된 고의 사고라고 판단하게 된 것은 지극히 수학적이고 논리적 사고에 입각한 것임을 먼저 밝혀두고자 한다.

세월호 침몰 사건은 그 상황을 꼼꼼히 분석해 보면, 도대체 우연이 몇 개가 중첩되어야 저런 일이 일어날 수 있는지 우연치곤 너무나 절묘하다. 이건 마치 생명보험에 가입시킨 피보험자를 차에 태우고, 보험금을 타내려고 조수석 안전벨트를 거의 끊어놓은 상태로 고속도로에서 과속하다 급커브를 틀어 안전벨트만 믿고 있던 피보험자의 벨트가 힘없이 훌렁 끊어져 앞 유리창에 머리가 받혀 죽게 만드는 경우와 아주 흡사하지 않은가? 우연이나 실수도 한두 개일 때 실수지, 그 우연과 실수가 여러 개 복합되면 그건 우연한 사고라기보다는 우연을 가장한 공작으로 보는 것이 합리적인 추론이다.

사안이 사안인 만큼 이 세월호 침몰 사건의 기획된 공작성을 분석해 보려 한다. 사건이 일어난 사실을 바탕으로 한 자세한 분석

---

8) 이 부분을 엄격하게 계량화하기 위해서는 보다 엄밀한 학문적 접근이 필요하다. 다만 필자는 직관적인 설명보다는 조잡하지만 무언가 과학적인 접근이 보다 더 설득력이 있으리라는 막연한 아이디어로, 궁리 끝에 이 설명을 하게 되었다. 사회과학에서는 변인통제가 어렵고 계량화의 모델을 만들기 어려워 경제학 외에는 수리적인 모델을 잘 적용하지 않는다. 하지만 이 부분에 관심을 가진 사회과학자가 있다면 더 연구할 가치가 있는 부분이라고 필자는 감히 확신한다. 이 부분의 추가적인 계량화 연구에 대해서는, 필자의 이 가설에 관심을 가지게 되어 인연이 될 후학들에게 맡기기로 한다.

은 제3장에서 하기로 하고, 여기서는 수학적이고 논리적인 이론적 추론 근거만을 살펴보겠다.

이 책의 '제3장 세월호 사고발생 원인은 우연인가, 필연인가'를 일별하면, 그 원인이 언론에 보도된 것만 얼핏 봐도 열두 개 정도로 파악된다. 그 중 과적운행과 과적을 위해 평형수를 비운 사실 두 가지를 선박전문가들의 주장대로 '업계의 관례'로 보아 제외한다 해도, 알려진 것만 무려 열 가지의 우연적인 요소가 겹친다. 그 이유를 간단하게 수학적으로 설명하면 우연히 세월호 침몰 사건이 발생할 확률, 즉 세월호 침몰 사건이 단순 교통사고일 확률은 독립시행의 법칙에 따르면 열 개의 독립사건이 각각 일어날 확률이 실제로는 훨씬 더 낮다. 하지만 계산의 편의상 50%, 즉 각 사건이 일어날 확률이 절반(2분의 1)이라고 가정하더라도 '2의 10제곱 분의 1=1024분의 1'이라는 지극히 희박한 확률을 가지게 된다.[9] 쉽게 말해서 세월호 침몰 사건이 단순 교통사고일 확률이 0.1%보다 작다는 것으로, 세월호 침몰 사고는 99.9% 이상 기획된 공작 사건이다. 결론적으로 말해서, 세월호 침몰 사고는 과학적으로 분석해 볼 때 99.9% 이상의 확률로 정치공작에 의한 고의 침몰이라는 주장이다.

---

9) 실제로 일어날 확률은 2분의 1, 즉 0.5에 훨씬 못 미친다. 예컨대, 세월호 침몰 사고가 4월 15일 태양절 다음날 우연히 발생할 확률은 365분의 1이다. 그렇지만 이것도 단지 2분의 1이라고 가정하고 계산했으므로 실제로는 우연히 발생했을 확률이 더욱 낮다. 따라서 이 사건의 여사건, 즉 세월호 침몰 사고가 계획에 의해 발생했을 확률=[1-(우연히 발생했을 확률=독립시행의 법칙에 따라 구한 확률)]이므로, 결국 이것은 슈퍼컴퓨터를 이용하여 실제로 계산해 본다면, 99.9999.......%가 될 것이다.

마. 세월호 사건을 분석하는 틀과 성격

세월호 사건이 만약 고의 침몰이라면 과연 누가, 왜, 어떻게 침몰시켰을까? 이 의문을 풀어가기 위해 채택해야 할 가장 합리적인 관점은 무엇일까?

먼저, 세월호를 누가 침몰시켰을까 하는 점에 대해 살펴보자. 그것은 아마 세월호 침몰로 누가 가장 이익을 보았는가 하는 데에 초점을 맞추어 보는 것이 가장 합리적이지 않을까 한다. 세월호 침몰 초기부터 유족들에 의해서 국정원이나 미군 함정에 의해 고의로 침몰되었다는 음모론이 파다하였다. 하지만 국정원이나 미군 함정(혹은 우리 해군함정)이 무엇 때문에 세월호를 고의로 침몰시켰는지, 침몰시켰다면 그 동기나 이익은 무엇이었는지 필자의 지적 능력으로는 도저히 그 답을 찾을 수가 없다. 따라서 필자는 이러한 음모론에 의문을 가진다. 천안함이 피폭되었을 때에도 피로골절설[10]이나 미군 잠수함에 의한 고의 침몰설이 시중에 떠돈 적이 있지만 결국 그 주장이 허위임이 밝혀졌다. 나중에 국제적인 합동조사단의 조사 결과, 북한군의 어뢰에 의해 피폭되었음이 공식적으로 발표되었다. 그렇다면 남은 관점은 당연히 북한의 대남공작부서에 의해 저질러진 것이 아닌지 의심하

---

10) 피로골절은 관절염이나 종양 등 뼈에 별다른 이상이나 질환이 없고 특별한 외상을 당한 일은 없지만, 반복적인 외력에 의해 뼈에 피로가 지속해서 쌓여 실금 같은 미세한 골절로 나타나는 것을 말한다. 선박도 마찬가지로, 반복적인 외력에 의해 선박의 뼈에 해당하는 용골(keel)에 실금이 가 있다가 간단한 외력에도 순식간에 선박의 용골(keel)이 부러지는 현상을 말한다.

는 것이 순리이다. 이제 필자는 이러한 관점에서 과연 누가 세월호를 고의로 침몰시켰을까 하는 점을 살펴보고자 한다.

 5.18 사건을 보면, 5.18재단의 부인에도 불구하고 5.18 광주사태는 북한 대남공작부서에 의한 특수군 파견이 유력하다. 어떻게 학생을 중심으로 한 시민군이 단 네 시간 만에 전남 일원에 있던 44개의 무기고를 다 털 수 있었는가? 80년 당시에는 자가용도 거의 없었다. 그런데 어떻게 아시아자동차에 있었던 신형 장갑차 4대와 군용트럭 374대를 탈취하여 시내를 활보할 수 있었는가? 또 순수한 광주시민들이었다면 무슨 목적으로 미전향 장기수 수천 명이 갇혀 있던 광주교도소를 무장 습격했는가? 이것은 소규모 특수임무수행 정도가 아니다. 그 규모는 특수군이 남침하여 현지 고정간첩들의 안내를 받아 저지른, 특수한 형태의 도시 게릴라전이 아닌가?

 2019년 3월 11일에 전두환 전 대통령을 광주지방법원에 강제 구인한, 조비오 신부에 대한 '사자명예훼손죄'는 관할을 억지로 만든 것이다. 이것은 죄도 없는 것을 억지로 수사하여 기소한 사건으로, 법제도를 이용하여 전두환 전 대통령을 모욕주려는 행위에 불과하다. 필자가 이 사건을 맡는다면 비록 1, 2심을 판결하는 광주지방법원과 광주고등법원에서의 결과는 장담할 수 없더라도 대법원에서는 반드시 무죄를 이끌어낼 자신이 있다. 이미 광주지방법원이나 광주고등법원은 지역민심 때문에 공정한 재판을 할 여건이 갖추어져 있지 않다. 따라서 이 사건은 마땅히 서울서부지방법원이나 서울고등법원으로 이송하여야 한다.

그렇게 하지 않는다면, 이 사건을 맡은 법원의 판사들은 무죄를 선고하지 않는 한 그 편파적인 판결로 인해 조직폭력배와 다를 바 없는 불명예를 평생, 아니 후손들까지도 안고 살아야 할 것이다. 전두환 전 대통령에 대한 형사기소의 속사정은 이러하다. 전두환 전 대통령의 회고록에 "북한 특수군이 남파되어 광주사태를 일으켰다."는 내용이 들어 있어 이를 감추려고 출판금지가처분을 받아 내었다. 그렇지만 이 숨은 목적을 그대로 공표하면 파장이 만만치 않을 것을 우려해 전두환 전 대통령을 압박하였다. 즉, 회고록의 파장을 최소화하려는 술책에 불과한 것이 바로 조비오 신부에 대한 '사자명예훼손죄' 기소이다. 특히 이 점을 고려해 볼 때, 5.18사건은 북한 특수군이 펼친 특수한 심리전으로 유언비어가 결합되었던 전투였다는 점을 조심스럽게 받아들일 필요가 있다.

2014년 4월 16일에 벌어진 세월호 침몰 사고를 이 5.18사건의 경우와 비교해 보기로 하자. 이제부터 필자는 세월호 침몰 사건이 북한의 대남공작부에 의해 기획되고 전교조를 통하여 청해진해운의 선장과 안전담당 일등 항해사 및 조기장·진도해양경찰의 일부에 의해 실행된 고의 침몰이라는 점을 밝혀보려 한다. 이 사건에 대한 자세한 증거들은 추후 반드시 구체적으로 밝혀지리라 생각되지만, 현재로서는 필자의 수학적이고 논리적인 추론을 바탕으로 아홉 가지나 되는 간접증거를 통해 입증할 수 있을 뿐이다. 이러한 주장과 입증사실을 받아들였다면, 북한 대남공작부서가 왜, 어떻게 세월호를 침몰시켰는지가 문제된다.

결과적으로, 세월호를 고의로 침몰시킨 주된 이유는 박근혜 전 대통령을 탄핵시키기 위한 수단이었다는 점을 무시하고 별도로 세월호 침몰의 방법과 성격만을 분리해서 살펴보면 안 된다. 그 것은 장님 코끼리 만지기이다. 분리해서 판단해서는 안 되는 것을 분리해서 그 부분만으로 전체를 판단할 때 오류가 발생할 가능성이 크다. 전쟁의 상황, 전세를 파악함에 있어 전체적인 관점에서 전투의 모든 상황을 모아 종합적으로 판단해야 한다. 그렇게 하지 않고 하나의 전투만 분리해 그 성격을 파악하면 전쟁 상황을 파악하는 데 오류가 발생할 가능성이 커지는 것과 같은 이치다. 마찬가지로 사람의 성격을 파악하려 할 때도 그 사람의 성품·인격 등을 통해 전체적으로 종합해 보지 않고, 화내는 장면이라든가 웃는 모습 등 특정한 순간만 보고 판단하는 것과 같은 오류를 범할 가능성이 커진다.

 이러한 관점에서 보면, 세월호 침몰 사건은 건국 이래 70년 동안 남북 간에 벌어지고 있는 체제전쟁 중 하나의 특수한 전투로 파악할 수 있으며, 5.18 광주사태 역시 똑같이 볼 수 있다. 다만 그 전투는 정규전이 아니라 북한 특수군과 이를 진압하기 위해 투입된 진압군 간에 벌어진 도시 게릴라전이었을 뿐이다. 마찬가지로 세월호 침몰 사건도 북한 대남공작부의 지령에 따라 특수한 게릴라전 형태로 치러진 하나의 전투로 규정하는 것이 타당할 것이다. 이 과정에서 북한 대남공작부와 그 지시를 받는 남한의 고정간첩들은, 실제 전투를 수행하는 총사령관은 아니지만 군 통수권자인 대통령을 탄핵함으로써 전투력 자체를 치명적으

로 괴멸시키는 전술을 구사하였던 것으로 볼 수 있다. 다만 세월
호 침몰 사건으로 인해 직접 전투원인 군인들이 희생된 것이 아
니라, 비전투원인 민간인과 학생들이 희생되었다.

'전쟁법'[11]은 전쟁의 개시·수행·종료를 취급하는 국제법의 한 부
분인데, 무기와 전쟁방법이 무제한적이지 않다는 원리에 근거해
있다. 이에 따르면, 세월호가 고의로 침몰되었다면 세월호를 고
의로 침몰시킨 자들은 전범으로 볼 여지가 충분히 있다. 비전투
원인 민간인을 죽인 행위는 전범으로 처벌할 가능성이 충분한
데, 세월호 침몰을 단순한 해상 교통사고로 오인한 상태에서 적
의 유인작전에 속아 '대통령 탄핵'이라는 자중지란이 일어났을
뿐이다. 현대전은 전 국민들에 의해 수행되는 전쟁이다. 다만 박
근혜 대통령의 탄핵은 적의 세월호 침몰을 이용한 마타도어라
는 기만전술에 속아 그 책임을 군 통수권자인 대통령에게 씌워
탄핵시켜 버린 치명적인 피해를 입은 전투였다. 만약 이것이 장
기판이었다면 대한민국은 이미 이 전투에서 완패하였다. 즉, 왕
이 떨어져 나간 장기판은 패배로 허무하게 끝나고 말았을 것이
다. 하지만 하나님이 보우하사, 우리에게는 국부 이승만 대통령
을 통해 하나님께서 한미동맹이라는 전신갑주의 든든한 선물을

---

11) 〈다음백과〉를 참조하여 작성하였다. '전쟁법'은 무력분쟁에 대한 한계를
설정함으로써, 전쟁의 목적이 적국의 군대를 무력화시키는 것이지 전투원이
나 민간인이나 할 것 없이 혹심하고 무차별적인 고통을 당하도록 하는 것이
아니라는 원칙을 강화한다. 이러한 '전쟁법'에 의하면, 세월호 침몰이 북한의
대남공작부에 의한 소행인 것이 밝혀진다면 그 책임자들과 수행자들은 전범
으로 처벌될 수 있다.

주셨다.

우리는 지금이라도 세월호 침몰 사고의 성격을 정확하게 파악하여야 한다. 침몰하는 세월호에서 승객들을 구조할 생각은 않고, 혼자만 살겠다고 팬티만 입은 채로 해경의 구명정에 뛰어오른 이준석의 모습에서 분노가 치민다. 문재인은 뚜렷한 목적도 밝히지 않고, 공군 1호기도 모자라 2호기까지 몰고 국세를 공중에 펑펑 뿌리면서 부부가 동반외유를 하며 최후의 만찬을 즐기는 것인가? 외유성 순방을 마치고 온 후에도 국민들에게 순방 성과에 대한 일체의 보고가 없다. 그러나 국무회의를 통해 김학의 전 법무차관 사건, 장자연 사건, 승리와 정준영의 마약과 성행위 촬영 파문사건 등 특정사건을 검찰과 경찰이라는 두 수사기관의 명운을 걸고 수사하라고 지시하는 것은 유치하다. 생사를 넘나드는 치열한 전투 중에는 더욱 본능적인 육욕을 느끼게 된다고 한다. 국민들을 개·돼지 취급하면서 철 지난 나치의 3S 정책[12]이나 구사하는 문재인의 발악적인 모습을 보면 큰 비애를 느낀다. 그가 과연 이준석보다 나은 것이 무엇인가 하는 자괴감에 세월호 침몰에 얽힌 거대한 음모를 떠올리게 된다.

---

12) 나치가 나치즘을 실현하기 위해 독일 국민을 우민화하려고 쓴 정책에서 비롯되었다. 3S란 Sex, Screen, Sports를 의미한다. Screen, Sports은 유희를 즐기는 인간의 속성을 이용했고, Sex는 동물의 종족유지 본능으로부터 비롯되었지만 인간만이 이것을 유희적 수준으로 끌어올렸다. 아무튼 인류의 정치사를 살펴보면, 3S정책으로 성적 특성을 자극하여 정치적 난국을 극복하려는 것은 마치 암환자가 몰핀주사로 버티는 것과 같은 말기적 상황임을 문재인 정부 스스로 자인하는 것이다.

바. 세월호 사건이 고의 침몰이라는 추가적인 간접근거 아홉 가지

위에서 고찰한 과학적 추론을 기반으로 하여, 세월호 사고가 정치공작으로 박근혜 정부를 붕괴시키기 위한 것이라는 추가적인 근거로 필자의 직관을 자극하는 것들을 소개하자면 우선적인 것이 아홉 가지 정도이다.

[1] 〈인터넷 미주통일신문〉 자유게시판의 '전교조 교사의 양심선언'[13]

그 첫 번째 근거는 카톡이나 SNS 공간에 돌아다니는, 미국으로 도피해서 작성했다는 전직 전교조 교사의 양심선언이다. 이 글을 일단 그대로 전재하기로 한다.

[세월호] 어느 전교조 교사의 양심고백!

세월호 사건은 우리가 조작 모의한 사건으로 단원고 희생자 가족 여러분 너무나 죄송합니다. 우리 전교조는 전교조를 말살하는 박근혜 정부를 말살하기 위하여 기획한 사건입니다.

박근혜 정부의 교육부 시책인 시험을 거부하기로 학생들을 꾀여 현장체험 학습이라는 명목으로 어린 학생들을 유혹하여 현장체험을 가기로 결정하였읍니다. 청해진 해운사와도 선박의 승무원 및 선장 탈출도 밀약을 하였읍니다. 진도

---

13) 〈조선일보〉에 따르면, 배부전 사장이 경영하는 〈인터넷 미주통일신문〉 홈페이지 '자유게시판'에 2017년 1월 7일 "단원고 전교조 가입 선생입니다"라는 제목의 글이 올라왔다. 이 글에는 세월호 참사는 전교조가 모의했고, 북한의 지령을 받았으며, 진도해경과 밀약을 맺었다는 내용이 적혀 있다. '~읍니다' 등 옛날 맞춤법으로 적은 것으로 보아 노년층에서 작성했을 것으로 추정된다.

해경과도 구조 시점 구조에 대하여 밀약을 하였습니다.

무섭고도 중요한 것은 북한의 남조선 파괴처와 모종의 지령을 받았습니다. 북으로부터 배 한 척에 모든 인원을 다 승선시키라는 지령을 받았습니다. 현장 체험학습 가는 당일 학생들이 승선할 때에, 전날 선사 직원 퇴근 후 타고 갈 선박에 화물을 과적했다는 사실을 알고 너무나 무서웠습니다.

꼭 간다면 선박 2대에 나누어 승선해 가라는 지시도 거부했습니다. 우리 전교조 선생들은 서로를 감시하는 눈빛이었습니다. 나는 마음속으로 그래도 사고만 나지 않기를 기원했습니다. 학생들을 보내고 학교로 돌아왔습니다.

사고가 났다는 소식에 몇몇 전교조 선생들은 당황하는 기색이 보였습니다. 사고가 북의 잠수정에서 발사한 어뢰라는 말이 들렸습니다. 무서워서 오금저려... 전교조 선생들의 눈빛이 너무나 무서웠습니다. 그 다음 선장 승무원 탈출 구조 등과 해경에 대하여는 말하지 않겠습니다.

선장 승무원 해경 집에 은신했다는 것은... 말하지 않겠습니다. 이제까지 죄책감으로 살아왔습니다. 전교조 모 선배가 희생의 제물이 없이는 성공할 수 없다는 말로 채찍질하였습니다.

단원고 희생 학생 가족 여러분에게 무슨 말로 용서를 빌어도 한이 풀리겠습니까. 이런 글 적어 보려고 여러 곳 기웃거리기도 했습니다. 이제 용기 내어 조금이라도 밝히기 위하여 이 글을 적습니다.

죄송합니다.[14]

이 양심선언을 어느 정도까지 믿을 것인가에 대해, 필자는 충분히 신빙성이 있다는 생각이다. 물론 "사고가 북의 잠수정에서 발사한 어뢰라는 말이 들렸습니다."라는 부분이 다소 신빙성을 떨어뜨리기는 한다. 하지만 전교조 교사가 양심선언을 한 시점이 2016년 말이나 2017년 초 즈음인데, 이 시점은 박근혜 전

---

14) 이 같은 글이 온라인상에서 확산되고 있는 것으로 보인다. 〈중앙일보〉 2017년 1월 11일자 보도에 따르면 이 글은 친박단체인 '박사모' 공식 카페에도 올라왔으며, 노년층 사이에서 카카오톡을 통해서도 퍼지고 있다는 점을 강조했다.

대통령의 탄핵심판이 진행되어 가던 때이다. 따라서 이 양심선언의 파장이 커지면 박근혜 전 대통령의 탄핵심판에 큰 영향을 미치게 되고, 그렇게 되면 결국 자신의 신분이 발각되어 북한의 암살표적이 될까 염려해 의도적으로 신빙성을 떨어뜨리려 한 것으로 볼 여지도 충분하다. 순환논법이긴 하지만 이미 위에서 수학적·논리적 추론의 근거를 밝혔기 때문에 일단 전교조 교사의 양심선언이 대체로 진실이라고 보고, 더 자세한 사항은 이 책을 읽어 나가면서 고의 침몰 여부를 살펴보기 바란다.

[2] 침몰 하루 전날 '세월호 전원 구조' 퍼뜨린 김상곤 경기교육감

두 번째 근거가 바로 세월호가 침몰되기 하루 전날 트위터를 통해 두 차례나 '세월호 전원 구조'라는 내용을 퍼트린, 세월호 사건 발생 당시 경기교육감 김상곤이다.

세월호 기획 침몰의 증거가 일본 후지TV '세월호 침몰의 실체' 방송에 50가지도 넘게 드러났다. 당시 경기도 교육감 김상곤 전 교육부장관은 단원고를 포함한 학부모들에게 '전원 구조'라는 문자를 2회나 발송하였다. 그는 2014년 4월 15일 15시 14분경 트위터에 "진도 앞 해상에서 단원고 학생들과 교사 등 450여 명이 탄 여객선이 침몰중이라고 합니다. 모두 무사히 구조되어 한 명의 인명피해도 없길 간절히 기원합니다."라고 글을 올렸다가 지웠다. 네이버나 다음에 '김상곤 세월호'를 검색하면 내용이 나온다. 이에 대하여 김상곤 의원은 "트위터에 오작동이 생겨 오류가 발생했다."고 해명을 했지만, 페이스북이나 다음 등에서는 있을 수 없는 일이다. 어떻게 하루 전에 세월호 침몰을 예상하고, 트위터에 구조 기원의 글을 만들어 보냈는지. 도저히 묵과할 수 없는 중차대한 사안이다.

인천항의 짙은 안개로 모든 배가 출항금지였는데, 왜 학생들을 태운 세월호만 안전운항 규정도 무시하고 출항을 했나? 해경 보트에 탄 여학생이 "아저씨, 친구들이 배 안에 있어요, 구해 주세요."라고 목이 터져라 외쳤지만 구조대원 그 누구도 배 안으로 들어가지 않았다. '338명 전원 구조'라는 언론의 보도는 방송사고가 아니라 이들의 구조 기회를 차단하기 위한, 이른바 골든타임을 빼앗기 위한 기획 방송이었다. 해경 헬기는 세월호 위를 빙빙 돌면서 매우 다급하게, 필사적으로 구조하려는 어민과 어선들에게 "세월호에서 퇴선하라."고 방송했다. 이 부분도 전면 재조사가 불가피하다.

위에서 이미 언급한 〈인터넷 미주통일신문〉 자유게시판의 '전교조 교사의 양심선언'과 종합하여 판단하면, 전교조를 법외노조화하여 활동을 곤란하게 한 박근혜 정부에 보복하기 위해서 북한과 연계하여 세월호를 기획 침몰시켰다는 사실은 충분히 설득력이 있는 추론이다.

여기서 필자는 2001년 9월 22~23일 충북 괴산군 보람수련원에서 열린 민족해방계열 종북 좌파들의 단합대회에서 채택된 결의문, '군자산의 약속'에 대한 논평 가운데 일부를 인용하고

한 가지 더 추가해 중요한 논거로 삼고자 한다.[15]

군자산 약속은 좌익들이 한자리에 모여서 대한민국 정체성을 부정하고 북한의 연방제 통일을 이루기 위한 좌익들이 힘을 한군데로 결집한 공산당 대회였다. 대회 중에 발표된 중요내용을 보면 대한민국을 북한지배의 통일을 약속했다.

전교조 위원장을 거쳐 민주노총 위원장인 이수호는 "분단 60년 양민학살과 권력찬탈, 민주주의 말살의 주범인 미국을 향해 우리 민족의 자랑스런 6.15공동선언을 높이 들고 가야 한다."며 "전쟁과 예속과 범죄의 근원인 주한미군을 몰아내고 노동자 민중이 주인 되는 통일된 세상을 열어 나가자"고 주장했다.

전교조는 '군자산 약속' 후에 민노당에 가입했고 전국연합의 충실한 신하가 되기로 약속했다. 그 후 전교조는 현실에 눈 가린 채 교육도-국가도-태극기도-애국가도-군대도도 팽개치고 한반도기 들고 교주에게 맹신하듯 경희대 행사 등을 주도했다. 촛불난동 주동자들은 좌익혁명세력이다. 광우병대책회의를 주도하는 오종렬·한상렬·정광훈·강기갑·천영세 등은 모두 전국연합·민중연대·통일연대 출신이다. 이들 단체는 국가보안법 철폐-주한미군 철수-연방제 통일을 주창해 왔고, 민노당·민노총·전교조 등도 같은 노선을 걷고 있다.

윗글에서 지적했듯이 이들은 골수 종북 좌파들로, 비록 김정일이 죽었지만 대를 이어 충성하기 위해 북한의 지령에 따라 전교조가 앞장서서 세월호를 침몰시켰다고 보인다. 특히 이 '군자산의 약속'이 이루어진 이후에 전교조가 민노총에 가입하고 나서 오히려 민노총의 지도부 역할을 맡게 되었다. '군자산의 약속'은 '9월 테제'라고도 불렸는데, '3년의 계획, 10년의 전망'이라는 부

---

15) 이 '군자산의 약속'에 따라 민노당이 통진당에 속하게 되고, 통진당의 당권 다툼에서 유시민이 패하여 탈당하게 된다. 경기동부연합의 이석기가 당권을 장악하고 이정희를 대통령 후보로 내세워 박근혜 대통령의 당선을 막고자 했던 것도 결국 북한의 지령이었던 것이다. 통진당이 위헌정당으로 해산되자 박근혜 대통령이 연방제 통일에 걸림돌이 되고, 오히려 참수부대를 창설하여 김정은을 참수하려고 하자 박근혜 대통령에 대한 적극적 반격으로 법외노조화된 전교조를 시켜 세월호를 고의로 침몰시켰던 것이다.

제처럼 원래는 2012년 대선에서 좌파가 당선되어 김정일을 통일대통령으로 하는 연방제를 완성시키려고 했다. 그런데 박근혜가 대통령이 되어 오히려 북한의 수령 김정은을 세거하려고 하자 세월호 침몰 사고를 일으켜, 이를 박근혜 대통령이 최태민에게 인신공양하기 위해 고의로 수장시켰다고 덮어씌우는 공작을 벌였던 것이 분명하다.

단원고 전교조 교사는 양심선언을 통해 세월호 침몰이 북한 지령에 의한 남측 전교조가 실행한 고의 침몰 공작이라고 했다. 검찰이 이러한 범죄 의혹을 인지하여 수사하지 않으므로, 전교조 교사의 양심선언을 바탕으로 여야는 즉시 특검을 실시하여 세월호 기획 침몰의 전모를 밝혀야 한다.

[3] 침몰 보고를 받고도 묵살한 목포해경서장 김문홍[16]

해경은 세월호를 적극적으로 구조하지 않고, 오히려 해군과 민간어선의 구조까지 막은 격이었다. 그런데도 해경은 123정 정장 김경일만 불구속 기소되어 처벌받고, 지휘부는 단 한 명도 처벌을 받지 않았다.

특히 김문홍 목포해양경찰서장은 현장 지휘부이자 인근 조도면 출신으로서 근처 해상의 상황을 매우 잘 알고 있었다. 그럼에

---

16) 주진우의 '스트레이트'라는, 세월호의 부실 수사를 고발하는 탐사 보도를 참조하였다. 이 해경의 교신기록(TRS)을 입수해서 2014년 4월 16일의 세월호 구조상황을 재구성한 가운데 김문홍 목포해양경찰서장과 김경일 123정 정장과의 교신 부분만을 살펴보기로 한다.

도 불구하고, 그가 오전 9시 3분에 세월호 침몰 보고를 첫 수신한 후 현장에 도착한 시간은 11시 40분이었다. 첫 보고를 받은 후 무려 두 시간 반이 지난 후에 현장에 도착한 것이다. 그가 현장에 도착한 때는 해상에서 할 수 있는 구조가 이미 끝난 상황이었다. 세월호 침몰 보고를 처음 받고 나서 무려 45분이 경과한 9시 48분에 그가 내린 첫 번째 지시는 "힘 좀 내봐."였다. 오전 9시 59분, 이미 세월호 좌현 3, 4, 5층이 침수돼 출구가 막힌 상황에서 퇴선 명령을 10분이 지난 후에 했다. "마이크를 이용해서 뛰어 내리라고 하면 안 되나? 반대방향으로......" 한참 늦은 지시로 인하여 실제로는 123정 정장의 퇴선 명령이나 선내 진입이 이루어지지 않았다.

이와 같이 소극적으로 지시했던 목포해경서장도 국회의 세월호 관련 청문회에 참고인으로 출석하였으나 여·야당 국회의원들은 형식적인 질문에만 그쳐 면죄부를 주어, 결국 김문홍은 형사처벌마저 피하게 되었다. 하지만 〈인터넷 미주통일신문〉 자유게시판의 '전교조 교사의 양심선언' 중 "진도 해경과도 구조 시점 구조에 대하여 밀약을 하였습니다."라는 내용을 참조해 본다면, 검찰은 김문홍 목포해경서장을 김경일 123정 정장과의 대질신문을 통해 고의 침몰에 따른 구조의무불이행 혐의에 대해 보다 적극적인 수사를 해야 했다.

그런데, 문정권이 국민선동 이용에 성공한 아고라를 종료하는 것은 세월호 기획학살 음모를 숨기기 위한 꼬리 자르기 공작이라고 판단된다. 일본의 후지방송이 세월호 생존 여학생·남학생·

일반 승객·유족·청해진해운 관계자·인천항 항구 관계자들을 상대로 인터뷰 조사한 내용을 자세히 살펴보면, 그 내용들이 바로 명명백백한 기획학살 증거가 아닐까 싶다. 결국 이 책의 출판 목적은 아직도 해소되지 않고 잊혀가는 세월호의 기획학살을 밝혀내기 위함이다.

[4] 선박전문가 신상철의 고의 침몰 주장

네 번째 근거는 바로, 자칭 선박전문가라고 하는 신상철 씨의 "세월호가 고의로 침몰되었다."는 주장이다. 물론 신상철 씨는 박근혜 정부에서 고의로 침몰시켰을 것이라는 가정 하에 그러한 주장을 하는 것이지만. 어찌됐든, 누가 고의로 침몰을 시켰든지 간에 필자는 신상철 씨의 고의 침몰 주장을 필자의 주장을 뒷받침하는 하나의 강력한 논거로 삼는다. 비록 추미애가 김어준과 함께 '드루킹 사건'을 수사하도록 검경에 강력하게 촉구한 것 때문에 문재인 정부가 절체절명의 위기에 빠진 것같이, 신상철 씨의 자살골이 문재인의 명줄을 끊는 치명상이 되겠지만 말이다.

[5] 세월호 침몰이 인신공양이었다는 유언비어[17]

다섯 번째 근거는 세월호에 대한 선전선동이 한창일 때, 세월호

---

17) 여기서는 논거를 북한 대남공작부서인 통전부의 대남공작에 의한 것임과 그 전형적인 사례만 들고 가기로 한다. 이 책의 '제5장 좌파단체들의 조직적인 세월호 사건 개입'에서 좀 더 구체적으로 서술한 후, 제8장에서는 각 사건마다 자세히 소개하도록 하겠다.

는 박근혜 대통령과 최서원이 최태민의 기일에 맞추어 고등학생 300여 명을 수장하여 인신공양 하였다는 소문을 퍼뜨린 점이다. 이것에 비하면 이명박 정부 초기부터 공중파를 통해 "미국산 쇠고기는 광우병이 있어 먹으면 뇌에 구멍이 쑹쑹 생긴다."는 둥 허위날조의 악선전을 버젓이 한 것은 약과다. 문재인은 드루킹이 지휘하는 경공모 회원들을 동원, 매크로나 킹크랩이라는 자동댓글 기계를 사용해 여론을 조작한 부정선거로 당선되었다. 그럼에도 불구하고 적반하장으로, 이명박 정부가 우리나라 대선에 개입하려는 북한의 사이버부대 소속 댓글공작팀에 대한 맞불작전을 위해 구성된 대북심리전단 소속 댓글팀이 방어적으로 댓글을 단 것을 부정선거라고 끝까지 우기고 있다. 즉, 북한은 적반하장의 명수로서 자신들이 한 만행을 거꾸로 우리에게 덮어씌우는 데 능하므로, 세월호 사건 역시 '300여 명 인신공양설'이라는 유언비어 유포를 통해 스스로의 소행임을 드러내고 있는 것은 아닐까?

[6] 박근혜 탄핵 후 급히 팽목항을 찾은 문재인의 거동

 여섯 번째 근거는 드루킹의 댓글조작을 통한 선전선동으로 2017년 3월 10일 헌법재판소의 박근혜 대통령에 대한 파면이라는 형식의 '탄핵인용결정문'이 나오게 된 후, 문재인이 제일 먼저 달려간 곳이 팽목항이었다는 사실이다. 그는 그곳에 비치되어 있는 방명록에, 수장된 300여 명의 아이들에게 "미안하고 고맙다."는 친필 메모를 남겼다. 그런데 그는 세월호 사고로 숨진 아이들에게 무엇이 미안하고, 무엇이 고맙다는 것인지 필자로서는 이해가 잘 안 된다.

 우선 필자가 박근혜 전 대통령의 탄핵심판 대리인의 한 사람이었으므로 그 탄핵인용결정문이 얼마나 엉터리인지는 너무나 잘 알고 있다. 세월호 유족들이 광화문광장에서 천막을 치고 농성을 할 때, 문재인이 직접 노란리본을 달고 세월호 침몰이 시작된 7시간 동안 대통령은 어디서 무엇을 했느냐면서 거의 발악적으로 떠들어대며 동조 단식을 하였다. 그런 문재인의 모습을 보면서 필자는 이미 문재인이 지도자로서의 자질이 매우 부족함을 느꼈다. 단순한 해상교통사고에 불과한 사건을 조국 등의 저급한 정치교수를 등장시켜 선동을 하고, 대통령에게 도저히 법적인 책임을 물을 수 없음에도 불구하고 세월호 침몰 후 7시간 동안의 행적을 대라고 우겼다. 이렇게 막무가내식 주장과 마타도어를 통해 국민들과의 사이를 이간질하는 정치선동은 좌파들의 전형적인 통일전선전술이었다. 그 결과, 언론과 검찰·국회 등 탄핵세력의 기세에 놀란 헌법재판소의 위헌적인 파면결정문이 나왔다. 그러자 문재인이 직접 팽목항을 찾아가 방명록에 "아이들아, 미안하고 고맙다."라고 쓴 것은 자신이 탄핵결정에 세월호 사고로 희생된 아이들의 죽음을 정치적으로 이용하였음을 자인한 것이다.[18]

 헌법재판소의 탄핵결정문은 세월호 사건에서 '생명권 보호의무 위

---

18) 치매설이 나돌 정도로 국익과 사익의 우선순위조차 구분하지 못하는 전도된 가치를 가진 문재인이 대통령이 될 경우에는 국가혼란만 가중되어 대한민국이 망할 우려가 너무나 크므로, 절대 이런 후보를 대통령으로 선출해서는 안 된다고 이미 2017년 5월 6일 〈조갑제TV〉에 출연하여 국민들께 간곡하게 호소한 바 있다.

반'이 전혀 헌법 침해가 아닌 것으로 명백히 밝혔다. 그런데도 변호사인 문재인만이 이러한 헌법재판소의 결정에 아무 상관없이, 세월호 사망자와 실종자를 기리고자 팽목항으로 곧바로 달려가서 방명록에 "미안하고 고맙다."는 메모를 남긴 것은 무엇을 의미할까? 필자의 건전한 상식으로 판단하건대, 문재인은 드디어 자신들의 정치공작이 성공하여 박근혜 대통령이 탄핵되자 너무 감격한 나머지 세월호 사건이 정치공작이었다는 것이 만천하에 드러날 것조차 까맣게 잊었던 게 아닌가 한다. 주체할 수 없는 그 기쁨을 인신공양으로 바친 희생자들과 함께 나누려고 팽목항을 방문한 것이 아닐까? 이처럼 흥분되고 격앙된 상태에서 감격에 겨워 무심코 방명록에 적은 글자가 바로 "(인신공양으로 차가운 서해바다에 너희들을 수장시켜서) 미안하고 (박근혜 대통령을 탄핵시킨 후 드루킹의 여론조작과 부정선거로 치르게 될 제19대 대통령 선거는 형식에 불과하여 가짜 대통령에 당선되는 것은 이미 따 놓은 당상이므로 정말로) 고맙다."였다. 아무리 악인이라도 숨기기 어려웠던, 하나님의 손길이 역사하신 양심고백이 아닐까 하는 생각은 필자만의 상상일까?

[7] 비정상적인 유족들의 움직임과 과다한 보상금 지급

일곱 번째 근거는 세월호 사건의 처리과정이 비정상적이라는 점인데, 그 중 가장 이상한 점은 유족들의 움직임이다.

먼저 세월호 사고 자체는 매우 비극적인 사건임에 틀림없다. 통상 동정을 불러일으키는 죽음도 정도의 차이가 있는데, 성인 남자의 죽음은 여성의 죽음에 비해 동정심을 사기 어렵고 여성의 죽음은 그 반대인 특성이 있다. 여성의 죽음에도 정도의 차이가 있어서 나이든 여자보다는 어린 학생들의 죽음이 동정심을 사기 쉬운 특성을 보인다. 죽음에 대한 동정심도 일종의 피라미드를 이루고 있는 현실을 감안하면, 이번 세월호 사건은 결코 작은 사건일 수가 없다. 훈련 중이던 미군 장갑차에 치여 사망한 이른바 '효순이·미선이 사건'은 그 피해자가 어린 여중생이어서 극도의 국민적 동정심을 유발, 미군 철수를 외치며 광장에서 촛불을 들게 된 소위 '촛불집회'의 기원이 되었다. 그런데 이번엔 어린 학생들이 한둘도 아니고 몇 백 명에 달하는 규모로 사망하거나 실종되었으니 이만한 사건이 발생하기는 대단히 어렵다고 할 수 있다.

따라서 이 세월호 사건이 사회적으로 큰 이슈가 되는 것 자체는 사실 크게 이상할 일이 아니다. 이런 사건이 크게 이슈가 안 되면 그 상황이 오히려 이상한 것이다. 그런데 문제는 이런 비극적 사건마저도 일반 사건처럼 흘러가고 있는 것이 아니니 거기에 큰 문제점이 있다는 것이다. 이번 세월호 사건의 비정상적인 징후를 보여주는 가장 커다란 문제점은 유족들의 움직임이다. 유족들 사이에 가짜 유족이 끼어들어 어떤 분위기를 조성하는 정황이 여기저기서 드러나고 있는 상황이었다. 따라서 그 상황 자체가 정상적인 상황하곤 거리가 먼 것으로 생각되었다.

다음으로 과다한 배상금 지급이다. 어떤 이유로든 세월호 유족들은 국가를 위한 교전에서 사망한 연평해전의 순국용사나 천안함 전사자들보다 많은 액수의 사고배상금을 받았다. 이 또한 고의 침몰을 묵인한 대가일리가 없겠지만 우리 국민들의 눈높이에는 맞지 않는 이상한 대목이다. 왜냐하면 북한은 세계의 패권국가인 미국처럼 전사자에 대한 예우가 매우 각별하기 때문이다. 북한은 전형적인 선군정치를 하므로 국가를 위한 전사자나 혁명을 위한 희생자에 대한 예우가 매우 각별하다.

 문재인 정부가 들어선 이후 '서해 수호의 날' 행사에 대통령은 한 번도 참석하지 않았다. 그런데 2018년 4월 16일, 안산 화랑유원지에 설치된 정부합동분향소에서의 정부주관 '세월호 희생자 합동영결식'에 문재인이 직접 참석한 것을 보면 무언가 이상해도 한참 이상한 노릇이 아닌가? 우리나라의 건전한 상식으로는 도저히 이해되지 않는 수수께끼가 북한의 가치관으로 보면 바로 풀리는 것은 무슨 까닭인가?

[8] 국정원장이 서울시 공무원간첩 증거조작 사건에 대해 대국민 사과문 발표[19]

 여덟 번째 근거로는 2014년 태양절인 4월 15일에 남재준 국정원장이 서울시 공무원간첩 증거조작 사건에 대해 대국민 사과문을 발표했다는 점이다.

---

19) 현직 국정원장이 '유우성 사건'의 증거조작으로 국정원 내에서 공식기자회견을 한 다음날 우연히 발생할 확률도 365분의 1이다. 과거에 실제로 북한 김일성을 위한 간첩행위를 하다가 적발되어 복역을 마친 후, 검거 당시 관행이었던 고문에 의한 자백으로 얻어진 증거가 수십 년이 흐른 후에 위법하게 수집한 증거로서 효력이 없다는 이유로 재심 신청하여 승소한 다음, 이를 바탕으로 국가배상을 받는 것이 과연 진실로 정당한 행위일까?

2014년 4월 14일, 검찰은 서울시 공무원간첩 사건의 증거위조 의혹과 관련해 국정원이 제출한 문건 3개 가운데 2개가 위조됐다는 최종 수사결과를 발표했다. 검찰은 국정원 대공수사국 수사팀장 이모 처장과 선양(瀋陽) 총영사관 이모 영사를 불구속 기소하고, 자살을 기도했던 권모 과장에게 시한부 기소중지 처분을 내린다고 밝혔다.이 같은 검찰의 수사결과 발표 후 서천호 국가정보원 2차장은 "모든 책임을 지겠다."며 사표를 제출했다.

이에 따라 남 원장은 2014년 4월 15일 오전에 국정원 본원에서 기자회견을 열고, "중국화교 유가강(유우성) 간첩사건과 관련한 증거조작으로 국민 여러분께 심려를 끼쳐드린 점 머리 숙여 사과한다."고 말했다. 남 원장은 "국민의 생명과 국가의 안위를 책임지는 국가기관으로서 임무 완수를 위해 각고의 노력을 기울여왔으나 일부 직원들이 증거위조로 기소되는 있을 수 없는 일이 벌어진 것에 대해 원장으로서 참담하고, 책임을 통감하고 있다"며, 이어 "이번 일을 계기로 그동안의 수사 관행을 다시 한 번 점검하고, 과거의 잘못된 관행을 완전히 뿌리 뽑아 다시는 이런 일이 반복되지 않도록 뼈를 깎는 개혁을 추진해 나갈 것"이라고 덧붙였다. 국정원 쇄신 차원에서 남 원장은 수사관행 혁신을 위한 태스크포스(TF)를 구성하고 강력한 구조조정을 통해 대공수사 능력을 강화하겠다는 뜻도 밝혔다. 남 원장은 "엄격한 자기통제 시스템을 구축해 국민의 신뢰를 다시 회복할 것"이라며 "최고의 정보기관으로 거듭나 환골탈태해서 새로운 기틀을 마련할 수 있도록 국민 여러분께서 기회를 주시길 간곡히 부탁드린다."고 말했다.

 남 원장이 국정원에서 공개 기자회견을 갖기 몇 달 전부터, 더불어민주당 측은 유우성 사건을 엄호하기 위하여 민변과 협동해 국정원을 '댓글조작의 원흉'이라고 하면서, 대북 심리전 차원에서 북한의 댓글을 통한 대선개입 차단을 위해 정당하게 대응한 정당행위를 정치개입을 통한 부정선거라고 공격하고 있었다. 더불어민주당의 집요한 정치적 공격으로, 2014년 3월 10일에는 국무회의석상에서 박근혜 대통령이 직접 유우성 사건에 대해 유감을 표명하였다. 그런데도 더불어민주당의 정치 공세가 늦추어지지 않자, 2014년 4월 14일 공개 기자회견 후 서천호 국가정보원 2차장이 유우성 사건의 수사 최종책임자로서 "모든 책임을 지겠다."며 사표를 제출했다. 그러나 더불어민주당은 공세를 더하여 결국 남재준 국정원장까지 공개 기자회견으로 사과를 하도록 했다.

 그 후 좌파들은 이 사건을, 국정원이 완전히 날조하여 무고한 유우성에게 간첩 혐의를 덮어씌워 간첩사건을 만든 것처럼 선전하였다. 그리고서 좌파들은 계획했던 대로, 마치 국정원이 궁지에 몰리자 이 간첩조작 사건을 덮기 위해 고의로 세월호를 침몰시킨 것처럼, 거꾸로 국정원이 세월호를 고의 침몰시켰다고

덮어씌우기 공작을 하였던 것이었다.[20]

이런 사실을 알았는지 몰랐는지는 나중에 밝혀지겠지만, 당시 성남시장 이재명이 세월호를 국정원이 고의로 침몰시켰다는 의혹을 확산시키는 데 크게 기여하면서 대중 인지도를 높였다. 그 결과 이재명은 현재 경기도지사에 당선되었지만, 여러 가지 문제로 형사재판을 받고 있는 중이다. 세월호를 국정원이 고의로 침몰시켰다는 허위사실을 확산시킨 점에 대해서는 장차 이재명이 정치적·법적 책임을 져야 할 것이다.

[9] 청와대 비서실장이 국가안전보장회의(NSC) 상임위원회 위원 자격으로 회의에 상시 참여하기로 한 사실[21]

아홉 번째 근거는 2014년 4월 15일 김기춘 청와대 비서실장이 국가안전보장회의(NSC) 상임위원회 위원 자격으로 회의에 상

---

20) 실제로 인터넷 포털 '다음'에서 〈TIP〉의 "정치에 무지한 사람인데 박근혜 대통령 사라진 7시간 굿판 벌였다는 말도 있고 그 시간 세월호 아이들을 제물로 바쳤다는 이야기도 있는데 사실이 아니겠죠? 제발 아니라고 해주세요."라는 물음에 대한 답변 중 '좋아요' 표시를 80개 받은 두 번째 답변에서는 유시민이 이러한 유형의 사고를 예고한 사실을 밝히면서 그 논거로 삼고 있고, 열 번째 답변은 87개의 '좋아요'를 받은 글인데 글의 중간쯤에 아예 노란색 표로 만들어 세월호 사고 하루 전날 벌어진 수상한 의혹들을 정리한 것이 있다. 그런데 이 표 바로 밑에 '국정원의 유우성 간첩 조작과 부정선거를 감추기 위해 간첩조작을 하다가 발각되자 이것을 감추기 위해서 국정원이 세월호를 고의로 침몰하여 결국 그것들이 덮였다'는 식의 국정원 주도 고의 침몰설을 유포하고 있다. 하지만 이것은 오히려 북한의 지령에 의한 덮어씌우기 공작의 중요한 증거이다.

21) 이 부분은 2014년 4월 15일자 〈한겨레신문〉을 참조하였다. 김기춘 비서실장이 NSC 상임위원으로 이후 회의에 참석하기로 결정한 다음날 세월호 침몰사고가 우연히 발생할 확률도 365분의 1이다.

시 참여하기로 했던 사실이다.

공교롭게도 김기춘 청와대 비서실장이 국가안전보장회의(NSC) 상임위원회 위원 자격으로 회의에 상시 참여하기로 해서, 그 배경에 관심이 쏠렸다. 정부는 2014년 4월 15일 오전 청와대에서 박근혜 대통령 주재로 국무회의를 열고, 이런 내용의 국가안전보장회의 운영 등에 관한 규정 개정안을 즉석 안건으로 상정해 심의·의결했다. 이번 규정 개정에 따라 김기춘 비서실장은 매주 정례적으로 열리거나 긴급한 사안이 발생했을 때 소집되는 국가안전보장회의 상임위에 출석하게 되었다.

당시 국가안전보장회의 상임위원회 위원장은 김장수 청와대 국가안보실장이 맡고 있어, 청와대 내부 힘의 균형에 미세한 변화가 있는 게 아니냐는 관측이 나왔다. 각각 장관급인 두 실장의 관할 영역이 구분돼 있는데, 김기춘 실장이 외교안보 분야에도 관여하는 게 아니냐는 것이다. 하지만 민경욱 청와대 대변인은 이와 관련해 "과거에도 대통령비서실장이 국가안전보장회의 상임위원에 임명된 적이 있었다. 최근 안보 상황을 감안할 때 대통령 실장도 외교안보 분야의 상황들을 인지할 필요성이 있고, 모든 사안이 외교안보와 밀접하게 연결돼 있다는 판단에 따른 것"이라고 밝혔다. 청와대 다른 관계자도 "외교안보 분야에 대한 보좌는 김장수 실장이 책임지는 구조에 변화가 없다. 다만 최근 그 분야에 현안이 많아 김기춘 실장이 이를 파악할 필요가 있어서 그런 것일 뿐"이라고 말해 확대 해석을 경계했다.

그런데 왜 하필이면 태양절 다음날 세월호 침몰 사고가 일어난 것일까? 그리고 또 왜 하필이면 세월호 침몰 사고가 발생하기 전날 김기춘 청와대 비서실장이 국가안전보장회의(NSC) 상임위원회 위원 자격으로 회의에 상시 참여하기로 결정되었을까? 이것은 민주화와 인권이라는 탈을 쓰고 대한민국의 안보를 허물어가는 북한의 통일전선전술과 이에 대한 박근혜 정부의 대비가 깊은 관련이 있다고 생각된다. 현직 국가정보원장이 국가정보원 안에서 내·외신 기자들에게 이처럼 민감한 사안에 대하여 공식사과 기자회견을 하는 것을 대통령은 사전에 보고받지 못했을까?

 세월호 침몰 사고에 대한 유언비어가 유포되었을 때, 최태민을 위한 인신공양으로 어린 학생들을 수장시켰다는 유언비어도 나돌지 않았던가? 그러나 필자로서는 이 세월호 침몰 사건이야말로 태양절을 앞두고 김일성에게 바치는 인신공양이자 대한민국의 정 많고 무지한 국민들을 박근혜 정부와 이간시키는 통일전선전술의 기본수법인 것이라고 생각되는데, 과연 지나친 비약일까? 여기에 더하여 공안통 출신인 김기춘 비서실장이 국가안전보장회의(NSC) 상임위원회 위원 자격으로 회의에 상시 참여하기로 결정한 것은 북한 당국에게는 참을 수 없는 위협이 되지 않았을까? 어떤 사건이 우연히, 특정 일자에 발생할 확률은 실제로는 매우 낮은 확률인 365분의 1에 불과하다. 역시 김기춘 청와대 비서실장이 국가안전보장회의(NSC) 상임위원회 위원 자격으로 회의에 상시 참여하기로 결정한 다음날 세월호 침몰 사건이 우연히 발생할 확률 또한 매우 희박하다.

사. 세월호가 고의 침몰이라는 기술적 근거

세월호가 고의 침몰이라는 기술적 근거에 대해서는 제3장에서 종합적으로 사고 원인을 다룰 때 함께 다루기로 하자. 한편, 부산 해사고와 한국해양대학교 기관학과를 졸업한 후 실제 한국과 중국을 오가는 카페리 선박회사의 선주감독으로 십여 년간 근무했고, 세월호 사건으로 억울하게 옥고까지 치렀던 선박전문가 안정권의 방송-2019년 1월 2일 〈혼란시대 TV〉라는 유튜브 방송 중 "2019년 세월호, 그 자가 범인이다. 온 국민이 꼭 두 번씩 봐야 할 영상(1시간에 정리하는 요약 편집본) 대한민국 파괴의 시작 세월호, GZSS 대표 안정권"이라는 제목의 프로그램-을 참조하시면 기술적 근거를 알기에 유익하리라 판단된다.

제2장

유병언과 문재인,
누가 더 신출귀몰한가?

2. 유병언과 문재인,
누가 더 신출귀몰한가?

가. 장성민 후보의 문재인 비판 연설문[22]

이 책은 감정보다는 이성, 즉 추론을 통하여 세월호가 전교조와 북한의 책략에 의하여 침몰되었음을 알리기 위해 집필한 것이다. 이후 문재인이 선거과정에서 해양수산부의 조직을 이용했음과 아울러 청해진해운이라는 선사 대신 국가가 나서서 세월호 유족들에게 엄청난 보상금을 안기는 역할을 한 자들이 모두 한 통속이며, 문재인이 그 원흉이라는 사실을 독자들의 이성에 다시 한 번 각인시키고자 한다. 따라서 그것을 가장 먼저 용기 있게 지적한 장성민 후보의 연설 내용을 이 책에 그대로 담는다.

---

22) 이 장에 들어가면서, 지난 제19대 대통령 선거과정에서 장성민 후보가 발표한 약 7분 가량의 유튜브 영상 내용을 소개한다. 동영상을 찾아 볼 것을 권하면서도 그 내용을 인용하는 것은 동영상과 활자의 차이점 때문이다. 이 연설은 세월호가 최초로 수면에 그 모습을 드러낸 2017년 3월 23일 새벽 4시 이후 약 하루 이상의 작업 끝에 침몰 1073일 만인 3월 24일에 수면 위로 올라온 뒤 발표되었다.

참고로 이 연설문은 세월호가 3월 24일 수면 위로 올라온 후 장성민 후보가 작성하여 유튜브 동영상을 통해 발표한 것인데, 그 전문은 아래와 같다.

"오늘 세월호가 사고 발생 1073일 만에 수면 위로 모습을 드러냈습니다. 선체가 심하게 긁히고 부식된 상태로 떠오른 세월호의 모습을 보면서 가슴이 한없이 먹먹하고 답답해졌습니다. 3년에 걸친 그 슬프고 안타까운 기억을 되돌리며, 304명의 꽃다운 청춘들의 생명을 앗아간 세월호 참사 이후 우리는 무엇이 얼마나 달라졌나를 생각해 봅니다.

세월호 참사가 일어나자 위정자들과 정치인들은 너 나 할 것 없이 세월호 현장에 달려갔습니다. 세월호 이전과 이후의 대한민국은 달라져야 한다면서 앞 다투어 안전대책 마련을 약속했습니다.

그런데 그로부터 1073일이 지난 오늘, 우리 대한민국은 얼마나 안전한 나라가 되었습니까? 대통령은 안전한 국가를 만들기 위한 어떤 대안을 제시했고, 국회는 재발방지를 위한 어떤 입법 대책을 추진했으며, 행정부는 어떤 실질적인 행정적 조치들을 취했습니까?

막대한 국민 혈세로 구성된 세월호특조위는 철저한 진상규명을 통해서 책임 소재를 분명히 하고 재발방지를 위한 국민적 공감대를 이끌어내기는커녕, 정치적인 실리를 챙기는 전략적인 도구로 전락해서 서로 싸움질만 하다 허송세월하고 끝났습니다.

이게 나랍니까? 이게 정칩니까? 이게 살아남아 있는 우리들이 해야 할 일입니까? 참으로 어처구니없고 실망스럽기 그지없습니다.

세월호 현장에 달려간 대통령과 현재의 유력한 대권후보들을 비롯한 수많은 정치인들이 진정으로 그 슬픔을 가슴아파했다면, 정부와 국회와 국민들 차원에서 세월호 참사를 다시는 반복하지 않을 안전시스템 구축과 사회의 안전대책이 마련되었어야 합니다. 하지만 불행하게도 우리는 그것에 대한 기억이 없습니다.

결국 이들은 국민들이 슬픔에 잠겨 울음바다가 된 현장을 쫓아다니면서 애도한다는 이름으로 사진이나 찍고, 얄팍한 권력부스러기나 주워 먹으려는 야바위정치꾼들로밖에 볼 수 없습니다. 나라를 이끄는 정치지도자들이 이 모양이니 또다시 제2의 세월호 사고가 안 일어난다는 보장이 그 어디 있습니까?

유력한 대권후보라는 사람이 국회가 아닌 광장시위대 옆에 가서 쪼그리고 앉아

동조단식하면서 선동정치를 일삼고 있는 이 나라에서, 안전한 대한민국을 국민들에게 약속할 수 있습니까? 국민들이 바보인 줄 아십니까?

더욱 더 기가 막힌 일은 세월호를 사고 발생 1073일 만에 수면 위로 떠오르게 하는 인양작업을 중국 인양업체인 상하이샐비지의 재킹 바지선이 하고 있다는 사실입니다. 대한민국이 자랑하는 세계 1위의 조선강국은 다 어디 가고 중국 업체가 세월호를 건져냅니까? 우리나라는 그런 능력도 없는 껍데기나라입니까? 이 나라를 책임지고 있는 위정자들은 간도 쓸개도 없는 사람들입니까? 국가적 자존심도 없는 이런 인물들에게 나라를 맡겨놓고 있으니 이 나라가 이 모양 이 꼴입니다.

지금 한중관계가 어떻습니까, 사드 배치로 중국이 우리의 안보 주권을 위협하며 무자비한 경제보복을 가하고 있는데, 3년 동안 건져내지 못한 꽃다운 청춘들은 중국 배가 인양하고 있습니다. 어쩌다가 우리가 이런 나라가 됐습니까? 국민이야 죽든 말든, 국가 자존심이야 구겨지든 말든, 위정자와 정치인들이 자기 뱃속 채우는 데만 혈안이 돼 있기 때문입니다. 그렇기 때문에 우리 국민은 이들을 버려야 국민이 삽니다.

돌이켜 보면, 세월호 참사가 일어난 원인도 결국은 정치인들이 부패하고 썩었기 때문입니다. 돈벌이에 혈안이 된 기업가들이 정·관계의 인사들과 결탁해서 각종 안전수칙을 위반하고 무시한 정경유착 때문에 세월호가 발생한 것 아닙니까?

그런데도 이 사건의 핵심 책임자인 유병언에 대한 수사는 흐지부지 끝나 버렸습니다. 지금 유병언이 죽었다고 믿는 국민이 과연 몇 퍼센트나 되겠습니까? 전 언론이 온통 난리를 치면서 찾던 유병언의 아들 유혁기는 어디에 있고, 유섬란은 왜 송환하지 못합니까? 지금 박근혜 전 대통령의 탄핵을 촉발한 최순실게이트가 정경유착으로 터진 사건이라면, 세월호 참사 또한 실소유주 유병언과 정·관계 인사들과의 정경유착 때문에 발생한 정경유착의 원조 격인 사건입니다.

그런데, 유병언은 청해진해운의 전신인 (주)세모의 부채 1155억을 노무현 참여정부 말기에 집중적으로 부채 탕감을 받아서 재기할 수 있었습니다. 당시 유병언은 공적 자금이 생긴 이래, 100억 이상을 탕감 받은 유일한 개인 채무자였습니다. 더욱이 당시 예금보험공사는 부실 관련자에 대한 참여 및 은닉재산 조사를 단 한 차례도 실시하지 않았습니다.

이와 관련해서 많은 의혹이 제기되고 있고, 당시 청와대 비서실장이었던 문재인 후보는 이러한 의혹 해명에 대한 포괄적인 정무적 책임에서 벗어날 수 없습니다. 뿐만 아니라 문 후보는 그 이전에 유병언의 채권확보 책임자였습니다. 그는 2000년 7월 법원의 판결에 따라서, 유병언의 자녀 세 명으로부터 신세계종합금융회사의 대출금 미납액을 강제 징수하는 파산관재인으로 선임되었습니다. 하지만 유병언이 1989년 세모USA를 설립해서 190만 달러를 미국에 반출했고, 이후 1990년에는 670만 달러 상당의 캘리포니아 리조트를 구입하는 등 채권회수 의지만 있었다면 미국 재산에 대한 환수조치를 할 수 있었지만 가집행을 제대로 수행하지 않았습니다. 이거 누가 했습니까? 문재인 후보가 했습니다.

문재인 후보에게 묻겠습니다. 그 이유가 무엇입니까? 문 후보는 이런 의혹에 대한 명확한 입장을 지금 국민 앞에 밝혀야 합니다. 그렇지 않으면 그가 하루가 멀다 하고 외쳐대는 적폐청산의 대상이 다름 아닌 바로 그 자신이 될 것입니다. 왜 이처럼 썩은 정치와 썩은 정경유착 때문에 우리의 꽃다운 젊은이들이 희생되고, 우리 국민들이 엄청난 피해를 받아야 합니까?

위정자와 정치인들이 국민과 국가를 보호하는 것이 아니고, 국민을 방치하고 죽게 만드는 기존 정치판이라면 이런 썩은 정치판은 이제 갈아엎어야 합니다. 확 갈아엎어야 합니다. 국민을 버리는 정치라면 그런 정치를 우리 국민은 이제 버려야 삽니다. 그래야 우리 사회 곳곳에 쌓인 낡은 적폐들을 속속들이 도려내고, 국가를 전면 개조·개혁할 수 있습니다. 국민의 생명을 지키고 보호하는 안보국가·안전국가로 거듭나는 길만이 먼저 간 꽃다운 청춘들에게 우리가 조금이라도 덜 미안하고, 덜 부끄러운 일이 될 것입니다.

우리는 물속에서 수면 위로 떠오르는 세월호를 바라보면서 또다시 흥분하고 분노할 것이 아니라, 아직까지도 세월호와 같은 참사를 막을 수 있는 사회 안전시스템을 갖추지 못하고 있는 이 나라 위정자, 아니 위선자들을 향해 분노해야 합니다. 사회 안전시스템이 구축되지 않으면 이제는 대한민국호가 세월호처럼 침몰할 수 있다는 비상한 관심을 갖고 사회의 안전시스템 구축에 만전을 기해야 할 것입니다.

끝으로 이번 세월호 인양과정에서 제2차 안전사고가 발생하지 않도록 철저한 대책을 세워 실종된 9명의 고귀한 시신 인양이 모두 이루어지길 간절히 바라겠습니다.

3년이라는 인고의 세월을 견뎌낸 유족분들에게 깊은 위로의 말씀을 전합니다. 경청해 주셔서 대단히 감사합니다."

나. 오대양 사건에 연루되어 구설수에 올랐던 유병언[23]

인천항을 출발하여 제주를 향해 항해하다가 2014년 4월 16일 오전 8시 50분경 진도군 소도면 울돌목 해상에서 여객선 '세월호'가 침몰하자, 바로 그 '세월호'를 운항하는 청해진해운의 실소유주였던 유병언 전 세모그룹 회장 일가에 대해 세간의 관심이 쏠리게 되었다.

'오대양 사건'이란, 1987년 8월 경기도 용인시 남사면에 위치한 공예품 제조업체 '오대양'의 구내식당 천장에서 170억 원의 사채를 빌려 쓰고 잠적했던 '오대양' 대표 박순자와 그의 자녀·종업원 등 32명의 시신이 모두 손이 묶이거나 목에 끈이 감긴 채 집단 변사체로 발견된 엽기적 사건이다. 사이비종교 교주였던 박순자가 신도들과 함께 집단 자살한 사건으로서, 숨진 사람들은 모두 기독교복음침례회(속칭 구원파) 신도였다. 특히 검찰과 해운업계 등에 따르면, 기독교복음침례회는 1941년 일본 교토에서 태어난 뒤 대구에서 성장한 유병언 전 회장이 그의 장인 권신찬 목사와 1962년에 설립하였다.

당시 검경은 박순자 대표가 사채 170억 원을 끌어다 쓴 뒤 갚지 못해 집단 자살한 것으로 결론 내렸는데, 당시 박순자 씨가

---

23) 세월호를 운항하는 청해진해운의 최대 주주가 유병언 세모그룹 전 회장의 두 아들인 사실이 밝혀진 가운데, 80년대에 세상을 떠들썩하게 했던 세모그룹의 '오대양 사건'이 새삼 화제가 되었다. 당시의 언론보도 내용을 요약하였다.

사채로 빌려 쓴 돈의 일부가 유병언 전 세모그룹 회장이 목사로 있던 기독교복음침례교회로 흘러 들어간 정황을 포착하고 조사를 벌였으나 유 전 회장은 결국 무혐의 처분했다.

이후 1991년 7월에 신도 김모 씨 등 6명이 경찰에 "집단자살 이전에 총무 등 3명을 살해, 암매장했다."는 오대양 사건의 진실을 밝혀, 다시 한 번 유병언 전 회장과의 연관성에 대해 검찰이 수사에 나섰다. 당시 대검 중수부는 오대양 사건의 배후에 권신찬 목사와 그의 사위 유병언 전 회장이 있을 것으로 보고, 전방위 수사를 펼쳤지만 관련성을 밝혀내지 못했다. 대신 유병언 전 회장이 신도들에게 거액을 빌린 뒤 갚지 않은 혐의가 인정돼 징역 4년을 받은 것으로 끝을 맺었다.

한편 유 씨는 그동안 영문으로 'Ahae(兒孩·아이의 옛말로 유 씨의 호)'라는 이름의, 얼굴 없는 억만장자 사진작가로 왕성하게 활동하면서 그룹 경영에도 관여해 온 것으로 드러났다. '아해'는 미국에서 활동 중인 사업가이자 사진작가로도 알려져 있다. '아해'의 공식 홈페이지에는 "아해는 1941년 일본 교토에서 태어나 2차 세계대전이 끝난 직후 한국으로 돌아와 20세부터 그림·조각 등 예술 활동을 했다."는 소개가 있다. 또한 "20대와 30대 초반에는 방송 분야에 종사했고, 35세에 첫 사업체를 세우며 비즈니스 세계에서 창조적 재능을 발휘했다."고 한다.

하지만 세월호의 이준석 선장을 비롯해 청해진해운의 직원 상당수가 '구원파' 신도라는 증언이 나와 유병언 전 회장의 오대양 사건 연루 가능성이 다시 제기됐는데, 4월 23일 청해진해운 전

직원은 KBS와의 인터뷰에서 "(직원의) 90% 이상이 (신도라고) 볼 수 있다. 구원파 신도가 아니더라도 교육 등을 통해서 신도를 만든다."고 말했다. 이어 "이준석 선장 같은 경우는 원래는 부인이 신도였다. 본인은 절실하지 않았는데 해운사 들어와서 집회도 참석하고 좀 신실해졌다."고 설명했다. 기독교복음침례회는 1992년 대한예수교장로회로부터 이단으로 규정됐지만, 현재 신도 수는 약 20만 명으로 추정된다.

 유병언 전 세모그룹 회장과 구원파, 오대양 사건을 본 누리꾼과 네티즌들은 "구원파 오대양 사건, 무섭네", "구원파 오대양 사건, 도대체 뭐가 진실이냐", "구원파 오대양 사건, 잘못한 것들 싹 다 잡아넣어라", "유병언 세모그룹 회장 오대양 사건, 소름끼친다", "유병언 세모그룹 회장 오대양 사건, 믿기 힘들다" 등의 반응을 보였다.

다. (주)세모의 부채 탕감과 기적적 회생[24]

 박근혜씨 파면결정으로 5월 장미대선을 앞둔 가운데 가장 유력한 대통령후보인 문재인 전 더불어민주당대표와 유병언 전 세모회장, 그리고 세월호 참사와의 인과관계가 다시 한번 주목받고 있다. 문재인 전 대표는 유병언 전 세모회장의 신세계종금 채권회수 책임자였으나 이 같은 역할에 충실하지 않음으로써 결국 유 전회장이 재기하게 되고 세월호 사업까지 영위하게 됐다는 원죄를 안고있음이 지난 2015년 8월16일자(990호) 선데이저널 보도를 통해 세상에 공개되었다.

세월호 참사가 문재인 전대표의 전적인 책임은 아니지만 최소한의 도의적 책임을 인정하고 유족에게 사과해야 마땅하지만 아직 이에 대한 언급은 전혀 없다. 문 전대표뿐이 아니다. 노무현 전대통령의 조카사위인 정재성변호사도 문전대표에 이어 신세계종금 파산관재인으로 역임한 것으로 드러나 그 역시 책임을 면할 수 없다. 노 전 대통령 측근들이 이를 국민혈세를 환수하는 작업만 철저히 했어도 유병언의 혹세무민을 발본색원할 수 있었지만, 이를 방조함으로써더 큰 불행을 불러들인 것이다. 또 이들은 법원이 정하는 파산관재인자리를 마치 사기업 사장자리를 물려받듯 마음대로 요리해, 사법부마저 마음대로 주물렀다는 의혹을 사고 있다. 야당의 유력대권후보인 문재인 전 대표와 세모의 유병언의 물고 물리는 관계를 다시 짚어 보았다.

안치용(시크릿 오브 코리아 편집인)

문재인 전 더불어 민주당 대표는 15년 전인 지난 2000년 7월 14일 부산지방

---

24) 미주 한인언론 〈선데이저널〉에 "문재인도 세월호 참사에 피할 수 없는 原罪가 '있다? 없다?'"라는 제목으로 올라왔던 탐사보도를 그대로 옮겨 싣는다. 2015년 8월 16일자(990호) 〈선데이저널〉 보도를 통해 세상에 공개되었다가 제19대 대선 직전인 2017년 3월 16일 다시 공개되어 더욱 신빙성이 높다. 이 보도만 제대로 알려졌더라도 국민들이 '김정은의 수석대리인'이라 평가받는 문재인을 대통령으로 뽑지는 않았으리라는 아쉬움이 남는다. 문재인의 호칭 역시 '전 더불어민주당 대표'로 표기된 것을 그대로 인용하였다.

법원에 의해 신세계종합금융회사의 파산관재인으로 선임됐었다. 제2금융권으로 불리는 단자회사의 새로운 이름, 종금사, 유독 부산에 이 종금사들이 많았고, 1997년 외환위기가 발생하면서 1순위로 파산하고 말았다.

IMF가 한창이던 1997년부터 부산지역 종금사들은 줄줄이 파산했다. 하루가 멀다 하고 자살자가 속출하던 시절, 당시 기자들은 눈만 뜨면 자살현장으로, 또 장례식장으로 달려가야 했었다. 그 비극 속에서도 당시 부산지역에서 변호사로 활동하던 문재인 전 대표는 IMF여파로 인해 온 국민이 고통에 시달리고 있을 때 파산 법원 파산관재인으로 또 다른 기회를 잡게 된다. 신세계 종합금융을 비롯해 동남은행 등의 파산관재인으로 선임되면서 유병언과의 암묵적 관계가 시작된다.

IMF여파로 부산종금 파산관재인 등장

문 전대표는 지난 2002년 1월 18일 예금보험공사와 함께 유병언, 박상복, 손영록, 신권재, 목상균, 세모화학주식회사등 자연인 5명과 법인 1개를 상대로 신세계종금에서 빌려간 돈에 대한 반환소송을 제기했고 그해 10월 8일 승소판결을 받은 것으로 확인됐다.

이 같은 사실은 지난 2014년 세월호 참사가 발생한 뒤 같은 해 10월 2일 한국예금보험공사[KRNC 정리금융공사]측이 뉴욕남부연방법원에 유병언씨의 차남 유혁기 등 유족들을 상대로 신세계종금 대여금 등에 대한 환수소송을 제기하면서 밝혀진 것이다.

한국예금보험공사(이하 예보)측이 유전회장 유가족을 상대로 채무가 존재함을 입증하기 위해 한국판결문 등 각종 증거를 제출하면서 가려졌던 진실이 드러나기 시작한 것이다. 애당초 이 미국소송은 문 전대표가 2002년에 제대로 처리했다면 발생하지도 않을 소송사건이었다. 당시 소송장은 유전회장에게 2002년 1월 28일, 패소판결문은 2002년 10월 18일 각각 정본이 전달됐다. 유전회장이 이를 받은 장소는 대구시 남구 대명9동 616-5번지였으며, 이 대구의 주소가 유씨의 주소지임은 당시 유씨의 주민등록초본으로도 확인됐다.

문 전대표가 유 전회장등을 상대로 소송을 제기한 것은 신세계 종금의 파산관재인으로서, 세모화학주식회사가 유회장등 이 사건 피고인 5명을 연대보증인으로 해서 지난 1997년 5월 29일 신세계 종금에 지급기일이 1998년 2월 14일인 5억원짜리 1매, 25억원짜리 1매 15억원짜리 1매등 세모화학명의의 약속어음 3매를 담보로 45억원을 대출받았으나 만기일인 1998년 2월 15일이 돌아와도 이를 갚지 않았기 때문이다. 유전회장이 IMF위기, 이른바 외환위기 직전에 45억원짜리 어음을 담보를 돈을 빌려간 뒤 이를 변제하기는 고사하고 IMF가 터지자 기다렸다는 듯이 입을 씻고 만세를 불러 버린 셈이다.

45억 승소판결 받고도 집행치 않아

이 사건 판결문에 따르면 세모는 2000년 1월 12일 45억원의 대출금중 7700만원만 갚았을 뿐 원금 약 44억3천만원, 확정연체이자 12억원등 56억3천만원상당을 갚지 않은 것으로 드러났다. 즉 유전회장측은 신세계종금에서 45억원을 빌린 뒤 상환만기가 2년이나 지난 뒤에야 원금의 1.7%만 갚았을 뿐 원금의 98.3%를 떼먹어 버렸다.

물론 이 돈에 대한 이자도 갚지 않았다. 이에 따라 부산지방법원 재판부는 유병언 등 피고들이 연대해서 원고인 신세계종금 파산관재인인 문전대표와 예금보험공사에 66억4천만원을 지급하고 이중 원금인 약 44억3천만원에 대해서는 2000년 1월 13일부터 완제일까지 연 24%의 이자를 지급하라고 판결했다. 특히 재판부는 원고들이 이에 대해 가집행할 수 있다고 밝혔으며 이는 문전대표가 유전회장측의 재산만 찾으면, 당장에 가압류할 수 있음을 의미한다.

부산지방법원 판결문의 정본은 문전대표와 유 전회장측에 2002년 10월 18일 송달됐고 2003년 1월 16일 집행문까지 전달됐다. 이처럼 유 전회장측의 신세계종금 대출금 미상환 건은 이미 2002년 소송을 통해 승소판결을 받음으로써 종결됐고, 가집행등을 통해 재산을 압류한 뒤 채권을 모두 회수했어야 할 사건이었다. 그러나 문전대표는 이 같은 판결을 받아내고도 제대로 채권행사를 하지 못함으로써 판결문은 휴지조작에 불과했던 것으로 드러났다. 이 또한 미국법원 소송과 관련해 제출된 증거를 통해서 명확히 입증된다.

미 연방법원에 제출된 증거 중 2004년 5월 17일 신세계 종합금융 파산관재인과 정리금융공사간에 채결된 자산양도계약서에 따르면 15억원 어음대출과 25억원 어음대출 등 대출원금 40억원 중 미회수대출금이 38억4천여만원에 달하는 것으로 확인됐다. 2002년 유 전회장측에 대한 승소판결을 집행해야 할 신세계종금 파산관재인이 판결을 받아내고도 유병언 전회장과 (주)세모의 재산내역을 제대로 파악하지 못해 이를 집행하지 않은 것으로 사료된다.

유병언 해외재산 드러난 것만 수천억대

그렇다면 과연 유 전회장등 피고측의 재산은 없었을까. 전혀 그렇지 않다.

유전회장은 지난 1989년 4월 18일 세모USA를 설립, 해외에 투자한다며 190만달러를 미국으로 반출했다. 이는 금융감독당국에 당시에 신고 된 투자금 명목으로 합법적으로 반출한 돈이다. 문전대표가 추적하려면 간단하게 추적할 수 있는 돈의 흐름이었다.

유전회장은 이 돈으로 1990년 5월 11일 미국 캘리포니아주에 670만달러를 주고 하이랜드스프링스호텔리조트를 매입, 현재까지도 소유하고 있는 것으로 확인됐다. 이 리조트의 현재가치는 1천만달러를 상회한다. 당시 예보나 신세계종금 파산관재인이 채권을 회수하려는 의지만 있었다면 회수가 가능했지만 미국재산에 대해서는 알려고도 하지 않아 전혀 환수조치를 취하지 않은 것이다. 더구나 세모USA는 지난 2008년 6월 30일 청산된 것으로 확인됐고, 단 한 푼도 회수하지 못했다.

IMF 직전 유병언 연대보증으로 신세계종금에서 45억 어음할인
文이 직접 반환소송 제기
승소판결 받고도 집행하지 않은 이유는?

특히 유전회장은 이 하이랜드스프링스호텔리조트라는 법인을 1990년 7월 13일 설립하고 350만달러를 미국으로 반출한 사실도 추가적으로 드러났다. 하이랜드스프링 매입시기와 거의 일치한다. 이들 2개회사를 통해 미국으로 반출된 돈만도 540만달러, 이 법인도 2008년 6월 30일 청산됐고 단 한 푼도 회수하지 못했다는 것이 금융당국이 작성한 보고서의 내용이다 2002년말 문전대표가 판결을 받았고, 이들 법인이 해산된 것은 2008년으로 6년이나 늦다.

이는 문 전대표가 신세계종금 파산관재인으로서 승소판결을 제대로만 집행했었더라면 충분히 회수할 수 있었음을 의미한다. 해외로 투자했더라도 돈을 모두 날렸으면 회수할 수 없지만 이 리조트는 부동산을 가지고 있으므로 부동산을 가압류하고 받아 냈더라면, 국민혈세도 회수하고 유 전회장으로 인한 더 이상의 불상사는 없었을 것이다.

이외에도 세모명의로 해외에 투자된 돈은 중국의 3개회사에 300만달러, 인도네시아 1개회사 170만달러등 12개 회사에 달하며, 대부분 2008년 6월 30일까지 존재했고 5개 회사는 세월호 참사 직후까지 존재했다. 문 전대표가 의지만 있었다면 깔끔한 마무리가 가능했던 것이다.

노무현 조카사위가 문재인 후임 파산관재인

특히 놀라운 것은 2004년 작성된 이 자산양도계약서에 신세계종금 파산관재인이 문재인이 아니라 정재성변호사라고 기재돼 있다. 정변호사는 노무현대통령의 조카사위이다. 문전대표와 정변호사, 모두 노전대통령의 최측근으로, 변호사들이 선호하는 파산금융기관의 재산관리인을 돌려가며 맡았다는 의혹이 이는 것이다.

이를 확인하기 위해 파산한 신세계종합금융의 폐쇄법인등기부를 발급받아 검토한 결과 문재인대표는 2000년 7월 14일 부산지방법원으로부터 이 회사 파산관재인에 선임된 뒤 2003년 1월 14일 사임했고 공교롭게도 같은 날 정재성변호사가 부산지방법원에 의해 선임된 것으로 드러났다.

이 법인등기부에서도 확인됐듯 변호사에게 적지 않은 이권이 되는 파산관재인은 해당법원이 선임하도록 돼 있지만 '너무나 기막힌 우연의 일치'로 노무현 전대통령의 측근과 노대통령의 사위가 번갈아가며 신세계종금의 파산관재인을 맡았다는 것은 우연의 일치로 보기에 너무나 의심이 가는 대목이다.

파산관재인은 파산법인의 재산을 잘 정리해서 받을 돈을 악착같이 받아내서 채권자에게 돌려주는 일을 하는 파산법원으로부터 막중한 임무가 주어진 직책이다. 따라서 마땅히 문 전대표와 정재성 변호사는 신세계종금의 채무자에게서 악착같이 한 푼이라도 받아내서 채권자에게 돌려줬어야 했다. 특히 신세계종금이 파산하면서, 예금주등의 예금을 상환하는데 정부의 막대한 공적자금이 투입됐다는 점에서 이들의 역할은 실로 막중했지만 이를 외면한 것으로 볼 수 있다.

일반기업의 파산과는 달리 금융기관의 파산에는 공적 자금, 즉 국민혈세가 투입되므로, 파산관재인은 사실상 정부재산을 관리하는 것이나 마찬가지다. 따라서 문 전대표는 정부재산을 흥청망청 날려버렸다는 비판을 받아도 마땅하다.

물론 IMF 당시 파산한 종금사의 채권은 휴지조각에 불과하지만 유병언과 (주)세모의 경우는 충분한 변제 자금이나 회수 가능성이 있는 여력이 있음에도 불과하고 헐값에 매각하거나 퉁쳐 버린 것이다.

문재인 전대표와 노무현 전대통령의 사위 정재성변호사의 파산관재인 바톤 터치는 신세계종금 한번만이 아니다. 동남은행의 파산관재인 지위도 문대표가 맡았다가 2003년 1월 14일 정재성 변호사가 물려받은 것으로 밝혀졌다.

유병언 채권 말끔히 정리해준 덕분에 재기

2003년 1월 14일이라면 노무현 대통령이 당선된 직후이며 문대표가 정무수석에 선임된 시기로, 노대통령이 설립한 법무법인 부산이 노대통령의 후광을 업고 부산지역에서 신성한 사법부의 결정까지도 좌지우지 하는 막강한 권력을 행사했음이 입증되는 것이다.

파산관재인은 법원이 선임하는데, 어떻게 두 사람이 이렇게 그 좋다는 자리를 물려주고 물려받을 수 있을까? 문전대표와 정재성변호사의 파산관재인 돌려먹기는 바로 노전대통령의 흑역사라고 해도 과언이 아니다. 부끄러운 역사라는 말 정도로 끝날 일이 아니라 잘못됐다는 표현이 어울리는 일이다. 이처럼 노전대통령의 측근들이 신세계종금의 파산관재인으로서 유전회장에 대한 채권을 말끔히 정리하지 않음으로서 예금보험공사가 세월호 참사 뒤 뒤늦게 파산금융기관에 투입된 국민의 혈세를 회수하기 위해 미국법원에 까지 소송까지 제기하는 사태가 발생한 것이다.

이에 따라 부산지방법원은 2015년 4월7일 이 사건에 대한 집행문을 발급한 것으로 확인됐다.

부산지방법원은 '2002가단 5527 대여금등'사건의 판결과 관련, 유병언의 상속재산을 각각 3분의 1씩 승계인 유상나, 유혁기, 유섬나에 대한 강제집행을 실시하기 위해 신세계종금 파산관재인 문재인과 예금보험공사의 승계인 주식회사 케이알앤씨에 집행문을 내어준다고 명시돼 있다. 법원이 정리금융공사, 즉 예보측에 집행문을 발급해 주면서 당초 이 채권행사의 주체는 문재인 전 대표임을 다시 한번 밝히고 있다. 문전대표가 판결만 받아놓고 집행은 하지 않아, 판결 13년 만에 다시 집행문이 발급된 것이다.

이에 앞서 예금보험공사는 지난 2015년 1월 20일 신세계종합금융주식회사 파산관재인 문[문재인의미]의 승계인 주식회사 케이알앤씨[구 정리금융공사] 명의로 송달확정증명원을 발급받은 것으로 확인됐다. 이 송달확정증명원에 따르면 부산지방법원은 2002년 신세계종금 파산관재인의 유 전 회장 측에 대한 승소판결정본이 피고들에게 이미 송달되고 2002년 11월 22일자로 확정됐음을 증명한다고 명시돼 있다.

파산관재인 의무 성실히 수행하지 않은 '문-정'

예금보험공사는 또 집행문을 받은 뒤 1개월여가 지난 2015년 5월 18일 승계

집행문의 송달증명원을 부산지방법원에서 발급받은 것으로 나타났다. 부산지방법원은 이 사건의 승계집행문 등본을 유전회장의 장녀 섬나씨와 차녀 상나씨에게는 4월 24일, 차남 유혁기씨에게는 4월 13일 송달됐음을 증명한다고 밝혔다.

즉 이 사건 피고인 유 전회장등의 책임이 자녀들에게 상속됐고 이 사실을 법원이 통보했음을 입증하는 것이다. 이처럼 유 전회장의 직계가족 5명중 자녀 3명에게만 상속이 된 것은 유전회장의 처 권윤자씨와 장남 대균씨는 지난해 10월 24일 대구가정법원에 상속포기를 청구, 지난 2월 13일자로 상속포기를 인정받았지만 이들 3명은 상속포기 청구를 하지 않았기 때문이다.

또 하나 문제가 되는 것은 송달증명원등을 발급한 부산지방법원이 2002년 판결문에 원고가 신세계종합금융주식회사의 파산관재인 문재인이라고 돼 있음에도 송달증명원등 올해 발행된 증명서 중 집행문을 제외한 나머지 2건에는 원고를 '파산자 신세계종합금융주식회사의 파산관재인 문'이라고 명시한 것이다. 당연히 '문재인'이라고 그 이름을 명시해야 하지만 부산지방법원은 '문'이라고만 기재함으로써 판결문을 보지 않고는 신세계종금 파산관재인이 문재인대표임을 알 수 없는 상황이다. 부산지방법원이 직접 문재인을 비호해 주려고 했음을 증명하는 대목이다.

이처럼 만약 문전대표와 정재성 변호사는 신세계종금 파산관재인으로서 그 의무를 성실히 수행하지 않았기 때문에 2014년 4월 16일 발생한 세월호 참사의 단초를 제공했음이 명백하다. 문전대표는 이제라도 자신이 유병언 채권을 가지고 있던 신세계종금의 파산관재인이었음을 국민에게 밝히고 자신에게도 도의적 책임이 있다며 진솔한 사과를 구해야 한다. 그것이 나라를 이끌기 위해 국민 앞에 서는 지도자의 자세다.

동남파산관재인 겸하면서 법무법인 부산에 일감 몰아줘

또 하나 문전대표의 부도덕성을 보여주는 사례가 있다. 문전대표는 지난 1998년 4월부터 2003년 1월까지 동남은행의 파산관재인을 지내면서 동남은행의 소송사건을 자신이 대표변호사로 있던 법무법인 부산에 몰아줬다는 사실이다. 문전대표가 동남은행 파산관재인으로 재임할 때 발생한 소송사건을 모두 20건에 소송가액의 합계는 763억원에 달했다. 문전대표는 이중 소송가액 727억원에 달하는 13건의 사건의 변호사로 법무법인 부산을 선임했다. 자신이 파산관재를 맡고 있는 동남은행 소송의 65%, 금액면에서는 95%에 달하는 사건을 자신에게 맡긴 것이나 마찬가지다. 그리고 변호사비로 1억1100만원을 받았다. 이는 부도덕한 행위일 뿐 아니라, 이익상충이 발생한다는 점에서 변호사의 신의성실의 의무마저 위배한 것이다. 이 같은 사실은 박근혜씨 탄핵사건의 소추인측 대리인인 권성동 현 법사위원장이 지난 2012년 밝혀낸 사실이다.

만약 법무법인 부산이 잘못을 저질러 소송에 패소한다면 과연 동남은행 파산관재인 문재인이, 법무법인 부산의 대표변호사 문재인을 상대로 손해배상을 청구해 그 잘못을 물을 것인가? 동남은행 파산관재인 문재인의 이익과 법무법인 부산의 대표변호사 문재인의 이익이 정면충돌하고 그 와중에 한쪽의 이익은 희생될 가능성이 큰 것이다.

한마디로 변호사 문재인은 노동운동의 변호를 맡는 등 좋은 일도 많이 했지만 사익을 추구하는 나쁜 일도 했다는 의구심도 든다. 정재성변호사와 파산관재인을 돌려먹기 했다는 점을 감안하면 노무현 전대통령 최측근이 돈 앞에서는 도덕을 생각하지 않고 빨가벗고 달려들었다는 비판을 피할 수 없다.

예보 채권소멸시효연장사건 7398건 수임 9억원 수임료

노전대통령 측근들의 이런 의혹들은 비단 문재인 전 대표분 아니다.

노 전대통령, 문 전대표, 노전대통령의 사위 정재성 변호사 등이 근무했던 법무법인 부산은 노전대통령과 문전대표가 청와대에서 근무했던 때인 2004년부터 2007년까지 부산2저축은행으로 부터 부실채권시효연장소송으로 59억원, 문 후보가 대표로 복귀한 2008년 이후 11억원등 70억원의 수임료를 챙긴 사실도 드러났다.

법무법인 부산은 예금보험공사의 자회사인 정리금융공사로 부터도 채권소멸시효연장사건을 수임했다. 2004년부터 2008년까지 7398건을 위임받아 9억원의 수임료를 챙겼다. 특히 노무현 전대통령이 대통령 경선에 나섰을 때 이 같은 일이 자행됐고, 대통령 당선이후에도 정변호사를 통해 이 같은 일이 이어졌다는 점에서 노대통령의 후광을 업고 사익을 취했다고 볼 수도 있다. 잘못된 것은 잘못됐다고 말해야 다시 출발할 수 있다.

전 새누리당 하태경의원은 2014년 8월26일 문재인 전 대표가 청와대 비서실장으로 재직 시 유병언의 세모그룹의 부채 1800억원을 탕감해주었으며 이로 인해 유병언의 재기를 도와서 세월호 사건에 책임이 있다고 의혹을 제기하자

하 의원을 명예훼손 혐의로 검찰에 고발했으나 검찰에 의해 무혐의 처리됐다. 당시 문재인 비서실장은 고발과 관련해 '당시 나는 그런 위치에 있지도 않았으며 세모그룹의 부채 탕감은 법원의 회생절차에서 이뤄진 것'이라고 주장했었다.

한편, 2014년 8월 24일 참여정부 당시 새정치민주연합 문재인 의원과 새누리당 하태경 의원이 세모그룹 부채 탕감을 둘러싸고 논쟁을 벌였다. 두 의원 간의 설전은 법적 공방으로 확산될 조짐을 보였지만, 더 이상 법적 공방으로 확산되지는 않았다.

문 의원의 대변인격인 새정치민주연합 윤호중 의원은 이날 오후 국회에서 기자회견을 열고, "문 의원은 하 의원을 상대로 허위사실 유포와 이에 따른 명예훼손 등에 관한 민·형사상 고소 고발은 물론, 당에 윤리위원회 제명 제소를 건의하는 등 모든 법적인 조치를 취하겠다."고 밝혔다.

하지만 이 사건이 확산될수록 문재인에게 유리하지 못할 것으로 판단되었는지 도마뱀 꼬리를 자르듯, 후속 공방이 이루어지는 더 이상의 보도가 뒤따르지 않았다. 2014년 8월 26일, 문재인 전 대표가 청와대 비서실장으로 재직 시 유병언의 세모그룹의 부채 1800억 원을 탕감해 주었으며 이로 인해 유병언의 재기를 도와서 세월호 사건에 책임이 있다고 의혹을 제기한 하 의원을 명예훼손 혐의로 검찰에 고발했으나, 검찰에 의해 무혐의 처리됐다.

윤 의원은 "하 의원은 SNS 등을 통해 문 의원이 (대통령)비서실장 때 유병언 세모그룹 회장의 부채를 탕감해 줬다고 주장했다."며 "이는 법 상식상 대단히 무지(無知)하거나 악의적인 왜곡선동을 위한 명백한 허위사실 유포"라고 비판하면서 "부채탕감 절차는 기업회생 절차의 하나로서 법원이 결정하는 것"이라며 "기업회생 절차는 법원의 감독 하에 채권자간 이해관계를 조정해 일부 채무를 탕감하거나 주식으로 전환하는 것이다. 행정부 아닌 사법부의 고유권한"이라고 설명했다. 그리고 또 "하 의원과 새누리당의 주장에 따른다면 최근 법원이 팬택의 기업회생 절차를 결정한 것 역시 현 정부나 김기춘 비서실장과 관계가 있어야 한다."며 "하 의원의 주장은 정치공세를 목적으로 한, 법 상식에 어긋난 근거 없는 주장이다. 심히 유감을 표한다."고 말했다.

이후 검찰은 유 전 회장 일가가 수백억 원의 돈을 투자해 부동산 등 자산 가치 5천 6백억 원대로 평가되는 그룹 13개 회사의 경영권을 확보하는 과정에 편법은 없었는지 수사에 착수했으나, 2014년 10월 인천지검은 유병언의 부채탕감은 정상적인 채권단의 승인과 법원의 허가를 거쳐 규정상 문제가 없었다고 브리핑했다.

물론 윤호중 의원의 주장이나 검찰의 수사결과 발표는 그 당시 형식적인 법 절차를 모두 거친 것만 본다면 타당한 주장이다. 하지만 나치가 독일 국민들의 압도적인 지지를 받고 선출되었고, 형식적으로는 합법적인 수권법을 제정하여 극우 전체주의로 이행했다는 역사적 교훈을 되새겨볼 때 법의 정당성, 다시 말해서 법이나 제정된 법률내용의 정당성을 담보하지 못한다면 그것은 개정되거나 폐지되어야 한다. 더구나 인권변호사라고 대중에 널리 알려진 변호사가 악덕기업주와 짜고 법을 악용하거나 교묘하게 회피하여 이익을 취했다면 도덕적 비난을 받아 마땅할 것이다.

그런데 문재인은 이 정도가 아니다. 거대한 음모가 발견된 것이다. 이에 대해서는 지난 제19대 대통령 선거에 출마해서 문재인과 유병언의 유착관계를 폭로한 장성민 후보의 유튜브 방송-이 책의 제2장 가.절에 전재-을 보면, 그야말로 용서하기 어려울 정도로 악독한 파렴치범이 바로 문재인인 것 같다.

라. 세월호 사건 후에 제정된 이른바 유병언법과
세월호특별법

　2014년 11월 18일 국무회의에서는 이른바 유병언법과 세월호 특별법도 함께 처리됐는데, 특히 유병언법이 통과됨으로써 유병 언 일가의 재산을 몰수해 세월호 수습 비용으로 쓸 수 있는 법적 토대가 마련되었다.

　세월호 사고 수습에 필요한 비용은 인양 비용까지 합해 6천억 원 규모가 될 전망인데, 정부는 세월호 사고 가해자인 청해진해 운과 유병언 일가가 수습을 책임질 수 있도록 '범죄수익은닉규 제처벌법' 이른바 유병언법을 국무회의에서 통과시켰다.

　유병언법은 화재와 붕괴·폭발 등 대형 인명피해를 낸 사고 책임 자의 불법 은닉재산을 몰수하는 게 핵심인데, 재산 몰수 대상에 는 가해 당사자뿐 아니라 불법행위와 관련된 제3자도 포함된다. 정부는 이들의 재산을 몰수하기 위해 필요할 경우 검사가 관계 인 출석을 요구하고 영장에 의한 압수수색을 실시하는 내용도 담았다.

　세월호특별법은 세월호 사고의 진상규명을 위해 세월호 특별 조사위원회를 설치하는 내용을 골자로 한다. 세월호 특위는 상 임위원 5명을 포함해 17명의 위원으로 구성되었고 1년 동안 활 동하게 되었는데, 6개월 범위에서 활동기한을 1회 더 연장해 최 대 18개월 동안 활동할 수 있다. 세월호 특위는 참사에 대한 조 사권을 가지고 조사대상자나 참고인에 대해 출석요구 또는 동행명령장 발부를 할 수 있다.

정부조직법과 마찬가지로 유병언법은 2014년 11월 19일 공포와 동시에 시행에 들어갔고 세월호특별법은 2015년 1월 1일부터 시행되었으나, 정쟁으로 인해 별다른 성과를 내지 못하고 지지부진하며 국가 예산만 낭비하였다.

마. 오대양 사건 당시 법무부장관이었던 김기춘을 협박했던 구원파[25]

　유병언 전 세모그룹 회장이 검찰의 소환 통보를 받은 2014년 5월 16일 오전, 경기도 안성시 보개면에 있는 기독교복음침례회(구원파)의 본산 '금수원'에는 대형 현수막이 나부꼈다. 검은 바탕에 흰 글씨로 "김기춘 실장, 갈 데까지 가보자"라고 적힌 이 현수막은 구원파와 김기춘 청와대 비서실장의 오랜 악연을 보여주었다. 구원파 신도들은 "김기춘, 갈 데까지 가보자", "검찰은 각성하라, 죽음도 불사한다", "10만 성도는 순교도 불사한다"는 등의 구호를 외치며 집회를 이어갔다.

　구원파 어머니회는 전날 성명서에서 "죄가 없다면 당당하게 수사에 응하라고 모두가 입을 모으지만, 우리가 아무리 결백하고 당당해도 그것이 결코 공정하게 끝나지 않는다는 것을 1991년의 경험으로 배웠기에 더는 똑같이 당하고 싶지 않다."며 "그 결말이 1991년처럼 공정한 법 집행으로 이뤄지지 않을 것이라는 것도 감히 예상한다. 당시 법무부장관이 현 대통령비서실장이기에 더더욱 그렇다."고 밝혔다.

---

25) 세월호 사건이 발생했을 때 김기춘은 청와대비서실장으로 재직 중이었다. 그때 민정수석비서관이었던 김영한의 비망록에 세월호 수습책에 대해 회의 결과를 적은 것이 있지만, 이것은 단지 수습책이었을 뿐 세월호 사건의 발생 원인과는 무관하다. 구원파는 김기춘이 수습대책에 관여하게 되자, 과거 오대양 사건의 쓰라린 경험을 떠올려 지레 겁을 먹고 방어적 집단행동에 나서게 된 것으로 판단된다.

1987년 8월 경기도 용인시 남사면에 위치한 공예품 제조업체 오대양의 구내식당 천장에서 오대양 대표 박순자 씨와 그의 자녀·종업원 등 32명이 집단 변사체로 발견되었던 오대양 사건은 발생 직후에는 집단 사망의 원인이나 자세한 경위에 대해 아무것도 밝혀지지 않은 채 수사가 급하게 마무리됐었다. 그러다가 1991년 7월에 전면 재수사에 들어갔는데, 당시 법무부장관이 김 실장이었다. 재수사에서 검경 수사팀은 집단 자살 사건이 발생하기 전 오대양 직원들이 3명을 살해한 뒤 암매장한 사실을 밝혀냈다. 유 전 회장은 당시에도 사건의 배후로 지목돼 검찰 수사를 받았으나, 검찰은 오대양 사건과 연관성을 찾지는 못했다. 하지만 검찰은 신도들의 돈을 가로챈 혐의(상습사기)로 유 전 회장을 구속기소했고, 유 전 회장은 징역 4년형이 확정돼 복역했다. 구원파 신도들은 1991년에 김 실장이 구원파와 오대양사건이 관계 없다는 것을 잘 알 것임에도 정치적 이유 때문에 종교적 탄압을 했다며, 이번 사건도 마찬가지라는 주장을 펼치고 있었다.

당초 검찰은 2014년 5월 16일 오전 10시 유 전 회장을 소환할 방침이었으나, 유 전 회장은 이에 불응했다. 검찰은 유 전 회장 측에서 연락이 없어 좀 더 기다려보겠다는 입장이었다. 검찰은 유 전 회장이 계속해서 소환에 불응할 시 체포영장 발부와 강제구인도 검토할 방침이었지만 유병언 회장은 끝까지 소환에 불응하다가 도주, 결국 순천의 은신처 근처에서 얼굴도 제대로 식별하기 어려운 상태의 부패된 시신으로 발견되어 공소제기가 불가능으로 처리되었다. 즉, 세월호 침몰 사고 후 100일 정도 경과한 2014년 7월 22일, 경찰은 2014년 6월 12일 순천 송치재 휴게소 인근 매실밭에서 발견된 주검이 유병언 전 세모그룹 회장으로 확실시된다는 수사 결과를 발표했다. 당시 많은 국민과 언론들이 '과연 유병언이 죽은 것인지 도피한 것인지' 의문을 제기하였으나, 최종적으로 이 사건의 수사 미진에 대한 책임을 지고 당시 검경합동수사본부장이었던 인천지방검찰청 검사장이 사표를 내면서 마무리되었다. 과연 유병언이 진짜로 죽은 것인지에 대한 의혹은 이어서 좀 더 자세히 살펴보기로 한다.

바. 과연 유병언은 정말 죽었는가?

이러한 의문을 필자만 가지는 것은 아니다. 우선, 예리한 추적 보도로써 나름 유명앵커로 알려진 CBS라디오의 김현정 아나운 서가 2018년 4월 12일 아침 8시 반부터 진행한 '김현정의 뉴스 쇼' 중 손수호 변호사와 함께 '탐정 손수호' 코너에서 대담한 내 용을 짚어보겠다. 그것은 수사기관의 발표와 구원파 신도들의 증언을 토대로, 유병언이 살아 있다는 의혹에 대하여 시청자들 이 의문을 제기한다고 하면서 이런 의혹을 무마하려는, 허술하 기 그지없는 내용이었다. 만약 이 사건에 유병언과 문재인이 아 무런 관련이 없었더라면, 김현정 아나운서가 이렇게 고분고분 손수호 변호사의 말에 장단을 맞추듯이 진행하지는 않았을 것 같다. 이것은 유병언이 과연 죽었느냐는 세간의 의혹을 잠재우 려는 의도로 편성된, 상부의 지시에 따른 형식적인 인터뷰라는 인상을 지울 수가 없는 피상적인 내용의 방송이었다. 궁금한 독 자들은 인터넷을 검색하여 그 내용을 직접 확인해 보기 바란다.

이에 덧붙여, 진보적 언론사로 평가되는 〈한겨레신문〉의 기사 를 인용한다.[26]

---

26) 〈한계레신문〉에서 2014년 7월 22일에 "주검으로 발견된 유병언..풀리 지 않은 '5대 미스터리'"라는 타이틀과 '경찰, 사실상 유 전 회장 사망 인정, 여론은 갑작스러운 발표에 여전히 물음표, 수사기관이 밝혀야 할 의혹 정리' 라는 부제 하에 발표한 기사가 수사기관이 앞으로 밝혀야 할 의혹을 일목요 연하게 잘 정리하고 있다. 이 기사가 필자의 입장과 전적으로 일치하고, 평소 정론직필을 강조하는 〈한겨레신문〉의 공신력을 인정하므로 이를 아래에 그 대로 인용하였다.

세월호 침몰 사고 100일을 앞둔 2014년 7월 22일 경찰이 2014년 6월 12일 순천 송치재 휴게소 인근 매실 밭에서 발견된 주검이 유병언 전 세모그룹 회장으로 확실시된다는 수사 결과를 발표했다. 유전자 검사와 지문 감식 결과를 토대로 경찰이 사실상 유 전 회장의 사망을 인정한 가운데, 여론은 갑작스러운 경찰 발표에 여전히 물음표를 던지고 있다. 수사기관이 앞으로 밝혀야 할 의혹을 정리했다.

① **유병언 진짜 맞나?** 우선 경찰은 유전자 검사 결과와 더불어 주변에서 발견된 구원파 계열사의 스쿠알렌 등 유류품 등의 정황을 근거로 발견된 주검이 유전 회장으로 추정된다고 밝혔다. 하지만 주검의 상태가 키가 작은 것으로 알려진 유 전 회장과 달리, 키가 큰 사람의 것으로 보인다는 증언이 나오고 있는 것으로 알려졌다. 또 유 전 회장은 평소 술을 마시지 않는 것으로 알려져 있으나 발견된 주검 주변에서는 막걸리 1병, 지금은 단종된 보해골드 소주 2병 등이 함께 발견됐다는 점도 의문이다.

이태종 기독교복음침례회 평신도 복음선교회 임시 대변인은 이날 〈연합뉴스〉와의 통화에서 "주검이 발견된 시점이 6월 12일로 나오는데, 유 전 회장과 함께 있었던 것으로 알려진 신 아무개 씨가 체포된 게 5월 25일이다. 이때까지는 유 전 회장이 적어도 살아 있었다는 것인데, 2주 만에 시체가 알아볼 수 없을 정도로 훼손됐다는 점도 이해가 가지 않는다."고 했다.

② **왜 죽었을까?** 경찰은 22일 오전 브리핑에서 "칼자국이나 주변의 발자국 등 타살 흔적을 찾을 수 없었다."고 했다. 자살 가능성 여부에 대해서는 "독극물에 대한 검사는 국과수의 2차 부검에서 드러날 것"이라고 밝혔다. 하지만 신출귀몰한 도피 행각을 벌일 정도로 강한 의지를 보였던 유 전 회장이 자살을 했다는 사실도 납득이 가지 않는다. 표창원 범죄과학연구소 소장은 이날 'YTN 라디오'와의 인터뷰에서 "급하게 도주하는 과정에서 다른 건장한 조력자들은 도주를 하고 유병언은 오래 걷지 못하는 상태에서 밤을 지새웠다면 아마 저체온증 등의 자연적인 이유로 사망했을 가능성도 충분히 있다."고 했다.

③ **언제 죽었나?** 현재 추정되는 유 전 회장의 사망 시점은 5월 말께다. 5월 24일 송치재휴게소 인근 별장 '숲속의 추억'을 급습할 당시 검·경은 유 전 회장의 것으로 추정되는 체액을 발견한 바 있다. 현재로서는 당시 급습을 피해 도주하

던 유 전 회장이 주검이 발견된 매실 밭에서 변을 당했을 것으로 보는 의견이 우세하다.

사망 시점을 5월 말로 잡는다면 주검이 발견된 6월 12일까지 대략 10여 일가량 방치돼 있었던 셈인데, 짧은 기간 뼈를 드러낼 정도로 시신이 급속히 부패하는 냄새를 비롯해 주검을 발견할 만한 상황이 충분히 있었을 텐데도 발견이 늦어진 이유에 대한 의문이 남는다. 경찰은 이날 브리핑에서 "사망 시점은 현재까지 확인되지 않았다. 국과수의 정밀 감식에서 드러날 수 있을 것"이라고 했다.

④ **경찰 수색 삼엄했던 송치재 주변에서 어떻게?** 우형호 순천경찰서장은 이날 브리핑에서 "그동안 8116명의 경찰인력을 동원해 도주로를 차단하고 순천의 주택가와 폐가, 창고, 구원파 소유 건물 등을 수색했다"고 밝혔다. 특히 송치재 휴게소는 검·경이 유 전 회장이 은신해 있을 것으로 보고 급습하기도 하는 등 수색을 집중했던 곳이다. 하지만 유 전 회장으로 추정되는 주검은 송치재휴게소와 불과 2.5㎞ 떨어진 곳에서 발견됐다. 다른 가능성을 생각하지 않으려면, 검·경의 수색망에 구멍이 뚫렸던 것이라고밖에 생각할 수 없다.

⑤ **왼손 지문 채취 실패했다더니 오른손에서 발견?** 경찰이 주검을 발견한 직후부터 채취를 시도한 지문은 왼손이다. 경찰은 6월 12일 주검을 발견한 뒤 왼손의 손가락 지문을 채취하려고 두 차례 시도했으나 실패했다고 밝혔다.

그러나 경찰은 22일 "오른손 검지의 지문이 유 전 회장의 것과 일치한다."고 밝혔다. 21일 경찰청이 주검의 유전자와 유 전 회장의 유전자가 일치한다는 결과를 통보해 오자 부랴부랴 오른손 지문을 채취했다는 것이다. 부패 정도가 심해 두 차례 시도에도 발견되지 않던 지문이 오른손에는 남아 있었다는 사실을 갑자기 인지하게 된 점도 납득되지 않는다. 더구나 훨씬 가능성이 큰 오른손 지문을 놔두고 왜 처음부터 왼손 지문을 채취하려고 했는지에 대해서도 의문이 사라지지 않는다.

〈한겨레신문〉이 제기한, 수사기관이 앞으로 수사를 통하여 국민들에게 밝혀내야 할 다섯 가지의 의문사항을 필자도 매우 합리적 의문이라 생각한다. 여기에서 〈한겨레신문〉의 다섯 가지 의문에 보충하여 보다 더 심화된 필자의 견해를 보태고자 한다.

우선 첫 번째 의문과 관련하여, 유병언이 해외로 도피했다는 유력한 소문이 시중에 돌고 있는데 만약 그 소문이 사실이라면 그를 도피시키는 데 도움을 준 사람들이 아직도 생존해 있을 것이라는 생각이다. 이와 관련해서는 최근 유병언이 모처에 살아 있는 것을 목격했다는 말을 필자가 신뢰할 만한 분으로부터 직접 전해 들은 바가 있다. 만약 유병언을 도피시키는 데 가담한 사람이 그 도피 정보를 제공하면서 유병언의 도피 경로나 목적지 등을 제보할 용의가 있다면, 이 책을 펴낸 출판사로 전화해서 필자와 연락이 닿을 경우에 충분한 포상과 함께 국외의 안전한 도피처를 제공하고 그곳에서 유튜브 방송을 통해 양심선언을 할 수 있도록 주선할 것이니 연락을 바란다.

두 번째, 표창원 범죄과학연구소 소장의 인터뷰 내용에 관해서다. 그는 이날 'YTN 라디오'와의 인터뷰에서 "급하게 도주하는 과정에서 다른 건장한 조력자들은 도주를 하고 유병언은 오래 걷지 못하는 상태에서 밤을 지새웠다면 아마 저체온증 등의 자연적인 이유로 사망했을 가능성도 충분히 있다."며 유병언의 자연적인 사망 가능성을 강하게 주장하였다. 표창원은 유명세를 타면서 경기대학교 이수정 교수와 쌍벽을 이루며 세간에 오르내리는 범죄자에 대한 평을 하고 있다. 그런데, 표창원은 '프로파일러'다. '프로파일러(profiler)'란 증거가 불충분한 강력범죄를 해결하기 위한 과학적 심층 수사를 위해 투입되는 범죄심리분석관인데, 범죄 현장과 용의자의 성장과정을 분석해 범인의 연령과 성격 및 신체적 특징을 추정해 내기도 한다, 이 프로파일러가 미국의 인기드라마 '과학범죄수사대'에 등장하기도 하는데, 우리나라에도 도입되어 2006년 정남규·2009년 강호순·2010년 김길태 등 전국을 떠들썩하게 했던 연쇄살인범의 검거와 조사과정에서 결정적인 역할을 했다. 이는 일반 수사기법으로 해결이 어려운 범죄를 데이터 마이닝과 패턴 분석을 통해 단서를 찾는 직업으로, 심리학과 사회학 등을 전공하고 범죄심리학을 공부한 석사 이상의 학력을 가진 사람이 프로파일러 지원 자격을 가진다. 표창원의 이력을 살펴보면, 그는 어릴 때 명탐정 셜록 홈스가 주인공인 동명의 탐정소설을 읽고 명수사관이 되려고 경찰대에 진학하였지만 실상은 명탐정이 되는 길과는 전혀 어울리지 않는 길을 걷게 되었다. 그는 경찰대 행정학과를 졸업하고 전경소대장으로 2년간의 병역을 마친 후 1991년부터 약 2년간 부천경찰서 형사·경기지방경찰청 보안과 외사계 형사와 외사계 주임을 거치지만, 1993년 영국으로 국비유학을 간 이후부터는 수사와는 전혀 관계가 없는 행정학 석·박사 과정을 마치며, 경찰에 재직하는 동안에도 제도개선기획단 연구담당관이나 경찰대학 교관으로서 주로 행정학을 가르쳤다. 1998년부터는 한국외국어대학교 범죄심리학 교수로 출강하였지만 이것 역시 프로파일러의 영역이지 일선 수사와는 거리가 있는 것이다. 그런 경력의 표창원이 범죄의 증거가 불충분한 상황이 아닌 경우임에도 불구하고 유병언의 죽음에 관해 가정법으로, 유병언이 죽었을 가능성이 충분하다는 취지로 추론함으로써 플라톤의 '동굴의 우상'에서와 같이 대다수 국민들을 "유병언이 죽었다."는 그림자를 믿도록 동굴에 결박된 채로 가두어두려는 시도는 참으로 가증스러운 일이다.

특히 그가 2016년 5월 총선에서 용인시정에서 더불어민주당의 공천으로 국회의원이 된 후 박근혜 전 대통령과 국민들을 이간질 하기 위하여 국회에서 '더러운 잠'이라는 여성 비하적이고 외설적인 춘화에 박근혜 전 대통령의 얼굴을 모자이크한 그림을 전시한 행위로 미루어 볼 때, 그의 이 추정은 객관성을 유지한 전문가의 견해가 아니라 유병언이 죽었다는 정략적이고 파당적인 결론에 끼워 맞춘 엉성한 추정이라는 생각이 강하게 든다.

세 번째 '언제 죽었나?' 하는 사망 시점에 대한 의문은, 현재의 발달한 법의학 기술로는 사망시간을 거의 수시간 이내의 오차로 근접하게 추정할 수 있다는 사실에 비추어 보면 일부러 초점을 흐리기 위해 계산된 수사기관의 발표로밖에 볼 수 없다.

위의 의문에 더하여 하나 더 문제를 제기할 것은, 대한민국은 정치적 사건에 대해서 행한 검시를 쉽게 믿을 수 없는 국가라는 점이다. 필자는 고 황장엽 선생의 통일사회장 집행위원 중 한 사람으로 장례 진행을 일부 맡았었다. 조의금 정리·유품 정리 등을 하면서 양녀로부터 들었던 검시에 대한 비화와 통일사회장을 하게 된 비화를 여기서 밝히지는 않겠다. 하지만 필자의 이러한 경험에 비추어, 유병언이 살아 있다는 것이 유력시된다. 그렇다면 유병언의 사체라고 검시한 시체는 과연 어디에서 구하였는가? 당시 유병언의 검시와 관련, 부실수사의 책임을 지고 검사장직을 사퇴한 인천지검장은 이에 대하여 해명해 주기 바란다.

제3장

세월호 사고 발생 원인은
우연인가, 필연인가?

3. 세월호 사고 발생 원인은
우연인가, 필연인가?

가. 세월호 선장 및 선원들에 대한 판결요지 및 확정된 형[27]

[1] 광주고등법원 재판부에서의 공소사실의 요지

선장·일등 항해사·이등 항해사·기관장은 2014년 4월 16일 08시 52분경 세월호가 좌현으로 기울어져 멈춘 후 침몰하고 있는 상황에서 피해자인 승객과 사무부 승무원 등(이하 '승객 등'이라 한다)이 안내방송 등을 믿고 대피하지 않은 채 세월호의 선내에 대기하고 있고, 승객 등을 퇴선시킬 경우 충분히 구조가 가능하며, 승객 등이 선내에 그대로 대기하고 있는 상태에서 배가 더 기울면 밖으로 빠져나오지 못하고 익사할 수도 있다는 사실을 알았고, 더욱이 기관장은 세월호 3층 복도에서 다른 기관부 선원들과 모여 있던 중, 자신의 바로 옆 복도에 스스로 이동이 불가능할 정도로 부상을 당한 피해자 두 사람이 구조조치를 받지 못한 채 방치되어 있어 이들에 대

---

27) 이 내용은 세월호의 선장 이준석 및 선원들이 최종적으로 선고 받아 확정된 형과 세월호 사건에 대해 형사법원이 확정한 사실관계를 독자들에게 정확하게 알릴 목적으로, 필자가 요약·전재한 것이다.

하여 아무런 조치를 취하지 아니할 경우 세월호에서 빠져나오지 못해 익사하는 상황에 이르게 된다는 사실을 인식하였음에도, 승객 등에 대한 어떠한 구조조치도 취하지 아니한 채, 기관장은 09시 38분경 기관부 선실 복도에서 나와 09시 39분경 해경 구명단정을 이용하여 먼저 세월호에서 퇴선하였고, 선장·일등 항해사·이등 항해사는 09시 39분경 기관장 등이 퇴선 하는 것을 보고 퇴선하기로 마음먹고, 09사 46분경 세월호에서 퇴선하였다. 이로써 위 피고인들은 공모 공동하여 세월호에 남아 있던 304명의 피해자들을 그 무렵 바다에 빠져 익사하게 하여 살해하고, 152명의 피해자들이 사망할 것을 용인하면서 퇴선하였으나 위 피해자들이 해경 등에 의하여 구조되는 바람에 사망하지 아니하였다.

[2] 광주지방법원 재판부의 판단

광주지방법원 재판부는, 선장 등 선원들의 지위와 부작위의 내용, 당시 상황의 흐름 등을 고려하여 위 공소사실 중 ① 선장의 피해자 한 사람을 제외한 나머지 피해자들 부분에 대하여는 부작위에 의한 살인·살인미수죄를 인정하였고, ② 선장의 피해자 한 사람 부분에 대하여는 부작위와 사망 결과 사이에 인과관계가 없다는 이유로 무죄로 판단하였으며, ③ 일등 항해사·이등 항해사·기관장에 대하여는 부작위에 의한 살인의 미필적 고의를 인정하기 어렵다는 이유로 역시 무죄로 판단하였다.

[3] 광주고등법원 재판부의 구체적 범죄행위판단과
###　　피고인별 선고결과

가) 광주고등법원 재판부의 구체적 범죄행위판단

(1) 이 사건 사고 발생과 피고인들의 구조요청 등

① 2014년 4월 16일 08시 52분경 이 사건 사고로 세월호가 좌현으로 기울어진 상태로 멈추자, 각자의 선실에서 휴식을 취하던 선장 이준석과 갑판부 선원들인 1등 항해사·2등 항해사와 이등 조타수(이타수)·삼등 조타수(삼타수)는 3등 항해사와 일등 조타수(일타수)가 당직근무 중이던 조타실로 모여 상황 파악에 나섰고, 1등 항해사는 복원성이 나쁜 상태에서 배가 좌현으로 많이 기울고 배의 균형을 잡는 힐링 펌프가 작동되지 않자 배가 곧 침몰할 것으로 인식하고 08시 55분경 제주 해상교통관제센터(Vessel Traffic Service Center, 이하 'VTS'라고 한다)에 "본선...... 아...... 위험합니다. 지금 배 넘어가 있습니다."라며 구조요청을 하였다. ② 한편 사고 발생 당시 조타실에 있던 기관장은 세월호가 급속히 기울어져 선수 갑판의 컨테이너가 좌현 쪽으로 무너져 내리는 것을 보고 전복될 것으로 판단하여, 엔진을 정지시키기 위해 엔진텔라그래프 레버를 잡아당겼으나 불완전하여 엔진이 완전히 정지되지 않은 상태에 있던 중, 선장의 지시로 엔진을 완전히 정지시킨 다음 직통전화로 기관실에 전화를 걸어 기관실에 있던 기관부 선원들에게 기관실에서 나올 것을 지시하였다. 이어서 기관장은 선장이 "기관실로 내려가 봐라."라고 지시하자 곧바로 조타실을 나와 기관부 선실이 있는 3층 복도까지 계단으로 내려갔고, 09시 6분경 그곳에서 기관실에서부터 올라온 기관부 선원들인 3등 기관사·일등 조기수(일기수)·이등 조기수(이기수)와 기관부 선실에서 나온 기관부 선원들인 일등 기관사·조기장·3등 조기수(3기수)와 함께 대기하였다.

(2) 선장과 일등 항해사, 이등 항해사 등 갑판부 소속 피고인들

의 조치내용

① 당시 세월호에는 피고인들을 포함한 승무원 33명 외에 443명의 승객들이 승선하고 있었고 그 중에는 부녀자와 노약자, 특히 수학여행을 가는 단원고 학생들이 다수 포함되어 있었으므로, 세월호의 승무원들은 승객들을 잘 통솔하여 이들이 이 사건 사고로 동요하지 않도록 하여야 하고, 승객들에게 선내방송을 통하여 사고 발생 사실을 알리고 적당한 간격으로 선원들에 의해 어떤 비상조치가 시행되고 있는지 등의 구조 관련 상황을 반복해서 알림으로써 승객들이 불안해하지 않도록 하여야 함은 물론, 사고 직후 이미 세월호가 좌현으로 약 30도 정도 기울고 선수 갑판에 있던 컨테이너 등의 화물들이 좌현으로 쏠려 무너져 내리는 등 평소 복원력이 나빴던 세월호가 곧 전복되어 침몰될 위험에 직면하게 되었으므로, 무엇보다도 퇴선이 불가피한 위급상황에 대비하여 미리 퇴선이 용이한 갑판으로 대피하도록 유도하는 등 퇴선을 위한 적절한 조치를 신속하게 취하여야 할 긴박한 상황이었다. ② 그런데 선장은 위와 같이 피고인 2가 구조요청을 마친 후인 08시 58분경 피고인 3에게 '승객들로 하여금 구명조끼를 입고 그 자리에 대기하라는 방송'만을 지시하였을 뿐, 정작 선원들에게 승객 등의 퇴선에 대비한 각자의 임무를 수행하도록 지시하는 등 선박 위험시 선장이 취하여야 할 지휘·감독상 임무를 전혀 수행하지 아니하였다. 또한 일등 항해사·이등 항해사 등을 비롯하여 조타실에 모여 있던 갑판부 소속 선원들이나 3층 선실 복도에 모여 있던 기관장 등 기관부 소속 선원들도 비상배치표 등에 따른 임무를 수행할 시도조차 하지 아니한 채 오로지 각각 조타실과 3층 기관부 선실 복도에 머물며 진도 VTS 등과의 교신에 매달려 구조요청을 반복하거나 아무런 대책 논의도 없이 상황을 주시

하기만 하였다. 그에 따라 3층 안내 데스크에 있던 사무부 승무원들은 자세한 사고경위도 모른 채 위 방송지시에 따라 승객들에게 선박의 침몰상황·구조계획 등에 대한 설명 없이 '현 위치에서 절대 움직이지 말고 그 자리에 대기하라'는 취지의 안내방송을 실시한 후, 그저 조타실의 추가지시만을 기다리면서 같은 내용의 안내방송을 반복하는 상황이 전개되었다. ③ 선장은 위와 같이 세월호의 승무원들 모두가 승객을 선내 대기 상태로 방치한 채 수수방관하는 동안, 09시 13분경 세월호 부근을 항해 중이던 ○○○○○호가 진도 VTS의 구조요청을 받고 세월호의 승객들을 구조하기 위해 세월호에 다가오면서 "탈출을 하면 저희들이 구조를 하겠습니다."라고 하는 교신을 들었고, 이후 진도 VTS와의 교신을 통해서 경비정 및 인근 어선들도 구조를 위해 오고 있다는 사실도 알게 되었을 뿐 아니라, 09시 21분경 진도 VTS 및 ○○○○○호로부터 "지금 ○○○○○가 접근 중에 있는데 지금 그 어롱사이드(ALONGSIDE)가 할 수 없는 상태라 구조 대기하고 있습니다." "인근에 있다가 인명들이 탈출하면 인명구조 하겠습니다."라고 하는 교신을 들었음에도, 선원들을 지휘하여 구명 뗏목과 슈트 등 구조장비를 투하하고 승객들을 대피시키는 등의 퇴선을 위한 조치를 전혀 취하지 아니하였고, 조타실에 함께 있던 일등 항해사·이등 항해사 등 나머지 갑판부 소속 선원들도 교신내용을 듣고만 있었을 뿐 별다른 조치를 취하지 아니하였다. ④ 또한 선장은 세월호가 45도 이상 기운 09시 23분경 진도 VTS로부터 "경비정 오는 데 15분, 15분입니다." "방송이 안 되더라도 최대한 나가셔서 그 승객들한테 구명동의를 꼭 착용을 하고 옷을 두껍게 입으라고 최대한 많이 전파를 좀 부탁드리겠습니다."라고 하는 교신을 들었고, 09시 24분경 ○○○○○호 선장으로부터 "맨몸으로 하지 마시고 라이프링이라도 하여간 착용을 시켜서 탈출을 시키십시오, 빨리."라고 하는 교신을 들었음에도 아무런 추가 조치 없이 이를 묵살하고, 다시 09시 25분경 진도 VTS로부터 "지금 저희가 그쪽 상황을 모르기 때문에 저 선장님께서, 세월호 선장님께서 최종적으로 판단을 하셔갖고 지금 승객 탈출을 시킬지 최대한 지금 빨리 결정을 해주십시오."라고 하는 교신을, 09시 26분경 "경비정이 10분 이내에 도착할 겁니다."라고 하는 교신을 들었을 뿐 아니라, 그 무렵 피고인 3으로부터 수차례 "어떻게 할까요?"라고 하는 추가 대응지시를 독촉받고, 조타실에 있는 무전기를 통해 3층 객실 안내 데스크에 있던 사무부 승무원들로부터 선내에 대기 중인 승객들의 대피 등 추가 조치 요청을 수차례 받았음에도, 퇴선 등 구조조치에 관한 논의나 설명 없이 이를 모두 묵살한 채 아무런 추가 조치를 취하지 아니하였다. 또한 일등 항해사·이등 항해사 등 나머지 갑판부 소속 선원들도 여전히 조타실에 머물면서 승객 등의 퇴선을 위한 조치에 나서지 아니하였고 선장의 위와 같이 무책임한 행동에 대해 이의를 제기하거나 승객 등의 구조방안을 언급하지 아니하였다.

(3) 기관장 등 기관부 소속 선원들의 조치내용

① 한편 기관장 등 기관부 소속 선원들은 위와 같이 3층 기관부 선실 복도에 머물면서 승객들이 선내 대기 방송에 따라 선내 대기 중임을 알고 있었음에도, 각자의 선실에서 구명동의를 찾아 입는 등 자신들의 퇴선에 대비하였을 뿐 구명 뗏목과 슈트를 투하하거나 승객들을 구조가 쉬운 갑판으로 대피시키는 등 승객 구조를 위한 아무런 조치를 취하지 않았고 승객의 상황에 대하여 확인하거나 승객 구조 방법을 논의조차 하지 아니하였다. ② 또한 기관장 등 기관부 소속 선원들은 세월호에서 퇴선하기 얼마 전에 갑자기 조리수 공소 외

1과 조리원 공소 외 2가 차례로 우현 복도 쪽에서 기울어진 연결통로를 통해 기관부 소속 선원들이 대기하고 있던 좌현 복도 쪽으로 떨어져 그 충격으로 정신을 잃은 채 쓰러져 있는 것을 알게 되었으나, 이들을 구조가 쉬운 갑판으로 대피시키는 등 퇴선에 필요한 조치를 취하지 아니하였다.

(4) 퇴선명령 등 필요 최소한의 구조조치와 그 이행 가능성 등

① 승객 등은 08시 58분경 배가 기울고 엔진이 꺼진 사실 자체만으로도 스스로 갑판으로 나와서 침몰상황을 파악한 후 그에 따른 정보를 공유하고 생존을 위한 조치를 할 수 있었고, 그 경우 적어도 경비정이 도착할 무렵에는 구명조끼를 착용한 상태에서 바다에 뛰어들어 구조를 받을 수 있었다. 하지만 대부분의 승객 등은 선장의 지시에 의한 선내 대기 명령에 따라 경비정이 도착할 때 및 그 이후까지도 선실 내부 또는 복도 등에서 그대로 대기하고 있었다. 세월호가 급박하게 침몰하고 있는 당시 상황에서 후속 조치인 퇴선준비나 퇴선명령이 이루어지지 않을 경우에는 선내 대기 명령으로 인하여 구조세력이 도착하더라도 승객 등이 침몰하는 선박 안에서 빠져 나오지 못하고 그대로 익사할 가능성이 매우 높았다. ② 좌현으로 기울고 있던 당시 상황에서의 퇴선은 주로 좌현 갑판을 이용할 수밖에 없었고, 선체가 계속 기울고 있었으므로 많은 승객 등이 빠른 시간 안에 퇴선하기 위해서는 미리 이동하는 것이 필수적이었다. 선체가 기울어진 상태에서도 선수와 선미 사이의 수평이동은 어렵지 않았고, 3층과 4층 좌현 갑판에는 난간과 계단이 설치되어 있어 운동능력이 있는 사람이라면 3층과 5층 사이의 상하 이동도 가능하였다. 그리고 3층의 경우 선체의 좌현 쪽 전체가 갑판이고, 4층의 경우도 갑판의 길이가 약 40m 정도 되어 승객 등이 대피할 수 없을 만큼

공간이 협소하지 아니하였다. ③ 또한 카페리 여객선인 세월호는 선체 아래쪽이 풍우밀구역으로 되어 있고 차량 등 화물을 싣는 공간에 격벽이 설치되어 있지 아니하여 바닷물이 침투할 경우 빠른 시간 내에 침몰할 것으로 예상될 뿐 아니라 당시 세월호가 계속 기울어져서 승객 등이 선내에서 이동하기가 점점 더 어려워지고 있었다. 반면 사고 당시 날씨가 맑고 파도가 잔잔하였을 뿐 아니라 구조세력과의 교신과정에서 해경 등의 구조세력이 가까운 시간 내에 세월호에 도달할 것이 충분히 예상되었으므로, 등 해원들은 승객 등이 안전하게 퇴선할 수 있도록 준비를 하고, 선장인 이준석은 승객 등이 선내에 갇히기 전에 퇴선명령을 내릴 필요가 있었다. ④ 한편 가천대학교 초고층방재융합연구소에서 실시한 가상 대피 시나리오 및 탈출 시뮬레이션 결과에 의하면, 세월호가 52.2도 기운 상태에서 선실에 있던 승객 등이 탈출을 시작하였다면 약 9분 28초 안에 탈출을 완료할 수 있으므로 늦어도 09시 26분경까지 승객 등이 탈출을 시작하였다면 3, 4층의 출입구가 침수되기 전에 세월호를 탈출할 수 있었다. ⑤ 이러한 상황에서 선내 대기 중인 승객 등의 구조를 위한 최소한의 조치에 해당하는 적시의 퇴선조치 또는 유보갑판 등으로의 퇴선준비 조치는, 조타실 내의 방송장비 또는 선내 전화기를 통한 안내방송, 무전기를 통한 사무부에의 지시, 비상벨의 이용 등 조타실에 있었던 선원이면 누구나 쉽게 이용 가능한 방법으로 할 수 있었고, 그것이 여의치 않더라도 선원들이 직접 객실이 있는 3층과 4층으로 이동하여 승객 등에게 퇴선을 알리거나 유보갑판으로 유도하는 것도 충분히 가능하였다. ⑥ 그럼에도 선장은 09시 34분경 세월호의 침수한계선이 수면에 잠기어 복원력을 완전히 상실하고 09시 35분경 해경 경비정이 사고 현장에 도착한 후에도 퇴선명령 등 퇴선을 위한 기본적인 조치조차 취하지 아니하였고, 일등 항해사·이등 항해사·기관장 등 나머지 선원들도 그와 같은 상황을 방관하고 있었다. ⑦ 그에 따라 승객 등은, 해경 등 구조세력이 사고현장에 도착하였음에도 구조가 가능한 적절한 시점인 이른바 '골든타임'이 다 지나갈 때까지 세월호의 침몰상황에 대해서는 제대로 알지 못한 채, 반복적인 선내 대기 안내방송 등에 따라 막연히 선내에 대기하는 상태가 지속되었다.

(5) 선원들의 퇴선행위와 사고 발생 후의 피해상황

① 기관장은 위와 같이 나머지 기관부 소속 선원들과 3층 선실 복도에서 대기만 하고 있다가 09시 38분경 해경 구명단정이 세월호의 좌현으로 접근하자 일등 기관사 등 기관부 소속 선원들에게 3층 복도와 연결된 좌현 쪽 출입문을 통하여 밖으로 나가도록 한 뒤 09시 39분경 해경 구명단정에 탑승하면서 자신이 선원임을 밝히지 않고 세월호에서 퇴선하였고, 일등 기관사 등 나머지 기관부 소속 선원들도 기관장의 지시에 편승하여 승객 등에 대한 아무런 구조조치 없이 기관장과 함께 세월호에서 퇴선하였다. ② 선장과 일등 항해사·이등 항해사 등 갑판부 소속 피고인들은 09시 37분경 이후 진도 VTS로부터의 교신에 응답하지 않은 채 해경 경비정이 세월호에 다가오기만을 기다리면서 대피명령 및 퇴선명령·승객 퇴선유도 등 승객 등을 구조하기 위한 아무런 조치를 취하지 않았을 뿐만 아니라, 승객 등의 상황에 대하여 확인하거나 승객 등의 구조 방법에 대한 논의조차 하지 않다가, 09시 39분경 기관장 등 기관부 소속 선원들이 퇴선하는 것과 전방에 경비정이 다가오는 것을 보자, 곧바로 조타실 좌측에 있는 출입문을 통해 차례로 윙브리지로 나간 후, 09시 46분경 세월호의 조타실 앞에 도착한 해경 123호 경비정에 탑승하면서

자신들이 선장 또는 선원임을 밝히지 않고 퇴선하였고, 퇴선 이후에도 해경에게 승객 등이 선내 대기 중인 사실 등을 알려주지 아니하였다. ③ 결국 승객 등은 구조세력이 도착한 이후에도 퇴선명령이나 이에 수반되는 퇴선유도 등 퇴선 상황에 따른 조치가 전혀 이루어지지 아니한 상태에서 막연히 퇴선지시를 기다리면서 선내에 대기하다가 09시 47분경 세월호의 3층 난간이, 09시 50분경 4층 난간이 완전히 침수되어 출구가 차례로 폐쇄되면서 스스로의 힘으로 선체를 빠져나가는 것이 사실상 불가능하게 되어, 해경 등의 구조 활동에도 불구하고 303명이 바다에 빠져 사망하였고, 152명은 해경 등에 의하여 구조되었으나 세월호가 갑자기 기울어질 때 또는 탈출과정에서 상해를 입었다.

나) 광주고등법원 재판부의 피고인별 선고결과

피고인 1(선장)을 무기징역에 처한다.

피고인 2(일등 항해사)를 징역 12년에 처한다.

피고인 3(이등 항해사)을 징역 7년에 처한다.

피고인 4(3등 항해사), 피고인 5(일타수)를 각 징역 5년에 처한다.

피고인 6(항해사), 피고인 12(조기장)를 각 징역 1년 6개월에 처한다.

피고인 7(이타수), 피고인 8(삼타수)을 각 징역 2년에 처한다.

피고인 9(기관장)를 징역 10년에 처한다.

피고인 10(일등 기관사), 피고인 11(3등 기관사), 피고인 13(일기수), 피고인 14(이기수), 피고인 15(삼기수)를 각 징역 3년에 처한다.

피고인 4(삼등 항해사), 피고인 5(일타수)에 대한 공소사실 중 업무상과실선박매몰의 점 및 해양환경관리법위반의 점은 각 무죄.

[4] 대법원의 판단 결과

 피고인들과 검사의 상고를 모두 기각하여 광주고등법원의 재판부에서 선고한 형이 그대로 확정되었다.

나. 왜 안개 속 출항을 무리하게 강행했는가?

 사고 전날, 2014년 4월 15일에 인천항 여객부두를 출항한 여객선은 세월호 한 척뿐이었다. 안개에도 불구하고 왜 무리한 출항을 강행했을까?

 2014년 4월 15일, 인천항을 떠날 예정이던 여객선 10척 가운데 9척은 안개 때문에 출항을 모두 취소했다. 언론사 취재 결과, 세월호는 애당초 출항을 하면 안 되는 상황에서 운항을 강행한 사실이 확인되었다. 저녁 6시 반에 출항 예정이던 세월호는 '안개가 걷히기를 기다려' 밤 9시에 떠났다고 주장했다. 모든 배가 출항을 취소한 그날 밤, 오직 세월호만 안개가 조금 걷히자 예정 시간보다 2시간 반 늦은 밤 9시에 출항을 했던 것이다. 그러나 인천 해경이 파악한 결과를 보면 15일 밤 9시의 인천항은 저시정 2급으로 안개가 걷히지 않았고, 출항 직후 인천대교에서 촬영된 세월호 모습에서도 짙은 안개가 관찰되었다. 저시정 2급은 가시거리가 500미터 미만이라는 뜻이다. 세월호 운항관리규정과 해사안전법 시행규칙에는 가시거리가 1,000미터 이하일 때는 출항은 물론 운항을 못 하도록 돼 있어서, 출항 자체가 규정

위반이었으나, 해경의 기상자료를 토대로 2천 톤급 이상 여객선의 출항 여부를 관장하는 '인천항 운항관리실'은 세월호의 항해를 허가했다.

 그런데 이 같은 지각 출항으로 인해 운항 지휘를 하는 항해사 근무 일정이 바뀌게 되었다. 예정대로라면 사고 해역인 맹골수도에서는 경험 많은 1등 항해사가 운항을 지휘하는 상황이었으나, 출항이 늦어져 맹골수도 통과가 오전 8시 이후로 넘어가자 세월호에 탄 지 넉 달밖에 안된 3등 항해사가 지휘를 하게 된 것이다.

 세월호가 안개에도 불구하고 출항한 것은 결국 돈 때문일 가능성이 크다. 여행사는 단원고 학생 승선료로 한 사람당 5만 2천8백 원씩, 1천7백여 만 원을 선사에 지급했고, 배가 뜨지 않으면 선사가 이 돈을 모두 물어줘야 할 상황이었다. 여기에 1천 톤이 넘는 화물도 실려 있어 선사가 물어야 할 환불액은 큰 부담이 되었을 것이다. 그러나 안개를 뚫고 무리하게 출항을 강행한 세월호는 초보 3등 항해사가 지휘를 맡은 맹골수도를 벗어나지 못하고, 침몰하고 말았다. 아무리 세월호가 환불해 줄 금액이 많다고 하더라도 다른 노선도 마찬가지 입장이다. 청해진해운이 특별히 적자에 시달리는 것도 아닌 한, 돈 때문에 무리한 출항을 했다고 주장하는 것은 설득력이 매우 떨어진다고 하겠다. 따라서 안개를 뚫고 무리하게 출항을 강행한 사실을, 우연적인 사고의 원인으로서는 독립시행의 법칙에 따라 발생 확률이 2분의 1보다 작은 독립변수로 보아야 할 것이다.

다. 왜 오하마나호에서 세월호로 교체하였는가?[28]

　단원고는 2013년 7월 '2014학년도 수학여행 위탁용역 입찰공고'를 내고, 학생들을 수송할 제주행 선박으로 '오하마나호'를 제안했다. 학교 측이 제주행 선박으로 '오하마나호'를 제안한 문건 내용은 '단원고 2학년 수학여행 일정표'에 나와 있었다. 일정표에는 '2014년 4월 15일 오후 4시 30분 학교 출발(인천여객터미널 향발), 5시 30분 인천여객터미널 도착, 6시 20분 오하마나호 승선'이라고 적혀 있었다. 그러면서 학교 측은 '제안서의 내용은 본교(또는 활성화위원회)에서 요청하지 않는 한 수정·보완하거나 교체할 수 없다.'고 명시했다.

　이와 관련, 선박이 뒤바뀐 사실에 대한 의혹이 제기되었다. 익명을 요구한 한 학부모는 "학생들이 일정표대로 오하마나호에 탑승했더라면 무사히 수학여행을 다녀왔을 것 아니냐"며 "학교 측과 여행사는 제주행 선박이 뒤바뀐 이유에 대해 명확한 해명을 해야 할 것"이라고 요구했다. 단원고 관계자는 이 같은 내용의 기자 질문에, "말해 줄 수 없다. 모든 언론 창구는 경기도교육청 대변인실을 통해 하겠다."고 일축했다.

　단원고의 제주도 수학여행을 담당한 A여행사 측은 "세월호로 변경된 이유는 청해진 해운 측에 문의하라."고 말했다. 오하마나

---

28) 2014년 4월 23일 〈뉴스1〉이 입수하여 보도한 문건을 참조하여 작성하였다.

호는 세월호와 유사한 6,322톤급의, 청해진 해운이 보유한 선박이다. 원래 세월호는 서울 면목고 학생들이 탑승할 예정이었으나 승선계약이 취소되었던 것이다

현장인솔 책임자인 교감의 자살로 인하여 경찰의 수사과정에서도 오하마나호가 세월호로 바뀐 사실에 대한 명확한 이유가 밝혀지지 않았다. 향후 이 부분에 관한 의문이 풀려야 한다. 이처럼 단원고 학생들이 탑승할 선박이 오하마나호에서 세월호로 바뀌게 된 사실은, 우연히 발생했던 사실로 보아 이 또한 우연적인 사고의 원인인 독립사건으로서 독립시행의 법칙에 따라 발생 확률이 2분의 1보다 작은 독립변수로 보아야 할 것이다.

라. 평형수의 배출로 인한 안전불감증

선박은 물 위에 떠서 운항하므로 전복되지 않기 위해서는 수평을 잡는 것이 매우 중요하다. 그러다 보니 자동차와 달리 별도의 장치가 있는데, 그것이 바로 '평형수(平衡水·밸러스트워터)'다. 선박은 애초 무게중심 문제가 매우 중요해서, 중심을 잘 잡기 위해 배 안에 물을 채워 넣어 전복을 미연에 방지하도록 하고 있다.

그런데 세월호는 화물을 더 많이 싣기 위해, 배의 균형을 유지해 주는 평형수를 적정량의 4분의 1 가량만 채운 채 운항한 것으로 밝혀졌다. 2014년 5월 5일 검경 합동수사본부의 발표에 따르면, 화물적재 및 평형수 관리를 담당하는 1등 항해사 강모 씨로부터 "지난달 15일 세월호 출항 전에 밸러스트워터 탱크 6개 중 3개에만 평형수 580톤을 채워 넣었다."는 진술을 확보했다.

평형수가 적정량보다 적으면 배의 복원력이 크게 떨어져 쉽게 전복된다. 그러니까 이 사건의 원리는, 간단히 말해 '관성의 법칙'이 적용되어 일어난 사고다. 관성의 법칙이 무엇인가? 정지해 있는 것은 그대로 정지해 있으려고 하고, 한번 움직이기 시작한 것은 계속 움직이려고 하는 성질이 바로 관성의 법칙이다. 그런데 이 관성의 법칙을 나타내는 기본공식은 그 유명한 'F=ma'이다. a는 가속도고, m은 질량이다. 즉, 힘은 무게와 가속도에 비례한다는 것이다. 물체에 힘이 가해지면 힘이 가해지는 방향으로 움직이기 시작하는데, 정지하여 있는 물체에는 표면의 마찰력(저항력)보다 큰 힘이 가해져야 비로소 움직이기 시작한다. 움직이는 물체에 힘을 가할 때에는 같은 크기의 힘이 정반대 방향에서 작용하면 물체의 운동이 멈추어진다. 이해를 돕기 위해 예를 들자면, 멈춰 있는 물체를 움직이려면 가벼운 물체보다 무거운 물체를 움직이는 게 더 큰 힘이 들고, 또 이 물체가 한번 굴러가기 시작하면 무거운 물체는 가벼운 물체보다 더 강한 관성을 가진 것으로 설명이 가능하다.

그러면 이 관성력에서 핵심적인 것은 가속도와 질량인데, 화물 중량이 기준치보다 3배 이상이었으니 사고가 안 날래야 안날 수가 없던 상황이 아닌가? 물론 이에 대해서는 그 선박회사가 돈을 조금이라도 더 벌려고 화물을 과적했다는 시각도 있을 수 있다. 하지만 그것도 정도가 있지, 3배 이상 과적했다면 그것이 단순 돈벌이 때문인지 매우 의문스럽다. 화물을 좀 더 실어 나르는 게 이득이 크겠는가, 화물을 무리하게 적재해 사고 나 회사가 풍비박산이 되어도 좋을 것인가? 배 한 척 값이 한두 푼도 아닌데, 기준치보다 3배 넘게 화물을 적재했다는 점은 돈보다 다른 요인을 생각해 볼 필요가 있다는 생각이다.

세월호는 2013년 1월에 선박을 개조하면서 한국선급에서 선박검사(복원성 검사)를 받았다. 한국선급은 당시 선실의 무게가 늘기 때문에 화물을 덜 싣고, 평형수를 더 채워 넣으라는 조건을 달아 검사를 통과시켰다. 구체적으로 '화물량은 구조변경 전 2,437톤에서 987톤으로 줄이고 평형수는 1,023톤에서 2,030

톤으로 1,007톤을 늘려야 복원성이 유지된다.'는 조건이었다.

사고 당시 세월호는 한국선급이 제시한 조건보다 훨씬 많은 3608톤(자동차 180대 포함)의 화물을 실은 것으로 조사됐다. 합수부는 강 씨가 화물을 더 많이 싣기 위해 적정 평형수(2,030톤)의 4분의 1 가량인 580톤만 채워 넣은 것으로 보고 있다. 강 씨는 또 "선미 쪽에 화물이 많이 실리는 바람에 만재흘수선(화물선에 화물을 실을 수 있는 한계를 표시한 선)이 수면 아래로 내려갔다고 판단돼 선수 쪽에 평형수 80톤을 채워 넣었다."고 진술했다. 선박이 과적을 할 경우 배 아래쪽에 표시된 만재흘수선이 물 아래로 잠겨 출항이 금지된다. 합수부 관계자는 "강 씨가 선수 쪽에 평형수를 채워 넣어 선수를 낮추고 선미를 띄운 뒤 만재흘수선이 수면 위로 나오도록 해 해운조합으로부터 운항허가를 받은 것으로 보인다."고 말했다.

이에 대해 언론은 평형수를 채워놓지 않은 이유 자체가 3배 이상 적재된 화물 상태를 가리기 위해 만재흘수를 속이려고 평형수도 덜 채웠다고 이야기하고 있다. 그러나 온갖 안전규정을 다 어기고 등한시한 상태에서 만재흘수 위반 여부만을 준수하려는 태도는 신뢰하기 어렵다. 이런 상태라면 이를 적발하는 선박안전검사관들에게 뇌물을 먹이고 안전장치인 평형수는 제대로 채운 후 운항할 것이지, 잡다한 것부터 중대한 것들까지 별의별 위반은 다해 놓고 만재흘수를 지키려고 안전장치인 평형수만 빼서 버렸다는 것 자체가 납득하기 어려운 사실이다. 이것도 결국 화물 과량적재의 의도를 오로지 선박회사의 운항수입 과욕으로

만 묶어두려고 내놓은 조잡한 결론일 뿐이다. 이 사건이 기획적인 사고라는 관점을 가진 필자로서는 이 또한 단순 실수로 치부하기 어려운 부분이다.

 하지만 화객선(카페리) 선박전문가들은 평형수를 빼버리고 과적하여 운행하는 것이 해운업계의 관행이라고 한다. 마치 화물차가 이윤을 남기기 위하여 과적운행을 하는 것과 같은 이치라고 한다. 따라서 이 점에 대해서는, 우연이 아니고 필연적 사건이므로 그 확률을 1로 보기로 한다.[29]

---

29) 관행으로서 반드시 발생하는 사건은, 엄밀하게는 우연히 발생할 확률을 0으로 계산하여야 한다. 하지만 여기서는 관행을 반드시 일어나는 사건으로 파악하여 독립시행의 법칙을 적용하기 위해 편의상 1로 계산하였다.

마. 과적으로 인한 감항능력주의의무 위반[30]

감항능력주의의무란, 해상운송인이 해상물건운송계약의 이행을 위하여 선박이 발항 당시 항해 중에 당할 염려가 있는 통상의 위험 내지 장애를 극복하고 운송물을 안전하게 목적항까지 운반하는 데 적합한 상태로 유지시키기 위하여 부담하게 되는 상당한 주의의무를 말한다.

세월호 운항관리규정을 심사하는 심사위원회가 화물적재량을 한국선급이 승인한 양보다 높게 설정해 통과시키는 등, 또 한 번 부실심사의 실태가 드러났다. 2014년 4월 28일 한국선급이 제공한 '여객선 세월호 관련 설명자료'에 따르면, 세월호의 재화중량은 3,351~3,790톤이다. 반면 청해진해운은 '세월호 운항관리규정'에 3,963톤으로 명시했다. 한국선급의 승인대로 운항관리규정이 작성됐다면 세월호는 1,070톤의 화물만 적재할 수 있지만, '세월호 운항관리규정'에는 화물적재량 항목은 빈 상태로 있고 그 아래 재화중량 3,963톤만 적혀 있다. 이는 적재할 수 있는 총 화물의 양이 3,963톤인 것처럼 보이기 위한 청해진해운 측의 눈속임이라는 지적이 나오고 있다.

이처럼 청해진해운이 재화중량을 늘렸음에도 불구하고 문제가 없었던 이유는 운항관리규정을 심의한 심사위원회가 묵인해 주

---

30) 이 부분은 감항능력주의의무를 위반했다는 점에 대해 심층적인 보도를 한 〈일요신문〉의 보도내용을 바탕으로 필자의 견해를 추가, 작성하였음을 밝혀둔다.

었기 때문으로, 청해진해운이 멋대로 만든 운항관리규정이 관계기관의 심사에서 그대로 통과한 것이다. 이는 해경이 청해진해운의 운항관리규정의 심사증명을 발급하는 과정에서 그야말로 '도장'만 찍은 것으로 확인됐음에도, "심의위원회가 심의한 규정이기에 세부적인 검토가 없어도 문제가 없다."고 해명하는 차제가 문제 있음을 증명하는 사례였다.

해경·인천해양항만청·한국해운조합·한국선급(KR)·선박안전기술공단(KST) 등 심사위에 참여하는 5개 기관의 유착비리에 대한 검찰 수사로 인해, 각 기관들은 담당자들이 형사책임을 지는 등 한바탕 홍역을 치렀다. 인천항 선사의 한 관계자는 "해운조합이 해경 등 감독기관에 명절 떡값 등을 제공하는 이유가 무엇이겠느냐"며, "솔직히 여객만으로 배를 유지하기 힘들다. 화물이 돈이 되다 보니 조금이라도 더 싣기 위해서는 어쩔 수 없는 일 아니겠느냐"고 반문했다. 이에 대해 인천해경 관계자는 "심사위 과정에서 한국선급·선박안전기술공단·해운조합 등이 화물적재 부분에 대해 이의를 제기하지 않아 알 수 없었고, 세월호 보험증서와 대조했을 때 (화물적재량이) 일치했다."면서, "한국선급의 승인 통보는 선사와 조합만 받고 있는데, 내용을 알았다면 놓치지 않았을 것"이라고 말했다. 심사가 투명하게 진행됐는지를 확인하기 위해 '뉴스1'에서 심사위의 명단과 회의록에 대한 공개를 요구하자, 해경은 "검찰수사 대상에 포함돼 있어 공개할 수 없다."고 밝혔다.

한편, 상법 제787조에 규정된 '감항능력주의의무'와 관련하여 살펴보면, 감항능력주의의무를 다하려면 물적 감항능력과 인적 감항능력을 함께 갖추어야 한다.[31] 상법은 감항능력주의의무의 시기에 관하여 발항 당시를 표준으로 삼고 있는데, 이는 선적 개시 시로부터 출항 시까지로 보는 것이 일반적이다. 따라서 발항 후 항해 중에 불감항의 상태가 야기되고 곧바로 이를 회복할 수 있었음에도 그대로 항해를 계속한 경우에는, 운송인의 적하에 대한 계속적 주의의무 위반의 문제는 별론으로 하더라도 감항능력주의의무 위반으로는 되지 않는다. 이 점에 관해서도 카페리 선박전문가들은, 위의 '라. 평형수의 배출로 인한 안전불감증'이라는 항목에서 살펴본 바와 마찬가지로 해운업계의 관행이라고 한다. 이것은 과적으로 인한 감항능력주의의무 위반의 전제조건이 되는데, 과적을 위해서는 평형수를 배출해야만 화물을 더 실어도 만재흘수선이 수면 위로 보여 마치 적정량을 실은 것처럼 감독관청에게 눈속임을 할 수 있다는 이야기다. 따라서 이 점에 대해서도 우연이 아니고 필연적 사건이므로 그 확률을 1로 보기로 한다.[32]

31) 대법원 1995. 9. 29. 선고 93다53078 판결은, "통상의 해상위험을 사실상 감내할 수 있는 정도의 감항능력이란, 언제나 선체나 기관 등 선박시설이 당해 항해에 있어서 통상의 해상위험을 감내할 수 있는 능력(물적 감항능력)을 구비함과 동시에 그 선박에 승선하고 있는 선원의 기량과 수에 있어서도 그 항해에 있어서 통상의 해상위험을 감내할 수 있는 정도의 상태(인적 감항능력)에 있어야만 완전히 갖추어진다고 볼 수 있다."고 판시하고 있다.

32) 각주 29)에서 이미 설명한 바와 같다.

바. 왜 출항 하루 전에 갑자기 선장이 교체되었는가?

 승객 459명을 싣고 인천을 떠나 제주도로 향하다가 전남 진도 앞바다에 침몰한 여객선은 사고 당시 원래 해당 여객선 선장 대신 다른 선장에 의해 운항되고 있던 것으로 알려졌다.

 해양경찰청은 "그동안 세월호를 운항하던 선장이 휴가로 인해 어제 인천 연안부두 출항 당시 다른 선장이 대신해서 해당 여객선을 운항했다."고 밝혔다. 그날 운항을 책임졌던 선장 이준석은 청해진해운에 속한 쌍둥이선박 '오하마나호'와 '세월호'의 교체선장으로서 이 선박들을 운항한 경력은 있었지만, 왜 하필이면 사고 전날 세월호의 선장이 휴가를 이유로 교체되었는지 그에 대한 납득할 만한 수사 결과는 발표되지 않았다. 따라서 세월호 선장이 휴가를 이유로 교체되어 갑자기 이준석이 대리운항을 하게 된 경위를 보다 더 엄격하게 조사해야 할 것이다. 이 사실 또한 우연적인 사고의 원인으로서는 독립시행의 법칙에 따라 발생확률이 2분의 1보다 작은 독립변수로 보아야 한다.

사. 왜 맹골수도에서 과속으로 급변침하였는가?[33]

세월호 침몰 사고의 원인으로 무리한 변침(變針)이 꼽히고 있다. 왜 갑자기 방향을 틀었을까? 세월호 검경합동수사본부는 2014년 4월 19일, 선장 이모 씨와 3등 항해사 박모 씨·조타수 조모 씨를 과속상태에서 무리하게 항로를 바꾸다 여객선을 침몰하게 한 혐의로 구속했다.

과량 적재·평형수 부족·느슨한 결박 등 사고를 위한 조건은 다 갖추고 있던 상태에서 마치 이걸로는 부족해 사고를 유발한 듯한 양상이 더욱 나타나고 있는데, 그 대표적인 게 바로 '수상한 과속'이다. '평형수의 배출로 인한 안전불감증'이라는 항목에서도 소개했듯 이 사건은 관성의 법칙과 연관이 깊으므로, 과량 적재된 화물 중량도 문제였다. 그리고 또 빼놓을 수 없는 문제가 바로 '가속도'이다. 관성의 법칙이 $F=ma$인데 m은 중량이고 a

---

33) 이 부분을 작성하는 데 있어서는 인터넷에 게시되 글들은 대부분이 민주사회를 위한 변호사 모임이 발행한 《416 세월호 민변의 기록》(생각의길. 2014년. ISBN 9788965133049)을 참조하거나 〈한겨레신문〉의 탐사전문보도팀인 진실의 힘 세월호 기록팀, 《세월호, 그날의 기록》(진실의 힘. 2016년. ISBN 9791195716005)을 참조하여, 이를 축약하거나 정리하는 수준에서 그것을 단순 해상교통사고로 보는 견지에서 작성되었다. 필자의 입장은 이 두 기관의 입장과는 근본적으로 다르다. 필자는 북한 통전부의 기획 하에 전교조가 실행하였고, 전교조가 나서서 청해진해운의 일등 항해사와 목포해양경찰서 등이 사전에 모의한 사건으로 파악하고 있다. 하지만 부분적 사실관계에 대하여는 좌·우 진영에 관계없이 인용하였다. 또 그 사실관계나 주장에 대한 비판을 위해 인용한 경우도 있다. 특히 이 부분은 익명의 인터넷 논객의 의견을 많이 참조하였음을 밝혀둔다.

는 가속도라는 것은 앞에서 이미 짚어보고 왔다.

이 사고 선박은 과량 적재도 부족해 위험구간에서 '과속'을 감행했다. 위험구간에서는 감속할 수밖에 없는 것이 상식 중의 상식인데, 맹골수도라는 험로에서 안전속도보다 높게 과속을 했다는 것은 적어도 세월호가 사고를 감수하는 심정으로 미필적 고의를 가지지 않고서는 있을 수 없는 일이다. 더구나 배가 이미 정상상태도 아니라는 게 인지될 만큼 불안한 상황인데, 속도를 줄여야 할 구간에서 도대체 왜? 평형수도 부족하고 화물도 과적한 배가 굳이 위험한 구간에서 과속을 한다는 것은, 사고를 유발할 목적이 아니라면 상식적으로 도저히 말이 될 수 없다.

그런데 합수부는, 세월호가 급박하게 뱃머리를 돌리는 바람에 선박 안에 적재한 화물이 한쪽으로 쏠리면서 배가 균형을 잃은 것으로 추정했다. 일부 생존자들은 "사고당시 '쿵' 하는 소리가 들리고 난 후 화물들이 한쪽으로 쏠려 넘어졌다."고 입을 모았다. 수사당국은 급선회를 한 배경에 수사력을 모았지만, 수사과정에서 승무원들의 진술이 서로 엇갈려 정확한 이유를 규명하지 못했다.

세월호 조타수 조 씨는 광주지법 목포지원에서 사전구속영장 실질심사를 받고 나온 뒤에 "평소보다 조타 회전을 많이 한 내 잘못도 있지만 돌린 것보다 유난히 빨리 돌았다."고 말했다. 전문가들은 급박한 선회에 대해 다양한 가능성을 제기했다. 운항 중 갑작스레 나타난 물체와의 충돌을 피하기 위해 무리하게 변침을 했을 수 있다는 주장도 천안함 인양업체인 알파잠수기술공사 이종인 대표에 의해 제기되었지만, 실제 공판에서는 사실과 다름이 밝혀졌다.

조선공학을 전공했다고 밝힌 네티즌 A씨는 "세월호의 긁힌 자국은 권장항로를 이탈해 운항 중에 토사나 퇴적물을 헤치며 전진하다 생긴 것이며, 뭔가에 걸려 운항이 안 되자 밸러스트 탱크에 공기를 채우고 배를 들어 올린 뒤 방향을 급하게 틀자 배의 무게 중심이 급속도로 불안정해진 것이 사고 원인"이라고 분석했다. 밸러스트 탱크는 안전한 항해를 위해 선수와 선미에 만들어진 물탱크로, 화물이나 승객이 적거나 많으면 물을 빼거나 더하는 등 양을 조절한다. A씨는 과거 이탈리아 크루즈선이 지중해에서 좌초됐던 사고를 비슷한 예로 들었다. 그는 "당시 이탈리아 크루즈선도 선장이 수심이 낮은 곳을 통과하기 위해 밸러스트 탱크의 물을 빼고 공기를 채워 배를 들어 올렸기 때문에 무게 중심이 흐트러진 뒤 배가 기울어져 좌초됐다는 조사 결과가 있다."고 주장했다.

세월호 침몰의 기술적 원인을 공식적으로 밝혀줄 중앙해양안전심판원의 결과는 아직 나오지 않고 있다. 현재로서는 형사재판 결과와 세월호 인양 후의 사정에 비추어, 네티즌 A씨의 주장이 유력하다고 할 수 있다.

이 사건에서 3등 항해사 박모 씨·조타수 조모 씨가 속도를 줄이지 않고 무리하게 항로를 바꾸다 여객선을 침몰하게 한 원인이 여전히 상식적이고 합리적으로 설명되지 못하고 있다. 따라서 맹골수도에서 속도를 줄이지 않고 무리하게 항로를 바꾸다 세월호가 침몰하게 한 사실 또한, 우연적인 사고의 원인으로서는 독립시행의 법칙에 따라 발생확률이 2분의 1보다 작은 독립변수로 보아야 할 것이다.

아. 왜 사고 직전 전원이 30초 간 상실되었는가?[34]

세월호가 모습을 드러낸 것은 진도 해상에서 침몰한 지 약 3년 만인데, 일수로는 1,073일째 날이었다. 2017년 3월 23일 새벽 3시 45분쯤, 왼쪽으로 누운 세월호 구조물의 일부인 '스태빌라이저(선박 양 측면에 날개 형태로 설치돼 좌우 균형을 잡아주는 장치)'가 펴진 상태인 것이 수면 위에서 육안으로 관측되었다.

그런데 여기서, 사고 직전 전원이 30초 간 상실되었었다는 사실에 주목해 보자. 전원이 30초 간 상실되었다는 것은 주발전기가 꺼져서 예비발전기를 가동했거나 다시 주발전기를 가동했다는 말이 된다. 전원이 상실되는 현상을 '블랙아웃'이라고 하는데, 그 원인은 전기를 생산하는 발전기가 멈추기 때문이다. 다른 선박도 블랙아웃이 되면 곤란하기는 마찬가지지만, 특히 여객을 태우는 여객선이나 화물도 싣고 여객도 태우는 화객선(카페리)의 경우에는 블랙아웃이 되면 한바탕 아수라장이 되므로 예비발전기를 준비해서 주발전기가 꺼지는 즉시 예비발전기를 가동시켜야 한다.

그렇다면 왜 주발전기가 꺼졌을까? 당연히 과부하가 걸렸다는 의미이고, 그 과부하의 원인은 바로 운항 중에 갑자기 편 스태빌

---

34) 더 자세한 기술적 사항을 알고 싶은 분은 선박전문가인 안정권이 2019년 1월 2일 〈혼란시대TV〉라는 유튜브 방송 중 "2019년 세월호, 그 자가 범인이다. 온 국민이 꼭 두 번씩 봐야 할 영상[1시간에 정리하는 요약편집본] 대한민국 파괴의 시작 세월호, GZSS 대표 안정권"이라는 제목으로 방송한 내용을 참조하기 바란다.

라이저일 확률이 가장 높다고 할 것이다. 도대체 스태빌라이저를 누가, 왜 펴게 되었을까? 여기서는 간략하게, 일등 항해사가 세월호를 고의로 침몰시키고자 어디선가 이것을 작동했다고 판단된다. 하지만 백번 양보하여 우연히 펴졌다고 하더라도 그것이 우연히 펴질 사건의 확률은 독립시행의 법칙에 따라 발생확률이 2분의 1보다 작은 독립변수로 보아야 할 것이다.

자. 왜 파도가 잔잔한 날에 스태빌라이저를 편 것인가?[35]

선박이 앞뒤로 흔들리는 현상을 '피칭'이라 하고, 좌우로 흔들리는 현상을 '롤링'이라고 한다. 그런데 스태빌라이저는 선박 양측면에 날개 형태로 설치돼 좌우 균형을 잡아주는 장치로서 주로 피칭보다는 좌우로 흔들리는 롤링현상을 막기 위한 균형 장치이다. 따라서 세월호 침몰 당일과 같이 바람이 거의 불지 않아 큰 파도가 없이 잔잔한 바다일 경우에는 통상 스태빌라이저를 펴지 않는다. 왜냐하면 스태빌라이저를 편 상태로 운항할 경우에는 아무래도 저항이 커져서 연료를 더 많이 소요하므로 경제성이 떨어지기 때문이다. 앞에서 '왜 사고 직전 전원이 30초간 상실되었는가?'라는 의문을 살펴보며 과연 이 항해 장치를 편 사람이 누구인지, 갑자기 스태빌라이저를 펼 경우 순간전력이 많이 필요해 '블랙아웃'의 원인이 되기도 한다는 점을 짚어보았다. 여기서는 백번 양보하여 스태빌라이저가 우연히 펴졌다고 친다 하더라도, 그것이 파도가 잔잔한 날 우연히 펴질 사건의 확률은 독립시행의 법칙에 따라 발생확률이 2분의 1보다 작은 독립변수로 보아야 할 것이다.

---

35) 마찬가지로, 선박전문가 안정권의 2019년 1월 2일자 〈혼란시대TV〉 유튜브 방송 "2019년 세월호, 그 자가 범인이다. 온 국민이 꼭 두 번씩 봐야 할 영상[1시간에 정리하는 요약편집본] 대한민국 파괴의 시작 세월호, GZSS 대표 안정권"을 참조하시기 바란다.

차. 왜 갑판에 실은 화물을 단단하게 묶지 않았는가?[36]

'수밀구역 모두가 열려 있었다.'는 것보다 확실한 고의 침몰의 증거는 없다. 좌측으로 넘어뜨리기 위해는 우측 평형수를 비워야만 하고, 전복 후 맨홀로 물이 들어가도록 뚜껑을 열어두어야 한다. 닫혀 있으면 튜브 역할이 되어 배가 쉽게 가라앉지 않는다. 고의 침몰 의도가 아닌 한, 평형수 탱크의 맨홀 뚜껑이 열린 채 항해하는 선박은 있을 수 없다. 과거 노후선박을 고의로 침몰시키고 해상사고로 위장하여 선체보험과 적하보험을 수령한 보험사기 사건의 경우에나 있을 수 있는 일이다.

마찬가지로 갑판에 실은 화물을 단단하게 묶지 않은 것도 고의 침몰의 유력한 증거이다. 사고의 원인은 워낙 여러 가지가 중첩되어 단 한 가지로 좁히기 어려울 정도인데, 그중에서도 유력한 원인 중 하나가 화물의 결박상태 부실이다. 쉽게 말해서, 배가 좀 흔들린다고 화물이 다 한쪽 방향으로 쏠려버리면 문제가 생기므로 이에 대비해 화물을 결박시켜 놓는데, 마침 이 사건에서는 화물의 결박상태도 부실했던 것이다. 화물의 결박에 해당하는, 화물에 대한 '안전벨트'가 부실한 상태였다고나 할까? 자동차 사고가 날 때 안전벨트가 허술하면 사람이 튕기듯, 이 화물의 안전벨트에 해당하는 결박이 부실해서 쉽게 풀려버려 한쪽으로

---

36) 이 부분의 작성에도 익명의 인터넷 논객의 견해를 많이 반영, 작성하였다.

쏠렸다는 것이다.

 화물에 대한 안전장치인 결박이 매우 허술해서 마치 의도적으로 사고를 일으키기 위해 여러 가지 장치를 해둔 상황이 아니냐는 의혹이 짙을 수밖에 없다. 갑판에 화물을 고박할 책임자는 일등 항해사다. 그리고 화물의 적재량과 관계되는 평형수를 담당하는 자 역시 일등 항해사다. 다시 말해 화물을 싣는 것을 '적화'라고 하는데, 이 '적화' 담당자가 바로 일등 항해사다. 공교롭게도 세월호의 선장은 전날 휴가를 내서 임시선장 또는 교체선장이라고 불리는 이준석이 선장으로 탑승했다. 이때, 적화 담당자인 일등 항해사도 세월호에 처음 승선했다고 한다.

 그런데 문제는 일등 항해사의 당직시간이 바로 4시부터 8시까지라는 사실이다. 일등 항해사 신모 씨는 세월호 침몰사고 당일 처음 승선하여 평형수와 화물 적재를 총괄했으며, 탈출 뒤 세월호의 복원력 문제까지 꿰뚫고 있었다. 그는 세월호를 왼쪽으로 넘어뜨릴 계획을 세운 후, 출항 전에 왼쪽 평형수 탱크를 비우고 그쪽 상부에 철근을 적재해 평형을 유지했다. 그 후 자신의 당직시간인 7시 반경에 비워뒀던 왼쪽 탱크를 채우고 오른쪽을 비우는 버튼을 작동시켜, 졸지에 선체가 왼편으로 기울게 되었던 것이다. 이때 단단하게 묶지 않은 채 갑판에 실려 있던 철근과 화물이 왼쪽으로 쏠리면서 수천 톤의 무게로 작용, 복원력이 차단될 것을 신모 씨는 미리 알고 있었다. 그러나 범행을 실행개시한 지 1시간 이상 지난 8시 46분까지도 비워두었던 왼쪽의 평형수 탱크를 채우고 오른쪽을 배수한 후 일어날 급격한 기울기에 상부의 화물들이 예상과 달리 왼쪽으로 쏠리지 않아 전복과 복원력 차단이 동시에 일어나지 않았고, 침수 역시 진행될 수 없었다. 신모 씨는 배후세력과의 집요한 모색 후 전속력/우측전타를 8시 46분에 결행했고, 이는 원심력에 의한 화물의 좌측 쏠림을 꾀한 조치였다. 우측 원형항해 4분 경과 후 철근(420톤)의 쏠림이 일어났고, 이때 컨테이너 박스와 화물이 넘어지는 굉음은 충돌음으로 느껴졌을 것이며, 복원력 상실과 동시에 이미 열려 있었던 수밀구역으로 물이 차며 침몰이 급속히 진행되었다.

이처럼 갑판 위에 적재한 철근과 컨테이너를 단단히 묶지 않은 것은 과실이 아니라 고의임이 분명하다. 하지만 이것도 백번 양보하여 일등 항해사가 우연히 실수로 갑판 위에 적재한 철근과 컨테이너를 고박하지 않은 사실로 볼 경우라도, 또한 우연적인 사고의 원인으로서는 독립시행의 법칙에 따라 발생확률이 2분의 1보다 작은 독립변수로 보아야 할 것이다.

카. 왜 출항 전날 일항사가 선장대행을 할 수 있도록 법령을 신설하였는가?[37]

아래 예시한 근거처럼, 세월호 사건이 발생하기 하루 전인 2014년 4월 15일에 '선원법 시행령 제3조의 6'이 신설되어 시행된다. 사실상 선원들에게는 굳이 규정할 필요도 없이 당연한 상식들을, 왜 하필이면 이날부터 새롭게 시행했는가 하는 의문이 남는다. "선박이 항구를 출입하는 등 선박에 위험이 생길 우려가 있을 때 선장은 선박의 조종을 직접 지휘하여야 하나, 선장의 휴식시간에는 1등 항해사·운항장 등이 선장의 조종 지휘를 대행할 수 있도록 하여 선장의 휴식시간을 보장함과 동시에 선장의 휴식시간 중 선박의 안전을 확보하도록 함."이라고 밝히고 있는 신설 취지는 선원들에게 그야말로 상식에 불과한 사항이었다. 공교롭게도 출항 전날 일항사가 선장대행을 할 수 있도록 법령을 신설한 사실 또한, 우연적인 사고의 원인으로서는 독립시행의 법칙에 따라 발생확률이 2분의 1보다 작은 독립변수로 보아야 할 것이다.

---

37) '선원법 시행령의 제3조의 6'의 구체적 내용은 아래와 같다.
　선원법 시행령 [시행 2014. 4. 15.]
　　　　[대통령령 제25310호, 2014. 4. 15., 일부개정]
　　　　해양수산부(선원정책과), 044-200-5745
　제3조의 6 (선장의 선박 조종 지휘를 대행할 수 있는 직원) 법 제9조 단서에서 "1등 항해사 등 대통령령으로
　　정하는 직원"이란 다음 각 호의 어느 하나에 해당하는 직원을 말한다.
　　1. 1등 항해사
　　2. 운항장
　　3. 「선박직원법 시행령」 별표 3에 따른 1등 항해사 또는 운항장의 승무자격 이상의 자격을 갖춘 직원
　[본조신설 2014. 4. 15.]

타. 왜 사고 하루 전날 일항사와 조기장이 새로 승선하게 되었는가?

안전과 화물 적재를 맡는 핵심 보직인 1등 항해사 2명 중 한 명인 신모 씨와 조기장은 세월호가 출항하던 날 입사했다. 1등 항해사는 승객 안전·화물 적재·평형수 운용과 관련된 실무 책임을 맡으며, 선장이 자리를 비울 땐 선장 역할을 하는 핵심인력이다. 이 가운데 강모 씨는 청해진해운에 입사한 지 1년이 넘었지만, 또 다른 한 명인 신모 씨는 입사일이 세월호 출항 당일인 2014년 4월 15일이었다. 기관원과 조기수를 관리 감독하며 선내 안전문제를 1차적으로 파악해 처리해야 하는 조기장 역시 출항 당일 입사했다. 검경 합동수사본부는 이렇게 세월호 운항을 맡았던 선원 15명 중 10명이 근무한 지 6개월도 안됐다고 밝혔다.

그런데 왜 하필, 선박 안전문제의 일차적 책임자인 조기장과 화객선의 주 수입원이기도 하면서 선박의 안전과도 직결되는 화물담당인 '적화' 책임자가 모두 출항 당일에 처음 승선한 사람들이었을까? 혹시 이 두 사람이 힘을 합하여 세월호를 고의 침몰시킴으로써 '대한민국호를 적화의 바다에 침몰'시키려던 것이 아닌가 한다. 이런 경우가 매우 드물지만, 공교롭게도 '적화' 책임자이자 안전담당인 1등 항해사와 선내 안전문제의 일차적 처리자인 조기장이 모두 출항 당일 처음 승선한 사실 또한 우연적인 사고의 원인으로 볼 바에는 독립시행의 법칙에 따라 발생확률이 2분의 1보다 작은 독립변수로 보아야 할 것이다.

파. 왜 침몰 사고가 김일성의 생일인 태양절과 국정원장 남재준의 간첩사건 사과 기자회견, 김기춘의 NSC 상시 참여결정 다음날 발생했는가?[38]

태양절은 매년 4월 15일, 김일성의 생일을 기념하는 북한의 명절이다. 이 날은 1974년 4월 중앙인민위원회 정령을 통해 북한 최대의 명절로 지정된 바 있으나, 그의 3주기인 1997년 7월 8일 당중앙위원회·당중앙군사위원회·국방위원회·중앙인민위원회·정무원 등 5개 기관이 주체연호 도입과 더불어 이 날을 격상시키기로 공동결의한 데서 비롯되었다. 태양절에는 사진·미술 전람회, 만경대상 체육경기대회, 노래·연극·영화 공연, 각종 연구토론회, 4월의 봄 국제친선예술축전, 충성의 맹세모임 및 결의대회, 야회, 소년단 연합단체대회 등의 다채로운 행사가 치러진다. 이날 북한 주민들은 좋은 옷을 차려입고 금수산기념궁전 등 김일성의 사적지를 둘러보거나 김일성 동상에 참배하기도 한다.

김일성 사망 이후 북괴는 4월 15일을 태양이 태어난 날이라 칭하면서 태양절로 지정하고 기념해 왔는데, 2013년 4월 15일에는 북한 전역에서 축제와 여러 행사가 열렸지만 미사일 발사 같은 도발은 없었으며 대규모 열병식 14일 만에 공식석상에 등장

---

38) 이 부분은 2014년 4월 15일에 보도된 언론기사를 참조하여 필자의 견해를 덧붙여 작성하였다. 매월 4월 15일이 김일성의 생일인 태양절이고 북한에서는 최고의 명절인 것은 북한을 좀 아는 사람들에게는 공지의 사실이다. 박근혜 대통령의 북한정권 교체작전이 개시되었음을 감지한 북한에서 이에 대한 선제적인 반격으로 세월호 공작을 하였다는 취지로 이 단락을 작성하였음을 밝혀둔다.

한 김정은이 어떠한 메시지도 밝히지 않은 것은 매우 이례적이라는 평가가 나왔다.

 그런데 왜 하필이면 태양절 다음날 세월호 침몰 사고가 일어난 것일까? 그리고 왜 화교 출신으로 실제 간첩행위를 한 것으로 알려진 유우성에 대한 증거조작 의혹에 대해 현직 국가정보원장이 공식 사과 기자회견을 해야만 하게 되었을까? 왜 또 하필이면 세월호 침몰 사고가 발생하기 전날, 김기춘 청와대 비서실장이 국가안전보장회의(NSC) 상임위원회 위원 자격으로 회의에 상시 참여하기로 결정하였을까? 이것은 민주화와 인권이라는 탈을 쓰고 대한민국의 안보를 허물어가는 북한의 통일전선전술과 이에 대한 박근혜 정부의 대비가 깊은 관련이 있다고 생각된다. 현직 국가정보원장이 국가정보원 내에서 내·외신 기자들에게 이처럼 민감한 사안에 대하여 공식 사과기자회견을 하는 것을 대통령은 사전에 보고받지 못했을까?

 세월호 침몰 사고에 대한 유언비어가 유포되었을 때, 최태민을 위한 인신공양을 하려고 어린 학생들을 수장시켰다는 유언비어도 나돌았었다. 그런데 자신들이 저지른 만행을 오히려 상대방에게 덮어씌우는 것이 통일전선전술의 전형적인 수법이 아닌가? 5.18 광주사태 때 북한 특수군이 남파되어 유포한 유언비어가 바로 "계엄군이 임신부 배를 갈라 죽였다." "경상도 출신 군인들이 호남인들을 무자비하게 진압하기 위해서 광주에 왔다."는 등의 지역감정을 조장하거나 군중들이 분노할 허위사실들이 아니었던가? 필자로서는 이 세월호 침몰 사고야말로 태양절을 앞두고 김일성에게 바치는 인신공양이자 대한민국의 정 많고 무지한 국민들을 박근혜 정부와 이간시키는 통일전선전술의 기본수법인 것이라 생각되는데, 지나친 비약일까?

여기에다가 공안검사 출신인 김기춘 비서실장이 국가안전보장회의(NSC) 상임위원회 위원 자격으로 회의에 상시 참여하기로 결정한 것은 도대체 어떤 의미를 가지는 것일까? 어떤 사건이 우연히 특정 일자에 발생할 확률은 실제로는 매우 작은 확률인 365분의 1에 불과하다. 또한 세월호 침몰 사건이 현직 국정원장의 수사관행이 그릇됨을 공식적으로 사과하는 기자회견 다음날 우연히 발생할 확률도 마찬가지이고, 김기춘 청와대 비서실장이 우연히 국가안전보장회의(NSC) 상임위원회 위원 자격으로 회의에 상시 참여하기로 결정한 다음날 세월호 침몰 사건이 발생할 확률 역시 그렇다. 이 세 가지 사건을 각각 독립사건으로 볼 경우에는 365분의 1을 세 번 곱하여야 할 정도로 그 발생할 확률이 낮다.[39] 결론적으로, 이 세 가지 독립사건이 동시에 우연히 발생한 사건으로 볼 경우에는 독립시행의 법칙에 따라 발생확률이 2분의 1보다 훨씬 작은 독립변수로 보아야 할 것이다.

---

39) 세월호 침몰 사고가 4월 15일 태양절 다음날 우연히 발생할 확률은 365분의 1이다. 마찬가지로 현직 국정원장이 '유우성 사건'의 증거조작으로 국정원 내에서 공식 기자회견을 한 다음날 우연히 발생할 확률도 365분의 1이다. 또 김기춘 비서실장이 NSC 상임위원으로 이후 회의에 참석하기로 결정한 다음날 우연히 발생할 확률도 365분의 1이다. 이 사건들이 각각 독립사건이라면 독립시행의 법칙에 따라 그 발생확률은 365의 3제곱 분의 1이라는 확률이 된다. 그렇지만 이것도 단지 2분의 1이라고 가정하고 계산했으므로 실제로는 우연히 발생했을 확률이 더욱 낮다.

제4장

세월호 사고의 비정상적인 구조와 수사, 방송보도와 해결과정

4. 세월호 사고의 비정상적인 구조와 수사, 방송보도와 해결과정

가. 서해훼리호 사건의 경과 및 교훈

[1] 발생 원인

서해훼리호 침몰 사고는 1993년 10월 10일 10시 10분경 위도 앞바다(전북 부안군 위도 앞 해상)에서 발생하였다. 출항 당시 기상은 북서풍이 초당 10~14m로 불어 파고 2~3m로 여객선이 출항을 해서는 안 되는 악천후였음에도 무리하게 출항한 것이 사고의 근본 원인이었다.

육상교통과 달리 해상교통은 악천후가 사고의 근본적인 원인이 된다. 요즘 같이 기상예보가 발달한 때에는 악천후에 출항을 하지 않으면 근본적으로 해상 교통사고로 인한 인명사고가 발생할 이유가 없다. 그러나 악천후에도 불구하고 일단 출항을 감행한 경우에는 선장 및 선원들의 운항기술 및 조타술 등의 기기 조작능력, 즉 항해술이 얼마나 뛰어난가에 사고에 대한 안전 여부가 달려 있다. 이 사건의 경우, 직접적인 사고 원인은 운항기술이 부족한 선장이 악천후에 기기를 무리하게 조작하는 등 운항 미숙이었다. 구체적으로, 출항 후 좌현 정횡(배 왼쪽 중앙)부분으로 닥치는 파도가 예상보다 높아지자 선장이 뱃머리로 파도를 받기 위해 침로를 60도 회전하여 시속 12노트로 진행하다가 임수도 북서쪽 1.9마일 지점에서 원항로로 복귀하기 위해 남쪽으로 40도 가량 변침하는 등, 운항기술이 미숙한 선장이 항해 기기를 무리하게 조작하는 등 운항미숙 및 무리한 기기조작 때문에 사고가 발생하게 되었던 것이다.

어른 키보다 높은 파도, 정원(221명)보다 141명을 더 태운 배의 앞부분에 가득 실려 있던 짐들. 이 여객선은 균형 있게 짐을 싣지 못한 상태에서 높은 파도에 중심을 못 잡고 뒤뚱거리다가 갑작스런 키 조작으로 뒤집어지고 말았다. 292명이 수장된 대참사는 눈앞의 이익에 급급해 최소한의 안전수칙마저 지키지 않았던 욕심의 결과였다.

[2] 발생 내용

이 사고로 인한 인명피해는 사망 및 실종 292명(승선인원 362명, 70명 구조), 재산피해는 선박 1척 소실이었다. 서해훼리호 침몰 사고는 당시 신문을 비롯한 각 언론 매체에서 '후진국에서나 있을 수 있는 실로 어처구니없는 일'로 보도된, 온 국민의 관심을 집중시켰던 사건이다. 사망 273명, 실종 19명이라는 기록적인 인명피해를 남긴 서해훼리호 참사는 그 사고 바로 전에 목포비행장 야산에서 민간항공기가 추락해 60여 명이 사망한 사고와 맞물려 충격이 훨씬 더 크게 느껴졌다.

충격이 컸던 만큼 사고 원인에 대한 관심도 집중됐지만 그 원인이 밝혀질수록 국민들의 실망은 더욱 깊어졌다. 기본적으로 지켜야 할 탑승정원 수칙이 지켜지지 않았고, 이에 대한 당국의 관리감독도 형식적으로 이뤄져 있었다. 또 기상 체크도 제대로 이뤄지지 않았다. 선장은 선장으로서의 자질이 부족했고, 휴가 중인 항해사의 업무를 갑판장이 대신하고 있었다. 승객들이 한쪽으로 몰려 타지 않도록 유도하고, 비상시 구명장비 사용법 등을 알려야 할 안전요원은 단 2명뿐이었다.

사고 직후의 위급상황을 알려준 사람도 없었고, 구조 요청도 하지 않았다. 생존자들은 구명장비가 어디 있는지 몰라 아이스박스 등에 매달려 목숨을 부지했다. 해난 구조체계에도 구멍이 뚫려 있었다. 경찰헬기는 신고 접수 후 30분 뒤에 출동했고, 군산해양경찰서 소속 경비함정은 사고현장에 1시간 뒤에나 도착해서 시체 인양 정도만 할 수 있었다.

사고의 문제점을 살펴보면, 사고 당일 기상은 폭풍주의보는 발행되지 않았으나 파도가 높고 초속 10~13미터의 강풍이 불며 돌풍이 예상되므로 주의를 요하는 상태였다. 그러나 출발예정시간 40분이 지난 9시 40분에 무리한 출항을 하는 등의 안전의식 결여와 정원(221명)의 2배에 가까운 362명을 초과 승선시킨 것이 첫 번째 사고 원인이었다. 이 밖에 정원초과 승선이 상습화하는 데에 따른 당국의 지도·감독 소홀, 비상사태 발생 시 인명구조에 사용되는 구명장비의 미작동(선체에 설치된 구명정 4대중 1대만 작동), 소방 측면에 있어서 실제 구조작업 및 선박 인양작업에 동원될 수 있는 인력 및 장비의 부족 등이 주요한 사고 원인으로 지적되었다.

사고의 대책으로는 승선인원의 철저한 확인 및 승선인원 통제(구명정 등 사고 발생 시 즉시 가동될 수 있도록 평상시 유지·관리 및 감독) 등 철저한 안전대책이 요구되며, 소방측면에 있어서 구조 수색활동에 참여할 수 있는 장비 확보와 수중작업이 가능한 전문 인력 양성 등의 대책이 요구되었다.

[3] 서해훼리호 침몰 사고가 주는 교훈

서해훼리호가 침몰된 날은 일요일이었다. 낚시꾼을 비롯한 많은 행락객들이 단풍놀이 등 가을나들이를 마치고 오다가 참변을 당했다. 당시에는 지금보다 국민들의 안전에 대한 요구 수준이 낮아서 국민적인 선동이 잘 먹히지 않는 환경이었다. 그리고 무엇보다도 '문민정부'라는 이름하의 김영삼 정부 시절이라 좌파들의 숙주 노릇을 하고 있어서, 이 사건을 정치적으로 이용하여 정부를 전복하려는 세력이 없었다. 잠시 김영삼 정부를 회고해 보면, 육지와 바다·하늘에서 줄줄이 대형 사고가 발생했었다.

1992년 2월에 출범한 김영삼 정부 시절에는 연속하여 대형 참사가 발생했는데, 그 중에서 우선 김영삼의 정치적 고향인 부산 구포역 열차 전복사고[40]를 들 수 있다. 구포역 무궁화호 열차 전

---

40) 구포역 열차 전복사고의 구체적 내용은 '위키피디아'를 참조하였다.

복사고는 1993년 3월 28일 오후 5시 30분에 부산 시내에 있는 경부선 하행선의 구포역 인근 삼성종합건설의 공사현장에서 무궁화호 열차가 전복되어 78명의 사망자와 198명의 부상자를 낸 사고이다. 이 사고는 이리역 폭발사고 당시 사망자 수를 경신한 한국 최악의 철도사고로 기록되었다. 원인은 사고 발생 약 5분 전인 오후 5시 24분경 시속 약 94킬로미터로 사고가 일어난 공사현장을 운행한 제175열차가 통과한 후 노반이 함몰된 것으로 추정된다. 서울역에서 오후 12시 45분에 출발하여 부산역으로 가던 무궁화호 제117열차가 물금역을 오후 5시 23분경에 통과하여 시속 약 85킬로미터로 운행하다 선로노반이 침하되어 있는 것을 약 100미터 전방에서 발견하고 비상제동을 걸었으나 제동거리가 미치지 못해 기관차 및 발전차·객차 2량 등 총 4량이 탈선하여 전복되었다. 이 사고로, 복구되기까지 1일 13시간 30분 동안 불통되었다. 물적 피해로는 열차가 대파되고 선로가 파손되는 등의 피해를 입어, 시설물 피해액 총 30억 6천만 원을 삼성종합건설 측에 구상하였다.

다음으로는 하늘에서 비행기 추락사고가 발생한 것인데, 1993년 7월 26일 오후 2시 20분 김포국제공항을 출발하여 오후 3시 15분 전남 영암군 삼호읍의 목포공항에 도착 예정인 아시아나항공 소속 OZ733편 B737-5L9여객기(기체등록번호: HL7229)(기장 황인기, 부기장 박태환)가 목포공항 착륙을 위해 접근 중

전남 해남군 화원면 마산리 화원반도 야산에 추락한 사고[41]이다. 이 야산의 6부 능선을 정면으로 들이받아 추락한 이 비행기는 마치 종잇장 구겨놓은 듯이 산산조각이 났으며, 곳곳에 사체들이 나뒹굴어 처참한 모습이었다. 생존자들의 증언에 따르면, 사고 여객기는 목포공항에 세 차례에 걸쳐 착륙을 시도하다가 기체가 몹시 흔들리고 시야가 좁아 성공하지 못했으며 다시 몇 차례 목포공항을 선회한 뒤 기장이 흥분된 목소리로 "지금 착륙한다."는 안내방송과 함께 쿵 하는 소리를 내고 부딪쳤다는 것이다. 사고 당시 목포공항에는 강한 비가 내리고 있었고, 사고기는 오후 3시 24분 첫 번째 착륙시도를 실패하고, 이어서 4분 후인 3시 28분 두 번째 착륙시도를 했지만 역시 실패하고, 다시 10분 후인 3시 38분 세 번째 착륙시도 역시 실패로 끝났다. 네 번째 착륙시도를 하기 위해 접근하던 사고기는 3분 후인 3시 41분 목포공항의 관제 레이더에서 사라지면서 통신이 두절되었다. 레이더에서 사라지고 9분이 지난 3시 50분, 사고기는 목포공항에서 10킬로미터 정도 떨어진 해남군 화원면 마산리의 야산에 추락한 채 발견되었다. 최종 집계된 인명피해는 110명의 탑승객과 6명의 승무원 중 68명이 사망한 항공기 추락사고 인데, 당시 악천후로 인한 시야 제한으로 목포공항에서는 상황도 제대로 파악하지 못했다. 사고기 추락 현장에서 생존한 2명이

---

41) 아시아나항공 소속 733기 추락사고의 구체적 내용은 '나무위키'를 참조하였다.

기내에서 빠져 나온 후, 산 아래 마산리 마을까지 내려와 신고하면서 사고 사실이 알려져 구조작업에 착수했다. 사고 원인은 CFIT(Controlled flight into terrain)[42], 기상악화에 따른 조종사 과실이었다. 아시아나 최초의 인명손실 항공사고이자, 첫 번째 국내선 사고였다. 이 사고로 무안국제공항이 건설되는 계기가 되었고, 무안국제공항 개항 후 목포공항은 폐항되었다.

그리고 다음으로, 1994년 10월 21일 오전 7시 성동구 성수동과 강남구 압구정동을 연결하는 성수대교의 상부트러스 48미터가 붕괴된 성수대교 붕괴 사건[43]이 발생하였다. 성수대교 붕괴 사건은 공권력을 이용하여 사익을 추구하여 왔던 한국사회의 부정부패가 그 배경이다. 이것은 건설사의 부실공사와 감리담당 공무원의 부실감사가 연결되어 만들어진 사건이며, 정부의 안전검사 미흡으로 일어난 사건이다. 이 사건으로 출근하거나 등교하고 있던 시민 49명이 한강으로 추락하였고, 그 가운데 32명이 사망하였다. 1977년 4월에 착공하여 1979년 10월에 완공된 성수대교가 1994년 10월에 붕괴되었다. 이 붕괴 사건으로 인하여 건설 분야에 만연되어 있던 부실공사와 부실감리, 안전검사 미흡이 집중적으로 폭로되었다. 사고 책임을 물어 당시 서울시장 이원종이 사임하였다. 이후 우명규 시장을 거쳐 최병렬 시장이 취임하면서 부실공사 대책이 적극적으로 추진되었다. 성수

---

42) CFIT사고는 정상적으로 제어 중인 항공기가 의도하지 않게 지면·산·물·장애물을 향해 비행하여 기체가 파손되는 사고를 말한다.
43) 성수대교 붕괴 사건의 구체적 내용은 '다음백과'를 참조하였다.

대교의 무너지지 않은 부분을 보완해서 사용할 수도 있다는 토목학계의 의견이 있었지만, 다리를 완전히 새로 건설하기로 결정하였다. 성수대교 붕괴사건이 있은 지 3년 만인 1997년에 새로운 성수대교가 완공되었다. 성수대교 붕괴 사건은 한국사회에 만연되어 있던 부정부패를 전 세계에 알린 불명예의 사건이다. 그러나 이 사건을 계기로 한국사회의 부패에 대한 전반적인 문제제기가 이루어지기 시작하였다. 부정부패의 관행을 줄이기 위한 노력이 정부·학계·시민사회단체 차원에서 활발하게 어우러짐으로써, 한국사회가 보다 투명해지고 건강해지는 기회를 제공해 주었다.

 이를 이은 또 하나의 큰 사건, 바로 1995년 6월 29일 퇴근길에 전국을 긴급뉴스로 뒤덮은 삼풍백화점 붕괴 사건[44]이 발생했다. 삼풍백화점 붕괴 사고는 지상 5층, 지하 3층의 건물 전체가 폭삭 주저앉아 쇼핑객이나 이 백화점의 종업원·납품업자 등 많은 사람이 목숨을 잃었다. 최종 집계된 인명피해는 사망 502명(실종 30명 포함), 부상 937명의 최악의 건물 붕괴 참사였다. 성수대교 붕괴 240일 만에 터진 사고에 사람들은 경악했다. 준공 6년의 새 건물을 무너뜨린 것은 총체적 부패구조·부실시공과 불법적인 설계변경·공무원의 뇌물수수·백화점주의 임의적 용도변경이었다. 쇼핑 공간을 넓히기 위해 기둥을 설계보다 25% 줄이고, 불법으로 한 층을 더 올렸다. 하지만 뒷돈을 받은 공무원들

---

44) 삼풍백화점 붕괴 사고의 구체적 내용도 '다음백과'를 참조하였다.

은 이를 눈감아주었을 뿐 아니라 공사가 40% 진행된 상황에서 영업허가를 내주었다. 결정적인 것은 백화점의 안전불감증인데, 사고 당일 건물의 균열이 발생하고 기둥이 옥상을 뚫고 나오는 상황에서, 긴급 안전진단을 실시한 설계 감리회사가 '붕괴 우려' 진단을 내렸음에도 정상영업을 감행해 참변을 피할 기회를 놓치고 말았다. 하루 5억 원의 매출을 건지려다 3,460억 원(보상금 포함 최종 피해액)을 날린 셈이다.

  장맛비가 내리는 폐허 속에서 생존자를 구해 내는 극적인 장면에 온 국민의 시선이 집중된 한편, 외국인들은 싸늘한 평가를 내렸다. '테러도 아니고 건물이 스스로 무너져 내린 것은 건축공학사의 충격', '한국 업체가 시공하는 해외 공사는 안전한가?' 하는 외신들이 쏟아졌다. 그런데 삼풍의 망신살은 예고편이었다. 하체부실, 거품 위의 한국 경제는 2년 반 뒤 김영삼 정권의 말기에 북핵문제 대응 미숙 등 한미동맹에 대한 외교 미숙과 겹쳐 '외환위기'라는 직격탄을 맞았다.

  위에서 살펴본 바와 같이, 서해훼리호 사건은 정말로 자연재해라기보다는 선주의 과욕과 이에 부응한 선장의 운항 과실과 김영삼 정부의 공무원의 안전의식 부족에 따른 감독 부실이 부른 인재였다. 그럼에도 불구하고 이 사건이 세월호 사건처럼 좌파들의 투쟁도구가 되지 못한 것은, 우선 구포역 열차 탈선 사고·목포 야산의 비행기 추락 사고에 연이어 터져서 국민들의 주목을 크게 받지 못했기 때문이다. 더구나 약 열흘 후에 또다시 발생한 삼풍백화점 붕괴 사고가 더 처참한 인재로, 마치 블랙홀처럼 온 국민의 관심을 빨아들여 버린 까닭이다.

요약하면, 결국 같은 해상사고라도 공무원의 안전의식 부족으로 인한 감독부실의 책임은 김영삼 정부 때 일어난 서해훼리호 침몰 사건이 박근혜 정부에서 벌어진 세월호 침몰 사고보다 더 크다고 하겠다. 따라서, 만약 감독과실에 의한 해상사고의 발생에 따른 정부의 책임이 있다 하더라도 서해훼리호 사고에 따른 김영삼 당시 대통령의 책임이 세월호 침몰 사고에 따른 박근혜 당시 대통령의 책임보다 더욱 크다고 할 것이다.

그런데 서해훼리호 사건은 무리한 출항을 하는 등의 안전의식 결여, 정원(221명)의 2배에 가까운 362명을 무리하게 승선시킨 것, 정원 초과승선이 상습화하는 데에 따른 당국의 지도·감독 소홀, 비상사태 발생 시 인명구조에 사용되는 구명장비의 미작동, 소방 측면에 있어서 실제 구조작업 및 선박 인양작업에 동원될 수 있는 인력 및 장비의 부족 등이 주요한 사고 원인인 그야말로 과실에 의한 사고였다. 반면에 세월호 침몰 사고는 과실에 의해 우연히 발생한 사고가 아니다. 특히 전교조가 북한의 기획에 따라, 자신들을 법외노조화한 데 대한 보복으로 박근혜 정부를 무너뜨리기 위해 실행한 고의 침몰 의혹이 있다. 미군 장갑차에 의한 여중생 '효순이·미선이 사고'에서 보여준 국민적 감수성을 자극하기 위하여 일부러 고등학생들을 희생의 제물로 삼은 것이다. 독자 여러분은 효순이·미선이의 사진과 졸업장이 평양의 모란봉제1중학교 교실 빈 책상에 놓여 있다는 사실을 알고 있는지 모르겠다. 이는 2007년 8월 16일 한국교총·전교조 교사 100여

명과 북한의 교사들이 참가한 가운데 평양에서 남북교육자 상봉모임이 개최되었을 때, 남측 교원들이 평양 모란봉제1중학교를 방문하여 확인했던 사실이다.[45]

중간고사 대신 체험학습이라는 미끼행사를 기획하여 순진한 단원고 학생들을 죽음의 길로 몰아갔다면 그들은 과연 그 엄청난 죄악을 지닌 채 어떻게 살아갈 것인가? 전교조의 지도부와 참여교사들은 최소한 교육자로서의 양심이 있다면 가슴에 손을 얹고, 자신들이 추구하는 교육이라는 것이 진정 무엇인가 곰곰이 생각해 보기 바란다. 참교육이라는 허울로 학부모들의 환심을 얻은 후에 민노총이라는 깡패노조를 앞세워 대한민국을 난도질하는 이익집단으로 변질된 것이 아닌지 자성하기를 부탁한다. 혹은 좌경화된 지도부에 의해 자유롭게 탈퇴조차 할 수 없는, 폭력집단이라는 괴물로 변해 버린 것이 전교조의 민낯이 아닐까 자성해 보라. 더는 참을 수 없는 자유민주시민들의 반혁명에 의해 그 추악한 횡포와 죄상이 밝혀지면, 더 이상 관용은 허락되지 않을 것이다. 따라서 스스로 세월호를 기획 침몰하였다면 이에 대해 회개하고 양심선언을 하여 잃어버렸던 하나님에 대한 신앙을 회복하고, 동시에 하나님의 자녀에게 내리시는 무한한 은총에 힘입어 안전하고 자유로운 대한민국을 재건하는 과정에 영웅이 되기를 권한다.

---

45) 이 기사는 2007년 8월 24일 발행된 〈미래한국〉을 참조하면 보다 더 자세하게 알 수 있다.

나. 세월호 사고 전·후의 '전원 구조' 오보

[1] 세월호 사건 전날 경기교육감이 보낸 '전원 구조 기원' 문자발송은 단순실수가 아니라 미리 준비되어 언노련을 통해 퍼뜨린 '전원 구조' 오보방송의 예행연습

이미 '제1장 세월호 사건은 단순 교통사고인가, 기획된 정치공작인가?'에서, 세월호 침몰 사건이 기획된 정치공작임을 밝히는 추가적인 논거로 사고 전날 경기도 교육감이 보낸 '전원 구조 기원' 문자발송 사실을 제시한 바 있다. 따라서 여기서는 그들이 미리 퍼뜨린 '전원 구조 기원' 문자가 기계의 오류에 의한 것이 아니라, 사전공작에 의한 음모라는 것을 밝히고자 한다. 방송사들이 일거에 오보를 낸 것도 민노총의 수뇌부 역할을 하는 전교조가 민노총 소속인 언노련을 통해 마치 군사작전처럼 거의 동시에 보도했다는 것이 필자의 주장이다. 즉, 청와대의 구조 지시에 혼선을 초래하여 현장의 구조 활동을 방해할 목적으로, 단순 오보가 아니라 미리 계획되어 있던 '전원 구조'라는 오보를 방송사 언론노조를 통해 퍼트렸던 것이다. 그런 후 매년 4월 16일이 돌아오면 마치 오보에 대해 사죄라도 하는 것처럼, 방송 명분을 만들어 각종 추모특집 등을 편성해 5년간 애도방송만 했다. 일본 후지TV는 세월호 특집방송을 통해 '기획 학살일 가능성이 높다.'고 진실을 알려준 바 있다. 전교조가 민노총의 브레인 역할을 한다는 것을, 지난 민노총의 폭력집회에 따른 법 집행과정에서도 우선 민노총 위원장 한상균보다 민노총 사무총장이었던 이영주가 더 고위급으로 보호받았다는 점에서도 확연히 알 수 있었다. 결국 전교조가 중심이 되어 민노총을 무력 부대와 선전선동 부대로 사용, 자유로운 대한민국을 난자하여 망치고 있는 것이 오늘의 현실이다. 그럼에도 불구하고 세월호 수사를 맡은 수사기관에서는 이를 은폐하는 수사를 하고, 정권탈취 음모에 가담한 것이었다. 그토록 유능하다던 인천지검장은 유병언을 검거하지 못했다는 핑계로 스스로 책임을 진다며 자진 사퇴했고, 광주지검은 세월호 선장 및 선원들을 수사하면서 차고 넘치는 세월호의 기획 침몰에 관한 단서를 단 한 개도 조사하지 않았다.

[2] 사고 당일 세월호 '전원 구조' 오보의 재구성[46]

2014년 4월 16일, 세월호 사고 당일에 '단원고 학생 전원 구조'라는 최악의 오보가 나왔다. 언론의 오보로 인해 유가족들은 천국과 지옥을 오갔다. 이들은 휴대전화를 움켜쥐고 아들·딸에게서 소식이 오기를 기다렸다. 최악의 오보는 어떻게 태어났을까. 이를 정부의 자료를 토대로 재구성하여 본다.

가) 인솔자 강민규 교감의 사고발생 보고

단원고 수학여행을 인솔했던 강민규 교감은 오전 8시50분 이○○ 교무부장에게 전화했다. "배가 정지해 있다. 약간 기울어져 있다. 상황 보고 전화할게." 9시16분 다시 교감의 전화가 왔다. "교장님께서 전화를 받지 않는다. 바꿔 달라." 교무부장은 교장

---

46) 이 오보의 재구성은 〈한겨레 21〉이 정부의 자료를 토대로 재구성한 기사를 참조, 목차를 부여하여 정리한 것이다.

실로 올라와 다급하게 말했다. "수학여행에 큰일 났습니다." 김
○○ 교장이 전화를 건네받자 강 교감이 말했다. "상황이 좋지
않습니다." 9시 26분 강 교감은 "해경 헬기 출동하고 구명조끼
를 전원 착용했다."고 다시 알려왔다.

나) 단원고의 사고 발생 문자발송

방송 보도를 보고 학부모의 문의전화가 빗발쳤다. 오전 9시 50
분 단원고에서 사고 발생과 구조활동을 알리는 문자메시지를
발송하자 단원고 강당에 학부모와 경찰·기자들이 몰려왔다.

다) 10시 55분보다 조금 전, 단원고 정문에서 한 40대 여성이 "학생들이 전원 구조되었다." 소리치며 학교 건물로 뛰어 들어감

단원고 관계자의 가족인 김○○ 씨도 세월호 사고를 뉴스로 접
하고 학교로 달려갔다. 가족과는 연락이 닿지 않아 답답한 마음
에 학교 건물 밖에서 담배를 피웠다. 그때 40대 여성이 "학생들
이 전원 구출됐다."고 소리치며 학교 건물로 뛰어 들어갔다. 김
씨도 학교 강당으로 들어가 주변 사람들에게 단원고 학생들이
모두 구조됐다는 소식을 전했다. 누군가 강당 연단에 그를 세웠
다. 그는 10시 55분경 마이크를 들고 "학교 관계자의 가족이다.
학생들이 전원 구조됐다고 한다."고 말했다.

라) 11시 1분, 기자들 '전원 구조' 소식 회사에 보고

기자들은 이 사실을 회사에 보고했다. 11시 1분, MBN에서 가
장 먼저 보도했다. "단원고 측에서는 학생 모두가 구조되었다고
밝힌....... 다행입니다." MBC는 더 단정적으로 보도했다. "수학

여행을 떠났던 단원고 학생들 338명 전원이 구조되었다는 소식이 들어왔다는 거, 다시 한 번 전해 드립니다." 다른 기자들도 학부모들 사이에서 전원 구조 소식이 전해졌다고 보고했다. 언론사들은 추가 확인 없이 '학생 전원 구조'를 잇따라 방송했다.

마) 11시 3분 58초, YTN '학생 전원 구조' 방송

앵커: "네, 지금 방금 들어온 소식인데요. 학생들은 전원이 구조가 됐다는 소식이 들어와 있습니다. 학생이 324명이었고요, 선생님들이 14명이었습니다. 정말 다행인 것 같습니다."

바) 11시 4분, 안산 단원경찰서에서 무전으로 '전원 구조' 보고
단원고 행정실에서 YTN을 시청하던 안산 단원경찰서는 11시 4분에 무전으로 보고했다.

단원고 현장: 아울러 YTN상에 학생 전원 구조된 걸로 확인됐어요.
경찰 상황실: 아~ 학생은 전원 구조 알투(알았다)입니다.
단원고 현장: 교사 14명도 전원 구조요.
경찰 상황실: 알투.

사) 11시 6분 단원고 행정실 문자메시지 1차 발송

경찰의 무전기에서 '학생 전원 구조'라는 내용이 흘러나오자, 단원고 행정실에서는 경찰이 전원 구조를 확인한 것으로 오해했다. 행정실의 한 직원이 교무실로 달려가 알렸다. 학부모에게도 알리자고 의견이 모아져 단원고는 11시 6분 문자메시지를 발송했다. "[단원고] 학생 324명 전원 무사히 구조 완료되었습니다."

아) 11시 8분 단원고 김 모 교사 목포해경 전화 문의

단원고 김○○ 교사는 11시 8분 목포해경 대표전화(061-241-2000)로 연락해 확인했다. 그러나 전화는 목포해경이 아니라 해경 민원콜센터로 연결됐다. 김 교사는 물었다. "단원고 학생

전원 구조된 게 맞나요?" 민원콜센터는 상황실로 직접 연결하거나 정확한 구조상황을 확인한 뒤 답변해야 했다. 그러나 오전 9시부터 12시까지 평소보다 4배나 많은 전화 420통이 쏟아져 상황실 연결이 어려웠다. 민원콜센터는 YTN의 '학생 전원 구조'라는 뉴스속보 자막을 보고 "그렇게 알고 있고, 그렇게 안내하고 있다."고 답했다.

자) 11시 8분 단원고 2차 문자발송

단원고는 학부모에게 다시 문자메시지를 보냈다. "[단원고] 해경 구조현황/학생 324명 교사 14명 전원 구조 완료되었음을 다시 한 번 알려드립니다." 11시 8분이었다.

차) 11시 9분 경기도교육청 출입기자에게 문자메시지 발송

경기도교육청 대변인실로도 '학생 전원 구조' 확인전화가 빗발쳤다. ① YTN이 11시4분 '학생 전원 구조' 보도를 했고 ② 단원고가 11시 6분 '학생 전원 구조' 문자메시지를 학부모에게 발송했다는 이유로 11시 9분 경기도교육청 출입기자 79명(38개 언론사)에게 문자메시지를 보냈다. "[경기교육] 단원고 학생 전원 구조됨."

카) 11시 25분 경기도교육청 다시 출입기자에게 문자메시지 발송

출처를 묻는 기자들의 전화가 다시 쏟아졌다. 대변인실은 11시 19분 북부청 교육학습지원과에서 작성한 '안산 단원고 수학여행 긴급대책반(2014. 4.16)' 상황일지를 받았다. "11시 2분: 학생 전원 구조." "11시 12분 학생 전원 구조, 학부모에게 연락 완료, 해경 연락." 이 상황일지도 방송보도와 단원고의 연락을 받고 작성한 것

이었다. 그러나 경기도교육청 대변인실은 확인 없이 11시 25분에 다시 출입기자들에게 문자메시지를 보냈다. "[경기교육] 단원고 학생 구조 해경 공식 발표." 끝없는 오보의 악순환이었다. 그러나 반성은 없었다.

타) 11시 26분 10초 KBS 경기도교육청 대책반 '단원고 학생 전원 구조' 방송

기자: "경기도교육청에서 발표한 거는 단원고 학생 325명이 전원 구조됐다는 발표를 했고, 이게 최종적으로 사실이 되기를 기대해 보겠습니다."

[3] 오보를 낸 경기교육청 대변인실과 해경 민원콜센터의 감사원 답변서

가) 경기도교육청 대변인실(2014년 5월 20일 감사원 문답서)

감사원: 2차 메시지에 담긴 '해경 공식 발표'라는 표현은 단원고 학부모의 상황 판단, 재난 구조 활동에 혼란을 야기했다고 보는데.

경기도교육청 대변인실: 그렇게 생각하지 않는다. 문자메시지는 도교육청의 공식발표가 아닌 출입기자들(약 70명)의 질문에 대한 답변 정도로만 생각했다. 좋은 소식이기에 알려드리는 것이 좋겠다고 생각했다.

나) 해경 민원콜센터(2014년 6월 12일 감사원 답변서)

감사원: 해경 상황보고서를 보면 10시 30분 79명, 11시 20분 162명 구조된 것으로 돼 있고, 10시 46분 문자상황보고시스템(해경 메신저)에는 많은 학생들이 배에서 나오지 못하는 것으로 추정하고 있다. 상황실에 문의했다면 '학생 전원 구조'라는 답변은 하지 않았을 것으로 보인다.

해경 민원콜센터: 동의한다. 업무량이 폭주해 전화가 연결되지 않았다. (중략) 그러나 민원콜센터 답변 이전에 이미 많은 언론에서 '학생 전원 구조'라는 뉴스를 보도했다. 민원콜센터 답변으로 인해 38개 언론사에서 잘못된 정보를 대대적으로 보도하게 됐다는 부분은 사실과 다르다.

다. 정권 따라 달라지는 공영방송의 세월호 보도태도[47]

[1] 〈미디어오늘〉의 세월호 제4주기에 대한 방송태도 비판 기사

세월호 참사와 관련한 보도참사는 참사 직후만의 문제가 아니었다. 참사 초기 정부의 구조 실패를 뒤로 한 채 '유병언 일가 보도'로 물 타기에 나섰고, 진상규명에 대한 유가족의 요구를 '배·보상금' 프레임으로 폄훼하는 동안 '공영방송 기자=기레기'라는 등식이 굳어졌다. 공영방송의 감시로부터 자유로웠던 정부는 참사 책임으로부터도 자유로웠다. 참사 이후 4년 만에 처음으로 안산정부합동영결·추도식이 열린 지난 2018년 4월 16일 공영방송이 반성과 사과를 전한 이유다.

[2018년 4월 16일 MBC '뉴스데스크' 박성호 앵커의 클로징 멘트]

"세월호 가족들은 참사로 1차 피해를 입었다. 그리고 언론의 왜곡 보도로 2차 피해를 입었다. 세월호 보도에 죄의식을 갖고 있는 저희들로서는 원점에서 이 사안을 다루려 한다. 그 원점을 저 배에서 다시 찾으려 한다."

세월호 참사 당일 '전원 구조 오보'를 비롯해 왜곡·편파 보도의 주역으로 비판을 받아온 MBC는, 2018년 4월 16일 세월호 선체가 거치돼 있는 목포신항에서 특집 '뉴스데스크'를 진행했다. 평소보다 20분 일찍 방송을 시작한 방송은 안산정부합동영결·

---

47) '정권 따라 달라지는 공영방송의 세월호 보도 태도'에 대해서는 2018년 4월 18일자 〈미디어오늘〉의 노지민 기자가 쓴 미디어 비판기사를 재비판하기 위하여 그대로 전재한 것이다.

추도식과 인천가족공원에서 진행된 일반인 희생자 영결식 등 총 15개 꼭지를 세월호 참사 보도에 할애했다. MBC는 특히 두 개의 단독보도를 통해 세월호 침몰 원인에 대한 재조사 필요성을 강조했다. MBC는 지난 2014년 검찰이 세월호 침몰 당시 선체 기울기를 30도로 한정해 침수 실험을 진행했지만 실제로는 배가 최대 50도 이상 기울었을 것이라는 영상전문가들의 분석 결과를 전했다. 당시 특별조사 보고서를 내며 검찰 조사를 뒷받침했던 해양수산부 산하 해양안전심판원이 4년이 지난 지금까지도 최종 조사결과를 내지 못하고 있다는 점도 지적했다.

 지난 2018년 4월 14일부터 17일을 '세월호 특별추모기간'으로 정한 KBS의 경우, 참사 당일인 4월 16일을 기점으로 뉴스 앵커들을 교체했다. KBS 메인뉴스 '뉴스9'의 김철민·김솔희 앵커는 이날 "KBS 뉴스로 인해 상처를 입은 세월호 유가족과 국민 여러분께 먼저 깊은 위로와 사죄를 드린다."며 "세월호 보도 참사에 대한 반성이 곧 새로운 KBS의 시작임을 기억하겠다."는 말로 뉴스를 열었다. 이날 세월호 특집 기획으로 구성된 KBS '뉴스9'은 10개 꼭지로 세월호 관련 소식을 보도했다. 이 가운데 세월호 침몰 당시 화물칸에 실려 있었던 차량 7대의 블랙박스 영상을 분석하며 세월호 침몰 원인을 추적한 보도가 눈에 띄었다. KBS 취재진은 7개 차량에서 입수한 11개 영상에 대해 시간 오차를 잡아내고, KBS 음향감독이 관련 장비를 통해 소리를 분석했다고 설명했다. 블랙박스 영상 분석 결과를 근거로 KBS는 "세월호가 침몰하기 직전 50여 초 동안 이미 기울고 있었다."며 "정상적 운행이었다면 배가 기울었다고 해도 20초 정도 뒤 다시 중심을 잡아야 했지만 그렇지 못했다."고 보도했다. 정황상 조타수가 조타기에 손을 대지 않았거나 기계 자체에 이상이 있었을 것이라는 추정이 등장했다.

이 같은 공영방송의 보도는 세월호 참사 1주기였던 2015년의 보도와 확연한 차이를 보인다. 당시 박근혜 정부는 '세월호특별법 시행령'을 통해 세월호 참사 특별조사위원회의 권한을 축소하려 하고, 온전한 선체 인양을 원하는 유가족의 목소리를 외면했다는 비판을 받고 있었다. 하지만 MBC와 KBS 메인뉴스는 모두 유가족이 '특별법 시행령'을 반대하는 이유를 구체적으로 설명하기보다 유가족의 '반발'을 기계적으로 다뤘고, "세월호 인양에 나서겠다."는 박 대통령의 말을 검증 없이 전했다.

시사·교양 부문에서 드러나는 차이는 더 컸다. 1주기 당시 단한 편의 다큐멘터리도 내보내지 않았던 MBC는 4주기를 맞아 '세월호 특집' 편성에 나섰다. '스트레이트'는 4월 8일과 4월 15일에 세월호 참사 당시 교신기록을 분석하며 구조에 나서지 않았던 정부와 관련자들의 책임을 물었고, 'MBC스페셜'도 4월 16일과 4월 23일 2부작으로 세월호 유가족과 참사 당시 구조에 참여한 잠수사들의 이야기를 기획했다.

KBS 시사·교양프로그램도 4주기를 맞아 세월호 참사의 진실과 남은 자들의 이야기를 전했다. 4월 17일 '시사기획 창-침묵의 세월' 편은 참사 당시 블랙박스와 휴대전화 기록 등을 통해 침몰 원인과 구조 상황의 문제점에 집중했고, 19일 'KBS스페셜-세월호 4년, 관객과의 대화'는 참사로 자녀를 잃은 엄마들의 연극을 다뤘다.

공영방송이 이렇듯 반성을 거듭하고 있지만, 또다시 세월호 참사 같은 사건을 마주했을 때 과거와 같은 잘못을 반복하지 않는 것이 반성보다 더 중요하다. 정부 여당의 영향력에 취약한 공영방송의 특성상, 외압을 차단할 수 있는 구조적인 방안을 마련해야 하는 이유다. 유경근 4.16가족협의회 집행위원장이 양승동 신임 KBS사장을 향해 "누가 사장이 되고 대통령이 되건 다시는 못 건드리는 KBS를 만들어 달라."고 말한 맥락도 여기에 있다.

공영방송은 내부적으로 보도 참사와 관련한 진상조사 및 책임자 처벌을 진행 중이다. MBC는 지난 1월 출범한 노사 공동 'MBC정상화위원회'에서 세월호 참사 관련 보도에 대한 경위와 책임자를 조사하고 있다. 대표적 사례는 세월호 관련 최악의 보도로 꼽히는 참사 당일 '전원 구조' 오보와 '유가족 폄훼' 보도인데, 공교롭게도 당시 전국부장이었던 박상후 기자가 모두 연관돼 있다.

박 기자는 참사 당일 목포MBC 보도국으로부터 네 차례에 걸쳐 "전원 구조 자막이 나가면 안 된다."는 보고를 받았으나 이를 시정하지 않았다는 의혹을 받고 있다. 세월호 구조에 투입된 잠수사 사망 사건과 관련해 "실종자 가족이 해양수산부 장관 등을 압박했다."고 전한 리포트는 '최악의 보도'로 비판받아 왔다. 박 기자는 지난 2016년 '4.16세월호 참사 특별조사위원회'로부터 언론보도 공정성 관련 증인으로 채택됐지만 끝내 출석에 응하지 않았다. MBC정상화위원회 관계자는 "박상후 기자는 MBC 세월호 보도에 있어 핵심적인 인물"이라며 "박 기자 조사가 이뤄진 뒤 추가 관련자들에 대한 조사도 이어질 것"이라고 밝혔다. 하지만 박 기자가 대면조사를 전면거부하고 있어 조사 진행에 한계가 있는 것으로 알려졌다. 박 기자는 MBC정상화위원회 조사 불응으로 인해 지난달 대기발령 처분을 받은 상태다.

KBS의 경우, 이른바 '이정현-김시곤 녹취록'으로 대표되는 보도 외압사례에 대한 규명이 진행될 예정이다. 지난 2014년 이정현 청와대 홍보수석이 당시 KBS 보도국장 김시곤에게 전화를 걸어 "해경과 정부를 비판하지 말아 달라."고 요구한 이 녹취록은 박근혜 정부의 공공연한 보도개입 실체를 드러냈다. 세월호 참사와 관련, 어떠한 외압이 가해졌고 실제 보도에 어떤 영향을 미쳤는지 지금이라도 진위를 파악해야 한다.

양승동 KBS사장도 취임을 전후해 세월호 보도를 비롯한 과오를 가려내기 위해 정상화추진위원회(가칭) 구성을 약속했지만, 현재까지 구체적인 로드맵은 밝혀지지 않았다. 과반노조 및 교섭대표노조가 없는 KBS의 상황을 고려할 때, MBC와 같은 노사공동기구가 조직되기에는 현실적인 한계가 따를 것이라는 전망도 나온다. KBS 내부에서는 정상화관련기구 출범을 더 이상 미뤄선 안 된다는 요구가 나온다. 언론노조 KBS본부(본부장 이경호)는 4월 17일 "시청자는 우리를 기다려주지 않는다."며 "즉시 KBS정상화를 위한 기구를 출범시켜야 한다."고 밝혔다.

[2] 노지민 기자의 기사에 대한 필자의 견해

2018년 4월 18일자 〈미디어오늘〉의 노지민 기자가 쓴 미디어 비판 기사는 한마디로 이 정권의 보도지침 혹은 적어도 세월호는 매년 때가 돌아오면 북한의 태양절같이 길이길이 기려야 한다는 방침을 지시하는, 마치 북한 김정은의 교시를 전달하는 듯한 느낌이다.

노지민 기자는 언론비평의 기준이 무엇인지 모르는, 편향적인 성향을 가지고 있는 것 같다. 원래 자유민주주의 언론은 살아 있는 권력의 남용을 비판하고 감시하는 기능을 해야 한다. 그런데 그는 세월호 참사 이후 4년 만에 처음으로 정부합동영결·추도식이 열린 것을 홍보하는 공영방송이 반성과 사과를 전한 이유만 더욱 홍보하며 칭찬하고 있다. 그는 2018년 4월 16일 MBC '뉴스데스크' 박성호 앵커의 "세월호 가족들은 참사로 1차 피해를 입었다. 그리고 언론의 왜곡 보도로 2차 피해를 입었다. 세월호 보도에 죄의식을 갖고 있는 저희들로서는 원점에서 이 사안을 다루려 한다. 그 원점을 저 배에서 다시 찾으려 한다."는 클로징 멘트를 인용·강조하면서, 마치 공산당의 자아비판을 촉구하는 듯한 태도로 끊임없이 국민들에게 '세월호'라는 마취약을 공급하고 주입하여 개·돼지로 만들라고 촉구하고 있는 것처럼 보인다.

특히 MBC에 대해서는 "세월호 참사 당일 '전원 구조 오보'를 비롯해 왜곡·편파 보도 주역으로 비판받아 온 MBC."라고 족쇄를 채우면서, 방송에 대한 비평을 하는 것이 아니라 방송을 통하여 선동을 하라는 듯 전형적인 정권선전방송에 몰두하라고 종용하고 있다. KBS에 대해서도 참사 당일인 4월 16일을 기점으로 뉴스 앵커들을 교체한 사실을 지적하면서 은근히 칭찬을 늘어놓고, 특히 "이날 세월호 특집 기획으로 구성된 KBS '뉴스9'는 10개 꼭지로 세월호 관련 소식을 보도했다."며 역시 세월호 보도량이 많은 것을 노골적으로 칭찬하고 있다. 그러면서 구체적으로 세월호를 홍보함으로써 은근히 촛불정신을 기리려는 의도를 마음껏 드러내고 있다.

 노지민 기자가 진정한 언론인이라고 생각한다면, 그야말로 살아 있는 현 정권에 대해 비판적인 자세를 취해는 것이 올바른 비평태도다. 그런데 과거 정권의 세월호 보도 태도를 비판하고, 현 정권에 아부하기 위해서 특집프로를 편성하는 것을 한층 고무시키는 언론비평 태도는 북한의 언론인들이나 취할 수 있는 태도가 아닌가?

 "유경근 416가족협의회 집행위원장이 양승동 신임 KBS사장을 향해 "누가 사장이 되고 대통령이 되건 다시는 못 건드리는 KBS를 만들어 달라."고 말한 맥락도 여기에 있다."는 말을 빌려 노영방송을 계속 만들어 나갈 것을 권유하는 노 기자는, 이어서 KBS와 MBC에서 벌이고 있는 인민재판과 같은 숙청작업이 지속되기를 독려하는 북조선의 지시를 받고 있는 듯한 착각을 불러일으키기에 충분하였다. 노 기자가 미디어비평을 제대로 하기 위해서는 무엇보다도 민주언론인, 자유언론인으로서의 소양부터 갖추는 것이 필수적이라는 생각이 든다. 그러기 위해서는 먼저 현상을 넘어서서 이면적 진실을 파악하여 사실관계를 적확하게 파악할 언론인으로서의 기초적이고도 필수적인 능력을 갖추어야 할 것이다.

따라서 노지민 기자는 단지 MBC의 박상후 기자만 물고 늘어질 것이 아니라, 세월호 침몰 사건 당시 구조를 못하게 '전원 구조' 오보를 퍼뜨린 주역 김상곤 당시 경기교육감, 일본 후지TV에서 밝힌 내용인 "세월호 침몰시 단원고 정문에서 40대 여성이 '전원 구조되었다.'고 소리치고 사라졌다"는 사실, MBC 라디오 방송 '여성시대'의 양희은도 현장에서 전화를 걸어와 전원 구조 확인 방송을 한 경위, KBS·MBC·YTN 등의 언론노조 소속 기자들이 조직적으로 '전원 구조' 오보 방송을 한 경위까지 균형 있게 다루어야 자격 있는 언론비평가라 할 수 있음을 정중히 권고한다.

라. 침몰 중에 승객들에게 선실에서 대기하라고
안내 방송한 이유[48]

 2014년 4월 16일 오전 9시 40분, 침몰하는 배에서 도주하기 직전 세월호 선원의 마지막 목소리가 공개됐다. 배가 기울어져 침몰하고 있을 때 세월호와 교신을 유지한 곳은 진도 해상교통관제시스템(VTS)밖에 없는 것으로 알려져 있었다. 그러나 〈한겨레21〉이 참여한 '진실의 힘 세월호 기록팀'은 제주 운항관리실도 세월호와 교신을 유지했고, 1등 항해사 신정훈이 9시 40분 "승객이 450명이라서 경비정 한 척으로는 (구조가) 부족할 것 같다."고 말한 것을 처음 확인했다. 세월호가 외부와 나눈 마지막 교신이었다. 이 내용은 재판과 검찰 수사, 감사원 조사에서 단 한 번도 공개되지 않았다. 교신 직후인 9시 45분에 갑판부 선원 등 10명이 세월호 조타실에서 탈출했다. 당시 세월호 선내에서는 "현재 위치에서 안전하게 기다리시고, 더 이상 밖으로 나오지 마시기 바랍니다." 하는 안내 방송이 흘러나왔다.

> 제주 운항관리실: 세월호, 세월호, 해운제주 감도 있습니까?
> 세월호: 네, 세월호입니다.
> 제주 운항관리실: 혹시 경비정, P정 경비정 도착했나요?

---

48) 〈한겨레21〉이 참여한 '진실의 힘 세월호 기록팀'이 세월호 선원·해경·청해진해운 사건은 물론 세월호 인허가 사건·진도 VTS 사건 등 세월호 관련 수사 및 공판 기록-15만 장 가까운 재판기록과 국회 국정조사특위 기록 등 3테라바이트(TB)의 자료를 분석해서 편집한 "세월호, 그날의 기록"을 인용하였다.

세월호: 네, 경비정 한 척 도착했습니다.

제주 운항관리실; 네, 현재 진행상황 좀 말씀해 주세요.

세월호: 네, 뭐라고요?

제주 운항관리실:(다른 담당자 전화 바꿔 받음) 네, ○○님 현재 진행상황 좀 말씀해 주세요.

세월호: 네, 경비정 한 척 도착해서 지금 구조작업 하고 있습니다.

제주 운항관리실: 예, 지금 P정이 계류했습니까?

세월호: 네, 지금 경비정 옆에 와 있습니다. 그리고 지금 승객이 450명이라서 지금 경비정 이거 한 척으로는 부족할 것 같고, 추가적으로 구조를 하러 와야 될 것 같습니다.

제주 운항관리실: 네, 잘 알았습니다. 지금 선체는 기울지 않고 있죠?

세월호: (대답 없음)

마지막 교신을 통해, 세월호 선원들이 조타실에서 승객에 대한 퇴선 명령 없이 도주한 이유가 드러났다. 승객들에게 퇴선을 명령하면 선원들의 탈출순서는 뒤로 밀릴 수밖에 없는데, 사고 현장에 도착한 100톤급 경비정은 선원을 합쳐 '총인원 약 500명 정도'를 구하는 게 불가능해 보였다. 구명뗏목도 터뜨리지 못한 상황에서 조타실에 있는 갑판부 선원 등 10명 가운데 구명조끼를 입은 사람은 3명뿐이었다. "당시 상황으로 보았을 때 만약 승객들과 선원들이 한꺼번에 바다로 뛰어든다면 구명조끼를 착용하지 못한 선원들 가운데 사망자가 나올 가능성이 있었다." "매우 위험"했고 "죽는다고 보는 것이 맞을 것" 같았다(2014년 5월 8일 신정훈 6회 피의자신문조서). 승객들이 바다로 먼저 탈출해 자신들의 '구조' 기회가 사라지지 않도록, 세월호 선원들은 퇴선 명령 없이 소형경비정으로 도주한 것으로 보인다.

대법원은 세월호 선장에게만 살인죄를 인정했다. 다른 갑판부 선원들에게는 살인의 고의를 인정하지 않았다. 그러나 세월호 선장뿐 아니라 다른 선원들까지도 승객을 버리고 도주한 책임을 무겁게 물을 수 있는 진실의 한 조각이 새롭게 드러난 것이다.

마. 유병언 장학생 출신 해경 정보수사국장 이용욱의 행태[49]

우선 팬티만 입고 세월호를 탈출한 이준석 선장을 경찰 집에 머물게 한 것도 이용욱 국장 지시일 가능성이 크다고 할 것이다.

사고 직후부터 세월호 수사를 지휘해 온 해양경찰청 고위간부가 구원파였고, 과거 유병언 전 세모그룹 회장의 장학생이었던 것으로 드러났다. 해경의 정보수집과 수사업무를 총괄하는 이용욱 정보수사국장은 세월호 침몰 사건 역시 초기부터 지휘해 왔다. 가장 먼저 청해진해운 사무실을 압수 수색한 것도 해경 정보수사국이었다. 지난 16일 해양경찰청 광역수사대는 청해진해운 사무실을 12시간 넘게 압수수색을 했고, 이틀 뒤엔 청해진해운 운영을 총괄하는 김재범 기획관리부장을 불러 조사했다. 광역수사대가 확보한 수사 정보는 직속상관인 이용욱 국장에게 보고됐다.

지난 17일 이준석 세월호 선장이 조사를 마치고 목포해경 소속 해경의 아파트에서 머물렀던 것 역시 이 국장의 지시였다는 의혹이 있다. 이 결정은 해경 본청 지시로 이뤄졌는데, 해경 본청에서 수사를 총괄지휘한 사람이 바로 이 국장이었다. 당시 해경은 "기자들을 따돌리기 위해서였다."고 해명했다.

이 국장은 해경에 들어가기 전에는 구원파 신도로 7년간 세모그룹 조선사업부에서 근무했던 것으로 알려졌다. 이 국장은

---

49) 이 단락은 〈프리미엄조선〉에서 작성된 기사를 참조하였다

1997년 부산대학교에서 조선공학 박사학위를 받아 경정 특채로 해경에 들어갔는데, 당시 이 국장이 작성한 박사학위 논문에는 세모그룹 유 전 회장에게 "면학의 계기를 만들어줘 진심으로 감사드린다."는 대목이 있다. 경정 특채로 해경에 들어온 이 국장은 10년 만에 총경으로 승진해 요직인 해경 혁신단 단장을 맡았다. 혁신 성과를 인정받아 2007년 12월 '해양경찰의 날'에 대통령 표창도 받았고, 이후 4년 만인 2011년에 '경찰의 별'인 경무관으로 승진했다. 이듬해 7월부터 정보수사국장에 올라 해경의 정보와 수사를 총괄해 왔다. 그래서 직급은 경무관이지만 해경 내 실세로 알려져 있었다.

그는 대외적으로는 세모 근무경력을 숨겨온 것으로 알려졌고, "현재는 구원파가 아니고, 세모를 나온 이후엔 유 전 회장과 단 한 차례도 연락하고 지낸 적이 없다."고 말했다고 한다. 본인은 부인했지만, 박사학위 논문에 유병언을 언급한 감사인사 때문에, 그것이 사실이라면 유병언의 장학생이었다는 의혹을 받을 수밖에 없지 않겠는가?

바. 무리한 출항을 반대했던 교감의 자살(?)

 세월호 참사에 대한 책임을 떠안고 스스로 목숨을 끊은 고(故) 강민규 단원고등학교 교감, 그가 세월호 출항을 반대했던 정황이 담긴 휴대전화 메시지가 뒤늦게 발견돼 안타까움을 자아냈다. 2017년 5월 26일 세월호 선체조사위원회가 공개한 휴대전화 디지털 포렌식 보고서에 따르면, 복구된 휴대전화에서는 출항일인 2014년 4월 15일 오후 6시 42분 "안개로 못 갈 듯"이라는 카카오톡 메시지가 발송됐다. 이어 오후 7시 2분 메시지에는 "교감은 취소 원하고"라는 내용이 있었다.

 강 교감은 참사 발생 이틀 후인 2014년 4월 18일, 진도실내체육관 인근 야산에서 숨진 채 발견됐다. 그는 "200명의 생사를 알 수 없는데 혼자 살기에는 힘에 벅차다. 나에게 모든 책임을 지워 달라. 내가 수학여행을 추진했다."는 유서를 남겼다. 참사로 인한 자책감에 극단적 선택을 했지만, 휴대전화 메시지로 미뤄볼 때 정작 강 교감은 출항을 반대했던 것으로 보인다.

 강 교감은 단원고의 기간제교사 김초원·이지혜 씨와 마찬가지로 참사 이후 3년이 지나도록 순직 인정을 받지 못했다. 그러나 2017년 5월 15일 문재인 대통령은 김초원·이지혜 두 기간제 교사에 대한 순직을 인정하는 절차를 진행하라고 지시한 바 있다.유족은 강 교감의 사망이 순직에 해당한다며 안전행정부 산하 순직보상심사위원회에 순직유족급여를 청구했지만, 강 교감의 죽음이 자살이라는 이유로 거부당했다. 소송에서도 패소 확정판결을 받았다. 경기도교원단체총연합회는 "강 전 교감은 긴박한 상황에서 자신의 안위를 돌보지 않고 학생 안전을 위해 최선을 다했고, 해경 헬기가 도착한 뒤에야 인근 섬으로 후송됐다."며 "사실 그도 치료받아야 하는 상황이었지만 오히려 장시간에 걸친 조사와 '왜 살아 돌아왔느냐'는 비난 속에 방치돼 극단적인 선택이 강요됐다."고 성명을 냈었다. 강 전 교감의 유족 또한 언론 인터뷰에서 "사회적 타살을 당한 것"이라며 고인의 명예회복을 간청했다.

2017년 5월 26일 강 교감이 참사 당시 출항을 반대한 정황이 밝혀짐에 따라 향후 다시 순직이 인정될지 여부가 주목되나, 강 교감이 쉽사리 순직을 인정받기는 힘들 것 같다. 왜냐하면 문재인 정부가 자신들의 뜻에 고분고분 따르면 무엇이든 보상을 해주지만, 뭔가 자신들의 기분에 맞지 않는 듯한 구석이 있으면 보상은커녕 거들떠보지도 않는 내로남불 정권이기 때문이다. 필자의 판단으로, 강 교감은 그들이 기획 침몰을 하려고 했다면 이것을 그르칠 뻔한 사람이다. 휴대전화 메시지로 미뤄볼 때 정작 강 교감은 출항을 반대했으므로, 하마터면 그로 인해 기획 침몰을 획책했더라면 이것이 모두 수포로 돌아갔을 것이기 때문이다.

한편 강 교감이 죄책감에 자살을 했다고 하지만 그 유족의 주장처럼, 사회적 강요에 의한 타살이 아니라 실제 세월호의 고의 침몰에 대한 비밀을 조금이라도 알고 있었기에 자살을 위장한 타살의 여지도 의심해 보아야 할 것이다. 이것은 전 기무사령관 이재수 장군의 죽음도 세월호 고의 침몰에 대한 비밀을 알고 있었기 때문에 자살을 위장한 타살이 아니었을까 하는 의문과 마찬가지이다.

사. 사고지점 근처의 미 해군함정의 구조를 거부한 이유[50]

진도해상 여객선 참사 당시, 사고해역 인근에서 작전 중이던 미군 함정이 구명용 보트를 탑재한 구조헬기를 현장에 급파했으나 우리 해군의 승인을 얻지 못해 되돌아간 것으로 알려져 논란이 일었다.

2014년 4월 16일 미 국방성 보도매체인 〈성조지〉에 따르면, 세월호 침몰 당시 사고 해역에서 118마일 떨어진 서해상에서 작전 중이던 미군 상륙함 본험 리처드함이 여러 개의 구명보트를 실은 MH-60 헬기 2대를 파견했지만 구조작업에 투입되지 못한 채 돌아갔다. 익명을 요구한 우리 해군 관계자는 "미 해군이 지원 협조를 요청하기 전 사태 추이를 보기 위해 대기했다."고 말했다. 미국 해군이 이날 오전에 발표한 보고서(문서번호: NNS140416-02) 역시, 세월호 사고 소식을 전달 받은 미 해군이 인근 해역에서 작전 중이던 함정의 구조헬기를 즉각 파견했지만 한국 측이 '조치의 효율성'을 이유로 한국 측 현장 지휘자의 요청을 기다리며 초동구조에 참여하지 못하고 대기했다고 밝혔다. 국방부는 이와 관련해 17일 입장 자료를 내고 "당시 사고선박의 선체가 대부분 침몰한 상황에서 한국 공군 C-130 항공기를 비롯한 다수의 헬기들이 집중 운영되고 있어 한국 해군

---

50) 이 부분은 2014년 4월 17일 〈한겨레신문〉의 이세영 기자가 쓴 기사를 참조하여 작성한 것이다.

은 원활한 구조작전을 위해 출동한 미 헬기를 일단 귀환해 추가 요청에 대기하도록 요구했다."고 말했다.

세월호 참사가 발생하자 버락 오바마 당시 미국 대통령과 백악관대변인, 미 국무부대변인 등은 미국 함정 본험 리처드함의 이름까지 직접 거명하며 사고현장에 파견하겠다고 밝혔다. 하지만 한국정부의 진입 거부로 미국 전함의 구조헬기는 사고현장에 접근한 적도 없고, 미국 구조함도 인근 지역 수색만 전담하는 모양새를 냈을 뿐이다. 올해도 어김없이 진행된 여러 한미 합동 군사훈련에서는 전투뿐만 아니라 재난구조를 의미하는 인도적 작전을 중요한 임무의 하나로 규정하고 있다.

왜 3천여 명의 해병대 특수요원을 태운 미 전함을 사고 다음날에도 사고 인근해역 멀리서 떠내려 온 시체만 수색하게 한 것일까? 왜 그렇게 미군 전함을 세월호 사고해역 근체에도 오지 못하게 한 것일까? 이 또한 반드시 밝혀져야 할 세월호 참사 의혹의 하나이다.

아. 7시간의 진실: 정치적 마타도어의 온상[51]

세월호 7시간은 내부 첩자들을 통해서 박근혜 대통령의 생활습관을 미리 파악하고 철저하게 계획을 수립한 후 시행한, 정치적 마타도어(흑색선전)의 온상이었다. 아래에서는 이를 벗어나 비교적 진실에 가까운 중립적인 기사이기에 그 일부를 전재하기로 한다.

단서는 '김밥'이었다. 이영선 전 청와대 행정관은 2014년 4월 16일 최순실의 거주지였던 압구정동 근처의 김밥집에서 신용카드로 식사를 했다. 이 기록은 검찰이 당일 이 행정관이 최순실과 동행했으리라는 단서가 됐고 당일 그의 업무용 차량 동선을 추적하게 됐다. 그의 차량은 남산 1호 터널을 각각 오후 2시 4분과 5시 46분 통과했다. 남산 터널은 압구정동에서 청와대를 향하는 길목에 있다.

이에 따라 이영선 전 행정관과 정호성, 안봉근, 이재만 등 문고리 3인방 그리고 청와대 관저 근무 경호관을 조사했다. 이들은 검찰의 조사에서 "최순실이 그 날 청와대 관저에 왔다는 사실을 철저히 비밀로 했지만, 나중에라도 이 사실이 드러날까 전전긍긍했다."고 진술했다.

4월 16일은 수요일이었다. 당시 해외순방을 다녀온 박근혜 전 대통령은 컨디션 난조를 이유로 수요일에는 공식 일정을 잡지 않도록 했다. 관저에 머물던 박근혜 전 대통령에게 김장수 국가안보실장이 두 차례 전화를 걸었으나 받지 않자, 안봉근 비서관이 직접 관저로 향했다. 이 차량 역시 이영선 전 행정관이 운전했다. 침실 앞에서 박근혜 전 대통령을 여러 차례 불렀고, 이윽고 침실에서 나온 박근혜 대통령에게 국가안보실장이 급한 전화가 있다고 한다는 내용을 전

---

51) 이 글은 2018년 3월 29일 작성된 〈조선 pub〉의 유슬기 기자의 글을 바탕으로, 부제를 삭제하고 일부를 재구성한 것이다.

달했다. 이 시간이 10시 20분, 김장수 안보실장과 통화한 것이 10시 22분이었다. 그가 보고를 받은 시간은 이미 세월호의 생존자가 마지막 메시지를 보낸 10시 17분을 지나 선체가 108도로 기운 상태였다.

그동안 박근혜 정부의 청와대가 밝힌 "이것이 팩트입니다"는 박근혜 대통령이 사고를 인지한 것이 '10시'라고 말해왔다. 김장수 전 실장은 당시 국회 서면질의답변서에서 '비서실에서 실시간으로 박 전 대통령에게 보고했고, 박 전 대통령은 사고상황을 잘 알고 있었다'고 문서를 제출했다. 실제는 정호성 비서관이 보고된 내용을 취합해 오전과 오후에 각각 한 차례씩 박 전 대통령에게 서면 보고를 한 것으로 드러났다.

10시 30분에는 박 전 대통령이 해경청장에게 전화했다. 이 시간은 세월호가 완전히 침몰한 시간이기도 하다. 박 전 대통령은 2시경 다시 나왔다. 2시 15분 도착한 최순실과 이재만, 정호성, 안봉근 등 문고리 3인방과 회의를 한 뒤 중대본으로 방문을 결정했다. 이후 김관진 전 국가안보실장은 '국가안보실이 재난상황의 컨트롤타워'라고 규정된 국가위기관리기본지침을 '안행부가 컨트롤타워'라는 내용으로 고쳤다. 이후 65개 부처에 공문을 보내 지침을 삭제, 수정하도록 했다. 김장수 전 실장과 김 전 실장은 때문에 공문서 위조 혐의를 받는다.

결국 지난 4년 동안 말도 많고 탈도 많았던 대통령의 '세월호 당일 7시간'은 '관저에 있었다', '아무 것도 하지 않았다' 혹은 '최순실을 기다렸다'는 결론을 남겼다.

이에 대해 자유한국당 홍지만 당 대변인은 "세월호 7시간의 진실이 밝혀졌다. 권력의 정점에 있으면서도 광풍을 저지하지 못해 수모를 당하고 자리에서 끌려 나온 박 전 대통령이 인간적으로 불쌍하다, 세월호 7시간을 원망하며 촛불을 들었던 사람들은 모두 석고대죄해야 한다"는 논평을 냈다. 김성태 원내대표는 "이는 대변인의 입장이고, 우리 당의 최종 입장은 아니다"라고 말했다. 이후 이 논평은 홈페이지에서 삭제됐다. 장제원 수석 대변인은 "검찰의 세월호 7시간 조사 결과에 이루 말할 수 없는 안타까움을 느낀다"고 논평했다.

이처럼 세월호 7시간의 진실이 어느 정도 객관적으로 드러났

지만, 박근혜 대통령의 탄핵에 대한 입장 차이 때문에 그 논평이
달라지는 것이 자유한국당 소속 의원들의 현주소이다. 이러한
입장차를 보면서, 허위를 무기로 선전선동을 하거나 마타도어를
일삼는 세력이 사라져야 대한민국의 발전을 이룰 수 있으리라
는 염원을 갖게 되었다.

자. 유야무야 넘어간 탄핵 심판의 쟁점[52]: 세월호 침몰 후 7시간

[1] '4.16연대 논평': 세월호 7시간 제외시킨 것은 상식 밖

헌재의 탄핵인용은 당연한 결정이다. 온 국민의 마음속에서 이미 박근혜는 탄핵당하여 대통령의 자격을 잃었기 때문이다. 그런데 헌재가 박근혜의 세월호 참사 당일의 직무유기를 탄핵사유로 인용하지 않은 것은 상식 밖의 일로서 매우 유감스럽다.

헌재는 대통령이 당일 업무를 성실하게 수행했는지 여부가 탄핵심판의 근거가 될 수 없다고 보았다. 청와대가 당일 행적에 대한 기록과 정보를 공개하기를 거부하고, 특검 등이 당일 행적 수사를 마무리하지 못한 상태에서 헌재가 대통령이 관저에 머물렀다는 사실 확인만으로 탄핵근거로 삼기는 쉽지 않았을 수 있다. 하지만 이로써 모든 불법적 편법적 권력수단을 동원해서 진실을 가려온 박근혜의 권한남용이 특조위 조사도 특검수사도 헌재 탄핵심판도 모면하는 데 통했다는, 법치의 관점에서는 매우 치명적인 선례가 남겨지게 되었다. 세월호 특조위 조사가 방해받지 않았다면, 특검수사가 중단되지 않았다면 헌재의 판결에 다른 영향을 미칠 수도 있었을 터이다.

헌재의 판단이 세월호 참사 진실규명을 위한 조사와 수사를 회피하거나 위축시키는데 악용되어서는 안 된다. 헌재의 결정과정은 진실규명과 진실을 감추기 위한 온갖 불법행위에 대한 온당한 처벌과 심판의 중요성을 더욱 선명히 보여준다.

---

52) 세월호 참사 구조에 대한 대통령의 생명권 보호의무 위반과 직책 성실의무 위반은 탄핵사유로 인정되지 않았다. 따라서 여기에서는 이것을 이간계로 마타도어를 일삼아 온 소위 '4.16연대'의 논평을 전제하여, 그들의 주장이 얼마나 허구적인 미사여구만을 나열하는지와 헌재에서 그 '4.16연대'의 이론적 뒷받침을 하려고 낸 극단적인 김이수와 이진성의 소수의견을 살펴보고자 한다.

더불어 이번 헌재의 판단을 계기로 헌법상 대통령의 국민생명권 보호 의무, 안전하고 평화롭게 살 국민의 권리도 보다 실질적인 의무와 권리로 해석되고, 조문 상으로도 보완되어야 할 필요성이 확인되었다. 이제 우리는 국민생명권이 헌법상의 권리로도 구체화되도록 노력할 것이다.

이제 진짜 진상규명의 시작이다. 우리는 위헌세력의 진실은폐 장막을 걷어내서 세월호참사 이후는 반드시 달라져야 한다는 전 국민적 염원을 실현해 낼 것이다.

2017년 3월 10일
4월16일의약속국민연대

이들이 주장하는 진상규명을 위하여 우리 애국시민들도 직접 나서야 한다. 이것은 마찬가지로 '승자의 재앙'이 되어 드루킹 사건을 경찰에 고발한 추미애와 김어준처럼, '4.16연대'가 세월호가 고의 침몰되었다는 진실을 건져 올릴 것이다. 그들이 헌재의 판단이 세월호 참사 진실규명을 위한 조사와 수사를 회피하거나 위축시키는 데 악용되어서는 안 된다고 주장하고 있다. 이 주장은 세월호 침몰이 전교조와 북한의 사주에 의한 고의 침몰임을 잘 알면서도 '박근혜 전 대통령의 탄핵에 만족하지 말고 나머지 우파들까지 척결하는 도구로 끊임없이 이용하자'고 그들만의 약속된 언어로 촉구하고 있는 것이다.

[2] 세월호 참사 관련 소추 사유에 관한 보충의견
(재판관 김이수, 재판관 이진성)[53]

피청구인의 생명권 보호의무 위반을 인정하지 못하는 것은 다수의
견과 같다. 우리는 피청구인이 헌법상 대통령의 성실한 직책수행의
무 및 국가공무원법상 성실의무를 위반하였으나, 이 사유만으로는
파면 사유를 구성하기 어렵다고 판단한다.

1. 성실한 직책수행의무 위반이 탄핵 사유가 되는지

○ 헌법이나 법률에 따라 대통령에게 성실한 직책수행의무가 구체
적으로 부여되는 경우, 그 의무 위반은 사법심사의 대상이 될 수 있
으므로 탄핵 사유를 구성한다. 대통령도 헌법 제69조의 성실한 직
책수행의무와 국가공무원법 제56조의 성실 의무에 위반한 경우에
는 헌법과 법률이 정하는 책임을 물어야 한다.

○ 국가주권 또는 국가의 핵심요소나 가치, 다수 국민의 생명과 안
전 등에 중대한 위해가 가해질 가능성이 있거나 가해지고 있는 '국
가위기' 상황이 발생한 경우, 대통령은 시의적절한 조치를 취하여
국가와 국민을 보호할 구체적인 작위의무를 부담한다. 이처럼 대통
령에게 구체적인 작위의무가 부여된 경우 성실한 직책수행의무는

---

53) 김이수는 박근혜 대통령의 탄핵심판 과정에 배후조종자의 지령을 받아
매의 눈으로 동요하는 헌법재판관들을 감독하는 역할을 했다. 이진성은 세
월호 사고 발생 후 7시간 동안 박근혜 대통령이 무엇을 했는지 10분 단위로
소상하게 밝히라고 석명하는 상식 밖의 요구를 하면서 충성심을 드러냈다.
그 결과 김이수가 헌법재판소장 지명 청문회에서 낙마하자, 이진성이 배후
조종자를 향한 열렬한 충성의 표시 덕분에 그에게 '말도 안 되는 일을 시켜도
잘 처리할 것'이라는 인상을 강하게 심어주어 어부지리로 헌법재판소장이 되
었다.

법적 의무이고, 그 불이행은 사법심사의 대상이 된다.

○ 대통령의 성실한 직책수행의무 위반에 대해 탄핵 사유가 되는 법적 책임을 인정하기 위해서는, 첫째, '국가위기' 상황이 발생하여야 하고(작위의무 발생), 둘째, 대통령이 국가의 존립과 국민의 생명, 안전을 보호 하는 직무를 성실히 수행하지 않았어야 한다(불성실한 직무수행).

2. 피청구인이 성실한 직책수행의무를 위반하였는지

가. 작위의무의 발생

○ 476명이 탑승한 세월호는 좌현으로 전도된 후 빠른 속도로 기울다가 전복되었다. 이는 다수 국민의 생명과 안전에 중대한 위험이 가해지거나 가해질 가능성이 있는 국가위기 상황에 해당함이 명백하므로, 피청구인은 시의적절한 조치를 취하여 국민의 생명, 신체를 보호할 구체적인 작위의무를 부담하게 되었다.

나. 불성실한 직무수행의 존재

(1) 위기상황의 인식

○ 해양수산부는 09:40경 위기경보 '심각' 단계를 발령하였는데, 해양사고(선박) 위기관리 실무매뉴얼은 최상위 단계인 '심각' 단계의 위기경보 발령 시에는 대통령실(위기관리센터)과 사전 협의하도록 하고 있다. 따라서 국가안보실은 09:40 이전 상황의 심각성을 알았고, 피청구인이 집무실에 출근하여 정상 근무를 하였다면 09:40경에는 상황의 심각성을 알 수 있었다고 봄이 타당하다.

○ 피청구인이 10:00경 보고받은 내용을 보면 피청구인은 늦어도 10:00경에는 매우 심각하고 급박한 상황이라는 점을 인지할 수 있었다고 봄이 상당하다.

○ 피청구인은 언론사의 오보 때문에 상황을 정확하게 파악하기 어려웠다고 주장한다. 하지만 피청구인이 오보들을 보고받았다고 볼 자료가 없고, 청와대는 해당 보도가 해경에서 확인하지 않은 보도라는 사실을 알고 있었다. 따라서 위 오보는 피청구인이 10:00경 심각성을 인식하였으리라는 판단에 방해를 주지 아니한다.

○ 피청구인은 당일 13:07경 및 13:13경 '190명이 추가 구조되어 총 370명이 구조되었다'는 내용의 보고를 받아 상황이 종료된 것으로 판단하였다고 주장한다. 피청구인이 위 보고를 받았다 하더라도, 104명의 승객이 아직 구조되지 못한 상황이라는 것을 알 수 있었으므로 상황이 종료되었다고 판단하였다는 주장을 받아들일 수 없고, 상황의 심각성을 인식한 시점을 오후로 늦출 수 없다.

○ 따라서 피청구인은 늦어도 10:00경에는 세월호 사건의 심각성을 인지하였거나, 조금만 노력을 기울였다면 인지할 수 있었을 것으로 판단된다. 15:00에야 상황의 심각성을 인지하였다는 피청구인의 주장은 받아들일 수 없다.

(2) 피청구인의 대처

○ 국가위기 상황의 경우, 대통령은 즉각적인 의사소통과 신속한 업무수행을 위하여 청와대 상황실에 위치하여야 한다. 그럼에도 피청구인은 사고의 심각성 인식 시점부터 약 7시간이 경과할 때까지 별다른 이유 없이 집무실에 출근하지 않고 관저에 있으면서 전화로 원론적인 지시를 하였다.

○ 피청구인은 10:15경 및 10:22경 국가안보실장에게, 10:30경 해경청장에게 전화하여 구조에 최선을 다하라는 취지의 지시를 하였다고 주장하나, 통화기록을 제출하지 않았으므로 위와 같은 통화가 실제로 있었다고 보기 어렵다. 당시 해경청장은 09:53경 이미

특공대 투입을 지시하였다고 하는데, 피청구인이 실제로 해경청장과 통화를 하였다면 같은 내용을 다시 지시할 수 없을 것이므로, 해경청장에 대한 특공대 투입 등 지시를 인정할 수 없다.

○ 피청구인 주장의 최초 지시 내용은 매우 당연하고 원론적인 내용으로서, 사고 상황을 파악하고 그에 맞게 대응하려는 관심이나 노력을 기울이지 않았기에 구체성이 없는 지시를 한 것이다. 결국, 피청구인은 위기에 처한 수많은 국민의 생명과 안전을 보호하기 위한 심도 있는 대응을 하지 않았다.

○ 국가위기 상황에서 대통령이 상황을 지휘하는 것은 실질적인 효과뿐만 아니라 상징적인 효과도 갖는다. 실질적으로는, 경찰력, 행정력, 군사력 등 국가의 모든 역량을 집중적으로 발휘할 수 있어 구조 및 수습이 빠르고 효율적으로 진척될 수 있다. 상징적으로는, 국정의 최고책임자가 재난 상황의 해결을 최우선 과제로 여기고 있다는 점을 보여줌으로써 구조 작업자들에게 강한 동기부여를 할 수 있고, 피해자나 그 가족들에게 구조에 대한 희망을 갖게 하며, 결과가 좋지 않더라도 최소한의 위로를 받고 재난을 딛고 일어설 힘을 갖게 한다.

○ 진정한 국가 지도자는 국가위기의 순간에 신속하게 상황을 파악하고 대처함으로써 피해를 최소화하고 피해자 및 그 가족들과 아픔을 함께하며, 국민에게 어둠이 걷힐 수 있다는 희망을 주어야 한다. 국정 최고책임자의 지도력을 가장 필요로 하는 순간은 일상적인 상황이 아니라, 국가위기가 발생하여 그 상황이 예측할 수 없는 방향으로 흘러가고, 이를 통제, 관리해야 할 국가 구조가 제대로 작동하지 않을 때이다. 세월호 참사가 있었던 2014. 4. 16.이 바로 이러한 경우에 해당하는 것이었다.

○ 그러나 피청구인은 그날 저녁까지 별다른 이유 없이 집무실에 출근하지도 않고 관저에 머물렀다. 그 결과 유례를 찾기 어려운 대형 재난이 발생하였는데도 그 심각성을 아주 뒤늦게 알았고 이를 안 뒤에도 무성의한 태도로 일관하였다.

○ 국민의 생명과 안전에 급박한 위험이 초래된 국가위기 상황이 발생하였음에도, 그에 대한 피청구인의 대응은 지나치게 불성실하였다. 그렇다면 피청구인은 헌법 제69조 및 국가공무원법 제56조에 따라 대통령에게 구체적으로 부여된 성실한 직책수행의무를 위반한 경우에 해당한다.

3. 결론

○ 대통령이 국민으로부터 부여받은 민주적 정당성과 헌정질서의 막중함을 고려하면, 대통령의 성실의무 위반을 파면 사유로 삼기 위하여는 당해 상황에 적용되는 행위의무를 규정한 구체적 법률을 위반하였거나 직무를 의식적으로 방임, 포기한 경우와 같은 중대한 성실의무 위반이 있어야 된다고 봄이 상당하다.

○ 피청구인은 국가공무원법 상의 성실의무를 위반하였으나 당해 상황에 적용되는 행위의무를 규정한 구체적 법률을 위반하였음을 인정할 자료가 없고, 위에서 살핀 것처럼 성실의무를 현저하게 위반하였지만 직무를 의식적으로 방임하거나 포기한 경우에 해당한다고 보기는 어렵다.

○ 그렇다면 피청구인은 헌법상 대통령의 성실한 직책수행의무 및 국가공무원법상 성실의무를 위반하였으나, 이 사유만 가지고는 국민이 부여한 민주적 정당성을 임기 중 박탈할 정도로 국민의 신임을 상실하였다고 보기는 어려워 파면 사유에 해당한다고 볼 수 없다.

○ 국가 최고지도자가 국가위기 상황에서 직무를 불성실하게 수행하여도 무방하다는 그릇된 인식이 우리의 유산으로 남겨져 수많은 국민의 생명이 상실되고 안전이 위협받아 이 나라의 앞날과 국민의 가슴이 무너져 내리는 불행한 일이 반복되어서는 안 되므로 피청구인의 성실한 직책수행의무 위반을 지적하는 것이다.

차. 형사재판에서는 사라져 버린 세월호 사건 직후 7시간

세월호 사고가 발생한 후 7시간의 행적이 바로 박근혜 대통령을 탄핵시키는 데 있어서 핵심적인 동력을 형성해 온, 그야말로 '태풍의 눈'과 같은 역할을 하였다. 그 7시간의 행적을 밝히라고 요구하면서 온갖 유언비어를 유포하여 전 국민들로부터 박근혜 대통령을 멀어지게 만든 것이었다. 입에 담기조차 민망한 여러 가지 사유로 독신인 여성 대통령에 대한 남성 유권자들의 관음증을 자극시키기 위해 노력했다. 그 중에 대표적인 사례가 표창원이라는 자가 현역 국회의원의 신분으로 '더러운 잠'이라는 춘화 같은 서양화가의 작품에 박 대통령의 얼굴을 덧붙여 국회 의원회관에 전시한 일이다. 또한 설훈이라는 자도 현역 국회의원이라는 신분을 한껏 활용하여 공중파에서 재주를 피우며 마치 박근혜 대통령의 은밀한 사생활을 알고 있는 듯 표현, 국민들을 우롱하며 선동했다. 이에 맞장구를 치며 주모 씨라는 사이비기자는 일본에까지 가서, 마치 박 대통령의 섹스 비디오가 있는 것처럼 거짓 선동방송을 통해 국민들과 박 대통령의 사이를 이간질하였다. 이렇게 저급하고 악질적인 인간들이 수단과 방법을 가리지 않고 모함을 하려는 거짓말의 원천이 바로 '세월호 7시간'이었던 것이다. 이것은 원래 존재하지도 않는 사실을 허위로 만들어서 국민 지지도를 떨어뜨리려고 기획되었기 때문에, 실제로 재판의 대상이 될 수 없는 성질의 것이다. 따라서 이 사실은 잔뜩 바람을 잡는 데만 이용되고 실제 헌법재판소의 탄핵심판에서는 혐의를 인정할 수 없는 가공의 사실일 뿐이었다. 결국 박근혜 전 대통령의 형사재판에서 슬그머니 사라지는 것은 너무나 당연한 일이다.

카. 해경의 구조 활동은 이상이 없었는가?[54]

해경은 애초 구조·구난 능력이 부실한 조직이었다. 그 적나라한 실상이 이번 세월호 참사로 드러났다. 세월호가 침몰한 4월 16일 오전 8시 52분, 해경 소속 중형함정은 모두 중국어선의 불법조업 특별단속에 동원됐다. 세월호 항로가 포함된 구역엔 정원 13명의 소형 연안경비정 123정만 있었다. 내해구역에 200톤급 이상 중형 함정을 하루 1척씩 배치해야 하는 해경 경비규칙은 소용이 없었다. 500명 가까운 탑승객의 생사를 가른 사고 당일 오전 9시 16분부터 2시간 가량의 '골든타임'을 해경 소형 함정이 현장 지휘를 맡은 셈이다. 123정의 실질적인 구조인력은 9명. 위성통신 장비가 없어 영상송신조차 불가능했다. 사고 해역에 도착한 오전 9시 30분에는 즉각 선실 진입을 시도하거나 구조본부에 현황을 제대로 알리지 않았다. 배가 62도 이상 전복된 오전 9시 49분에야 대원 1명이 조타실 진입을 시도했다. 하지만 이미 배가 심하게 기울었다며 진입을 포기했다. 그뿐이었다. 그 사이 목숨을 걸고 승객 구조에 나선 건 먼저 갑판으로 빠져 나온 다른 승객들이었다. 해경 구조대원들은 배 밖으로 나온 사람만 데려갔다. 승객들은 스스로 소방호스를 끌어가며 목숨을 건 배 안의 구조 활동을 벌여야 했다.

선장과 선원들이 선내 탑승객을 배에서 탈출시키기 위한 노력을 하지 않은 점은 미스터리다. 구조한 선원 가운데 2등 항해사가 선내 승무원과 연락할 수 있는 무전기를 갖고 있었지만 활용하지 않았다. 해경 본청과 서해해경, 목포해경 등 구조본부도 선내 탑승객들에게 "배를 탈출하라"는 퇴선 지시를 끝내 전달하지 않았다. 세월호 좌현이 완전 침수된 오전 9시 53분 이후에도 오히려 "여객선 자체 부력이 있으니 차분하게 구조할 것"이라는 지시가 내려갈 정도였다.

---

54) 이 글은 〈중앙일보〉가 작성한 "그 배 세월호, 100일의 기록" 중에서 '무능한 해경, 교신-출동-구조 모두 '엉망'이란 부분을 참조, 필자의 견해를 덧붙여 서술한 것이다. 약 5년 간 해양경찰청의 고문변호사를 역임한 필자의 입장에서 이 글이 비교적 중립적이고 객관적인 비판이라 판단되어 중간목차를 없애고 전재하였다.

해경은 태만한 근무로 대형 참사에 즉각 대응하지 못했다. 세월호 침몰 해역을 관할하는 해경 진도VTS(해상교통관제센터)는 2인 1조 야간근무 규정을 어기고 1인 근무를 섰다. 사고 당시 4월 16일 오전 8시 50분경, 관할 해역에는 여객선과 위험화물 운반선 등 특별 관제대상이 세월호를 포함해 18척뿐이었다. 이곳 관제모니터에 나타난 세월호는 침몰이 시작돼 이상한 궤적을 그리고 있었지만 모니터를 제대로 보는 사람은 없었다. 피 말리는 시간이 그렇게 허비됐다. 진도VTS는 16분 뒤인 오전 9시 6분 목포해경의 연락을 받고서야 세월호에 이상이 생겼다는 사실을 알게 됐다. 당국의 '관할 따지기'는 이번 사고에서도 예외가 아니었다. 제주해경은 사고 신고를 접수하고도 '관할'이 아니라는 이유로 뒤늦게 출동 명령을 내렸다. 오전 8시 58분 제주VTS의 사고 신고를 받은 제주해경은 오전 9시 10분쯤에야 함정 등에 출동 지시를 내렸다. 세월호에 탑승한 단원고 학생의 119 신고를 받은 전남소방본부도 '해상사고는 해경 소관'이라는 이유로 21분 뒤에야 소방헬기 출동 지시를 내렸다. 그나마 전남소방본부장이 전남도 행정부지사를 헬기에 태워 이동하는 바람에 정작 소방헬기는 오전 10시 37분에야 사고 현장에 도착했다.

사고 해역으로 출동하는 과정도 엉망이었다. 세월호 사고 같은 데서 긴급 구조를 벌일 수 있는 장비와 전문인력을 갖춘 특수요원들은 죄다 뒤늦게 사고 해역에 도착했다. 배가 완전히 침몰한 뒤 현장에 왔고, 그나마 수백 명이 갇혀 있는 배 안으로 들어가려는 시도조차 못했다.

목포해경 122구조대는 100m 떨어진 해경전용부두에 정박 중인 상황대기함인 513함을 타지 않고 팽목항까지 버스로 이동했다. 어선으로 갈아탄 뒤 오후 12시 19분 사고 해역에 도착했다. 513함을 이용했다면 1시간은 더 일찍 도착할 수 있었다는 게 감사원 지적이다. 서해해경청 특공대도 마찬가지다. 출동 명령을 받고 무작정 목포항으로 갔다. 오전 9시 35분 도착했지만 이용 가능한 선박이 없었다. 전남경찰청에 협조를 구해 오전 10시 25분 경찰 헬기를 타고 오전 11시 28분 사고해역에 도착했다. 헬기를 처음부터 이용했다면 40분은 일찍 도착할 수 있었다.

이동수단이 없어 도착이 늦은 경우도 있었다. 부산시 다대포동에 있는 해경 특수구조단(SRU)은 사고 이후 오전 9시 30분 출동 명령을 받았다. 구조대원 9

명은 차를 타고 김해공항에 간 뒤 비행기를 타고 다시 목포공항에 도착해 헬기로 갈아탔다. 현장 도착 시간은 오후 1시 40분. 잠수를 시도했지만 세월호가 깊이 침몰한 데다 물살이 거세 배 안으로 들어갈 엄두도 못 내고 철수했다. 가족들은 발을 동동 굴렀지만 그날 밤 단 한 명의 특수요원도 학생들이 갇혀 있는 세월호 안으로 들어가지 못했다. 해경이 보유한 17대 헬기 중 SRU 전용은 없다. 해상안전에 예산을 잘 배정하지 않아서 생긴 일이다. 지난해 해경 예산 1조572억 원 중 안전·구조와 관련된 '해양안전 확대' 예산은 167억 원(1.6%)뿐이다. 경비함정 도입 같은 '해양경비 역량강화'에는 그 13배가 넘는 2267억 원을 썼다. 2014년 해경 업무보고에도 조직 역량강화 방안의 대부분이 경비·수사 인력 확충에 몰려 있다. 해경 전체 인력 중 해양경비에는 3700여 명(42.6%)이 배치돼 있지만 구조·수색 등 잠수인력은 482명(5.6%)이다. 해경 조직의 절반이 기획·수사, 행정 지원, 파출소 근무 등을 맡고 있다.

해경은 취약한 해양 구조·구난 부분을 민간업체로 채우려 했다. 미국의 해안경비국 등 선진국의 시스템이 그렇다는 이유에서였다. 해경은 지난 몇 년간 해양 구조를 전문으로 하는 민간단체 설립에 공을 들였고 국회는 지난해 관련법을 통과시켰다. 하지만 협회는 출범 1년 새 해경의 '밥그릇 챙기기' 대상으로 전락했다는 지적이 나왔다. 유관기관인 한국선급과 한국해운조합도 마찬가지였다. 〈중앙일보〉가 입수한 '해경 퇴직자 재취업 현황' 자료에 따르면 2011년 6월부터 2년간 퇴직한 해경 48명 가운데 8명이 이들 3개 기관에 재취업했다. 대부분 간부 직원이었다. 한국해양구조협회가 6명으로 가장 많았다. 이런 과정에서 해경이 민간구조단체인 '언딘 마린 인더스트리'(이하 언딘)와 유착돼 있다는 의혹도 제기됐다. 해경 측에서 사고 직후 청해진해운에 전화를 걸어 '언딘'과 구조 계약을 체결하라는 전화를 했다는 의혹도 폭로됐다.

해경은 사고 이후 이준석 선장과 선원들에 대한 수사에서도 문제점을 드러냈다. 목포해경은 사고 다음날인 4월 17일 세월호 선장 이준석 씨를 수사관 집으로 데려가 재웠다. 이 씨와 함께 탈출했던 선원들도 목포해경 인근 모텔에 방 5개를 잡고 수일간 함께 묵었다. 수사 대상자들에게 말을 맞출 기회를 주면 안 된다는 수사의 기본조차 지키지 않았다는 비판이 나왔다. 또, 사고 초기 이틀간 수사를 지휘한 해경의 이용욱 정보수사국장은 과거에 기독교복음침례회(세칭 구원파) 신도이자 세모그룹 직원이었던 사실이 뒤늦게 드러났다. 이 국장은

"과거에 신도였던 것은 맞지만 지금은 아니다."고 해명했지만 박사학위 논문 등을 통해 청해진해운의 실질적 소유주인 유병언 전 세모그룹 회장으로부터 지원받았다는 의혹이 제기되며 대기 발령을 받았다.

제5장

좌파단체들의
조직적인 세월호 사건 개입

5. 좌파단체들의
조직적인 세월호 사건 개입

가. 5.18사태에서부터 세월호까지

세월호 침몰 사건은 요즘 한창 유공자명단 공개 요구로 뜨겁게 달구어진 5.18사건의 북한군 개입 문제와 맥락을 같이하는 사건이다. 이 문제의 진실이 드러나면 한국사는 다시 써져야 할 것이다.

좌파들은 북한 통전부의 지령을 받아 남한 내의 무수한 테러에 앞장을 서왔다. 노골적인 테러는 5.18 광주사태, 1983년 10월 9일 버마의 수도 양곤에 있는 아웅산국립묘지에서 벌어진 아웅산묘소 폭탄 테러, 1988년 서울올림픽을 앞두고 1987년 11월 29일 김승일과 김현희를 시켜 대한항공 858기를 폭탄 테러한 것으로 막을 내렸지만, 87대항쟁 이후 김대중의 집권으로 달라진 정치 환경에 자신감을 얻은 종북 주사파, 이른바 민족해방그룹(NL)들은 2001년 9월 22~23일 충북 괴산군 보람원수련원에서 '민족민주전선일꾼전진대회'를 열었다. 그 행사에서 일명 '군자산의 약속'이라는 결의문이 채택되었는데, 그것은 바로 김정일을 통일정부 수령으로 만들겠다는 약속이었다.[55] 이에 대해 좀 더 자세히 살펴보기 위해, 아래에 원문 전체를 인용하였다.

전교조, 전국연합, 민중연대, 통일연대 관계자들은 2001년 9월 22일~23일 충북 괴산 보람원수련원에서 민족민주전선 일꾼대회를 가지고 결의한 '군자산의 약속'은 '연방제 결의'였다.
좌익들의 군자산 약속 내용을 보면 "식민지 지배질서가 온존하고 있는 우리 사회에서 전 민중의 전면적인 항쟁은 미국의 식민지배와 분단장벽을 허물고 자주와 민주, 통일의 새 세상을 안아올 수 있는 지름길이다." "통일연대를 더욱 확대 강화하여 민족민주전선의 폭을 비약적 확장해야 한다." "민족통일기구는 자주적 민주정부가 수립되기 이전까지 제한된 범위 안에서 조국통일과업을 수행하게 될 것이며, 자주적 민주정부가 수립되면 그 정부는 정치권·외교권·군사권을 통합하여 마침내 연방통일정부를 수립하는 과업을 완수하게 될 것이다." "민족민주전선은 자주적 민주정부를 수립하는 부동의 전략목표를 실현하기 위하여 투쟁하여야 한다." "자주적 민주정부를 수립하려면 남이 미국의 제국주의적 지배·수탈구조에서 벗어나야 한다. 남이 미국의 제국주의적 지배·수탈구조에서 벗어나는 지름길은 민중생존권 투쟁에 집중되어 있는 대중투쟁의 동력을 반미자주화운동으로 승화·발전시키는 것이다." "민족민주전선의 반미자주화운동은 미국의 군사적 지배뿐 아니라 미국에 대한 사상적 예속, 미국의 정치적 지배, 경제적 수탈, 문화적 침탈을 반대·배격하여 친미예속체제 전반을 완전히 청산하는 총체적인 대중투쟁으로 전개되어야 한다." "주한미군이 철수된다고 해도 미국에 대한 사상적 예속, 미국의 정치적 지배, 경제적 수탈, 문화적 침탈은 철군과 함께 저절로 청산되지 않을 것이다. 그러므로 민족민주전선의 반미자주화운동은 정치·경제적 분야에서의 투쟁, 사상·문화적 분야에서의 투쟁으로 다

---

55) 이 글은 이계성(올바른교육 행동시민연대 공동대표)가 2008년 9월 1일 [18:12]에 입력한 글을 참조하여 전재하였다. 이계성은 전직 고등학교 교장 출신의 교육자이다. 현재 주말에 태극기집회의 연사로 활동하고 있으며, 대수천(대한민국수호천주교인모임) 공동대표로 문재인 퇴진 운동에 적극적으로 나서고 있는 투사이다.

양하게 전개되어야 한다. 반미노동조합운동, 반미농민회운동을 중심으로 하여 반미청년학생운동, 반미여성운동, 반미문예운동이 생겨나면서 반미자주화운동의 거센 기운이 남 전역에 넘쳐나야 한다." 등을 결의했다.

군자산의 약속에서 6·15공동선언 이후를 '조국통일의 대사변'으로 규정하고, 향후 10년을 전후해 자주적 민주정부가 수립됨으로써 연방통일조국을 완성할 수 있는 승리의 길이 열린 것이라고 했다. 그들이 주장한 10년이 바로 2012년 김일성 탄생 100주년에 김정일 연방제 통일 대통령을 만들겠다는 해이다.

그들은 연방통일조국 건설이 남한 내 반미투쟁과 북한의 사회주의혁명이 승리의 기선을 잡은 양상으로 전개될 것이라며 북한 주도 통일을 결의했다. 당시 회합에서 오종렬은 "외세와 사대매국 세력의 가혹한 착취와 극악한 파쇼통치 속에서 민족의 존엄과 정기는 무참히 파괴되고 민중의 삶은 철저히 유린당하였다."며 "자주적 민주정부를 수립하고 연방통일조국을 실현하는 힘은 우리 위대한 민중들에게 있다."고 주장했다.

좌익들은 군자산 약속을 통해 대한민국과 우리 헌법을 부정하고 북한의 사회주의 혁명을 위해 변란의 기회를 노리고 있다. 군자산 약속을 한 좌익들은 효순이·미선이 사건을 계기로 촛불시위로 국민감정에 불을 당겨 노무현을 당선시켰다. 노무현 정권이 무너지고 이명박 정부가 집권하자 위기의식을 느낀 좌익들은 광우병 촛불로 국민을 선동한 것이다.

7년 동안 준비해 온 촛불로 이명박 정부를 무너뜨리려 했지만 광우병 촛불이 거짓말로 탄로가 나자, 조계사에 은신하여 스님들을 충동질해서 다시 촛불에 불을 당기려 하고 있다. 경제가 어려워질수록 난동은 격화될 것이며 먹고살기 어려워지는 것이 좌익들에게는 선동의 호재다. 개헌 정국에 영토조항 삭제, 통일조항 개정 등 민노당과 민주당 좌익들과 연합전선을 펴서 좌파적 이슈를 들고 나와 혼란을 야기할 것이다.

이들은 2008년 8월 14일 경희대에서 열린 '주한미군 철수' '국가보안법 철폐' '연방제 통일'을 외치는 반미운동권 집회인 통일연대·민중연대·민주노동당 주최로 열린 '자주평화통일을 위한 결의의 밤' 행사에서 "억 년이 가도 못 잊을 원수 미제 꼴통놈들 다 때려잡아야 한다."고 다시 결의를 했다. 대회 전에는 "그들은 우리 민족을 참혹히 학살했다" "천 년이 가고 억 년이 가도 잊을 수 없는 미제" "민족의 단합된 힘으로 미제의 핵전쟁 책동을 짓부수자" 등의 캡션이 새겨진 영상물이 상영됐다. 대회 중간 중간에도 "이제 남은 것은 주한미군 철수뿐이다" 등의 멘트가 담긴 영상물이 삽입됐다

군자산 약속은 좌익들이 한자리에 모여서, 대한민국 정체성을 부정하고 북한의 연방제 통일을 이루기 위한 좌익들이 힘을 한군데로 결집한 공산당대회였다. 대회 중에 발표된 중요 내용을 보면 대한민국을 북한 지배의 통일을 약속했다.

전교조 위원장을 거쳐 민주노총 위원장인 이수호는 "분단 60년 양민학살과 권력찬탈, 민주주의 말살의 주범인 미국을 향해 우리 민족의 자랑스런 6*15공동선언을 높이 들고 가야 한다."며 "전쟁과 예속과 범죄의 근원인 주한미군을 몰아내고 노동자·민중이 주인 되는 통일된 세상을 열어 나가자."고 주장했다.

전교조는 '군자산 약속' 후에 민노당에 가입했고, 전국연합의 충실한 신하가 되기로 약속했다. 그 후 전교조는 현실에 눈 가린 채 교육도-국가도-태극기도-애국가도-군대도 팽개치고, 한반도기 들고 교주에게 맹신하듯 경희대 행사 등을 주도했다. 촛불난동 주동자들은 좌익 혁명세력이다. 광우병대책회의를 주도하는 오종렬·한상렬·정광훈·강기갑·천영세 등은 모두 전국연합·민중연대·통일연대 출신이다. 이들 단체는 국가보안법 철폐-주한미군 철수-연방제 통일을 주창해 왔고, 민노당·민노총·전교조 등도 같은 노선을 걷고 있다.

오종렬 등은 대선 직전인 지난해 11월 서울 보신각 노상과 청계천 등지에서 소속단체 회원들과 함께 'BBK사건', '차떼기' 등 당시 이명박·이회창 후보와 관련된 '부패정치청산 촛불문화제'집회를 신고 없이 개최했다. 또 그동안 다수의 친북반미집회를 주도해 온 인물로 '진짜 빨갱이'로 통하는 인물이다. 그가 주도한 전국연합은 남북연방제를 주장하며 국내 '친북종김'(親北從金) 운동의 '메카' 역할을 해왔다. 북한의 대남선전기구인 '반제민전'은 2001년 '전국연합(대표 오종렬)', '민중연대(대표 정광훈)', '통일연대(대표 한상렬)', '민주노동당'은 향후 실질적 '민족민주전선' 건설 사업을 담당하는 주체"라고 밝혔다. 이들은 2001년 매향리 미군 국제폭격장 폐쇄 범국민대책위, 2002년 효순·미선 사건 범국민대책위, 2004년 탄핵무효/부패청산을 위한 범국민행동, 2005년 빈곤을 확대하는 APEC반대·부시반대 국민행동, 농업의 근본적 회생과 전용철 농민 살해규탄범국대책위, 평택미군기지 확장저지 범국민대책위 등을 구성하여 불법 폭력집회를 열었다.

오 씨가 공동대표로 활동 중인 '한국진보연대'(전국연합 후신)는 이적단체인 범민련 남측본부를 비롯, 천주교정의구현전국연합·평화재향군인회·민가협양심수후원회·615공동선언실천청년학생연대 등 친북성향 단체들이 대거 포진해 있는 조직으로, 그동안 주한미군 철수·국보법 철폐·김현희 KAL기사건 진상

투쟁, 연방제 통일 등에 주력해 왔다. 또 범민련과 한총련 등에 대한 이적단체 규정 철회 및 자유로운 활동보장, 6.15공동선언 이행과 자주적 평화통일, 민족 자주·신자유주의 세계화 반대·민중생존권 쟁취·민중 주체의 민주주의·국제 진보적 평화세력과의 연대·국정원·보안수사대·기무사 등 공안기관 철폐 등을 기본 투쟁 강령 및 규약으로 하고 있다. 단체의 주요 활동가로는 구속 기소된 오씨를 포함, 한상렬 통일연대 상임대표·조준호 민노총 위원장·문경식 전농 의장·김흥연 전빈련 의장·문성현 민노당 전 대표·정광훈 민중연대 상임의장 등 NL(민족해방) 계열 인사들로 채워져 있다.

군자산의 약속이 10년을 맞는 2012년은 좌익들이 김정일을 통일 수령 만들기로 한 해이다. 현재 좌익세력은 30만 회원과 60억 예산, 그리고 500명 상근자를 가진 '민노총', 7.5만 회원·220억 예산·130명 상근자를 가진 '전교조', 7만 진성당원을 가진 '민노당', 수천 명의 좌익혁명가들이 통일연방제 만들기 위해 필사적 싸움에 나서고 있다.

여기에 민노당·민주당 등 좌파 정치세력도 편승하고 있다. 앞으로 남은 4년 6개월은 '대한민국이 선진국으로 전진하느냐, 북한·쿠바처럼 빈민국으로 전락하느냐 갈림길에 있다. 한나라당과 이명박 정부는 이제 이적행위를 하고 있는 김대중·노무현 정권에서 길러낸 좌익들을 색출하여 법의 심판대에 세우는 일이 가장 시급하다. 또 좌익의 뿌리 전교조를 하루 빨리 제거하기 위해 전교조법을 폐지시키고 학생 성적을 공개하여 학생 성적에 연동된 교원평가제와 성과급제를 시행해야 한다. 국민들은 좌익의 선동에 속지 말고 좌익을 잠재울 수 있는 단합된 힘이 요구된다.

해방 후 60년 동안 남한은 80불이던 GNP를 2만 불로 만들었고 북한은 160불이던 GNP를 700불로 만들었으며, 남한은 평균수명을 79세·북한의 평균수명은 65세고 남한 남성의 평균 키는 172cm 북한은 160cm로 큰 차이를 보고 있다. 300만을 굶겨 죽인 북한 사회주의를 택할 것이냐 한강의 기적을 만들어낸 자유민주주의 대한민국을 택할 것인가는 이제 국민의 선택에 달렸다 (http://redout.kr/)."

위에서 인용한 글은 비록 2008년에 작성되었지만 현 상황에서도 여전히 참조할 가치가 충분한, 혜안이 담긴 반공투사의 주옥 같은 글이다. 윗글에서 지적했듯이 이들은 골수 종북 좌파들로,

비록 김정일은 죽었지만 대를 이어 충성하기 위해서 북한의 지령에 따라 전교조가 앞장서서 세월호를 침몰시킨 의혹이 있다. 특히 이 '군자산의 약속'이 이루어진 이후에 전교조가 민노총에 가입한 후 그 지도부 역할을 맡게 되었다. 원래는 2012년 대선에서 좌파가 당선되어 김정일을 통일 대통령으로 하는 연방제를 완성시키려고 했는데 박근혜가 대통령이 되어 오히려 북한의 수령 김정은을 제거하려고 하자, 세월호 침몰 사고를 일으켜 오히려 이를 박근혜 대통령이 최태민에게 인신공양하기 위해 고의로 수장시켰다고 덮어씌우는 공작을 벌였던 것이다.

 이와 같은 관점에서 보면, 세월호 침몰 사건은 북한의 공작에 의해 발생했지만 북한의 뒤집어씌우기 전략에 완벽하게 말려 오히려 국민들이 기만당하고 있는 일란성 쌍둥이와 같은 사건이다. 따라서 이 세월호 침몰 사건의 진실이 북한의 지령과 전교조 교사들의 실행에 의한 것임을 양심이 남아 있는 전교조 교사의 양심선언을 통해 밝혀져야 하고, 이후 이를 기폭제로 삼아 기만당하고 있는 국민들을 각성시켜 자유대한민국을 회복하자는 것이 필자의 한결같은 집필 목적임을 다시 한 번 밝혀둔다.

나. 참여연대 중심의 사회적 쟁점화[56]

  "참여연대(參與連帶, People's Solidarity for Participatory Democracy)는 대한민국의 시민단체이다. 1994년 9월 10일 '참여와 인권이 보장되는 민주사회 건설'을 목표로 창립되었다. '참여'는 국가권력의 남용과 재벌의 횡포, 그 밖의 모든 권리 침해를 용납하지 말고 시민 스스로의 힘으로 권리와 정의를 찾아 나서자는 뜻을 담고 있다. '연대'는 학연·지연·국경을 넘어 공익과 정의를 위해 협력하되 특히 사회적 약자와의 연대를 뜻한다."라고 밝히고 있다. 하지만, 그들이 행하고자 하는 시민 스스로의 힘으로 권리와 정의를 찾아 나서자는 것이 과연 직접민주주의를 목표로 하지는 않는지, 대중영합주의를 지향하지는 않는지, 정치참여를 위한 예비학교의 역할을 하고 있지는 않는지 반성이 필요하다고 할 것이다. 특히 폴리페서를 양산하여 오히려 대한민국의 발전을 가로막고 있지는 않는지, 심각한 반성이 필요한 시점이다.

  그들이 공익과 정의를 위해 특히 사회적 약자와 연대한다고 밝히면서 활동하고 있다고 표방하지만, 이를 빙자하여 '원칙과 예외'가 전도된 사회를 만들어 열심히 일하는 사회기풍을 흐리게 한 결과, 사회 구성원들의 근로의욕을 저하시켜 경제성장의 동력을 약화시키거나 아예 끊어버리는 것은 아닌가 하는 점에 대한 반성이 필요하다.

  또한 "참여연대는 정치·경제 권력의 남용과 횡포를 견제하고 고발

---

56) 이 부분은 '위키백과'를 참조, 필자가 가감하거나 축약하여 작성하였다.

하는 권력 감시활동과 함께 시민의 정치적·경제적 권리를 확대하고 참여를 제도화하기 위한 종합적인 정책방안을 연구하고 제시하는 대안 제시활동을 병행한다. 더불어 시민참여 문화를 확산하고 참여 민주주의를 위한 시민 주체를 형성하기 위한 시민교육 활동도 지속적으로 해오고 있다.

참여연대는 다양한 운동방식을 통해 시민의 힘이 사회를 개혁할 수 있다는 것을 입증했으며, 한국사회에 필요한 제도의 도입을 제안하거나 개선하는 데 힘을 쏟았다. 2004년에는 국제연합 경제사회이사회(ECOSOC) 협의지위를 취득해 유엔회의에 참가해서 발언할 수 있게 되었으며, 1998년부터 정부로부터 일체의 지원을 받지 않고 회원들의 회비와 후원금으로 재정을 마련해 왔다.

2018년 1월 기준으로 1만 5천여 명의 회원을 가진 한국의 대표적 시민단체로서, '시민의 힘이 세상을 바꾼다.'는 기치로 참여·연대·감시·대안 4대 활동원칙에 따라 11개의 활동기구(의정감시센터, 사법감시센터, 행정감시센터, 민생희망본부, 사회복지위원회, 노동사회위원회, 경제금융센터, 조세재정개혁센터, 평화군축센터, 국제연대위원회, 공익제보지원센터)와 4개의 부설기관(공익법센터, 참여사회연구소, 아카데미 느티나무, 청년참여연대)이 활동하고 있다."고 소개하고 있다.

아울러 "우리는 새롭게 태동하는 세계의 시민으로서 독선과 편견, 지배와 소외를 이기고 연대의 팔을 펼칠 것입니다. 이 나라를 자유와 평등 그리고 정의가 강물같이 흐르는 공동체로 만들어 가기 위해서 선한 사람들의 연대의 광장을 넓혀 갑시다." 라고 제안하고 있다.

그런데 이들이 진정 '자유와 평등 그리고 정의'를 추구하고 있다면 2018년에 문재인 정부에 의하여 시도된 헌법에서의 '자유 삭제'에 대하여 단 한마디의 반대의견 표명도 없었던 것에 비추어 볼 때, 과연 자유를 위해 활동한다는 것은 위장전술에 불과한 것이 아닌가 하는 의문을 감출 수가 없다.

특히, 1994년 9월 10일, 오재식 전 창립대표의 발언 중에서 인용한 것으로 표기되어 있는 "1990년대는 87년 6월항쟁으로 군사독재 정권이 막을 내리고 제도적 민주주의가 진전된 시기였다. 그러나 이는 형식적인 민주주의일 뿐 여전히 많은 한계들이 드러나기 시작했다. 개발독재와 재벌위주 성장이 낳은 부실, 정경유착, 정치권과 관료들의 부정부패와 관료주의가 만연했다. 시민들의 권리의식은 높아지는데 정작 직접 참여할 제도와 관행은 미흡했다. 새로운 시대의 참된 민주주의의 내실을 채우기 위해서는 과거와는 다른 운동방식이 필요하다는 문제의식을 가진 조희연 등의 진보적 학자들, 박원순 등의 인권변호사 그룹, 학생운동 출신 등을 주축으로 1994년 9월 10일, 10명의 상근자와 300여 명 회원들이 참여연대를 출범시켰다.

창립 이래 사법개혁운동·부정부패척결운동·국민생활최저선 확보운동·재벌개혁 소액주주운동·작은 권리 찾기 운동·정치개혁을 위한 낙천낙선운동 등을 전개하였고, 2000년대 이후부터는 "평화군축운동·노동권보장운동·조세재정개혁운동 등으로 활동 분야를 넓혀왔다."는 부분 중 조희연 서울시교육감과 박원순 서울시장·청와대 민정수석비서관 조국·금융감독위원장에 낙마한 김기식 그리고 수를 다 헤아리기조차 어려운 각종 위원회 위원장을 위시한 위원들의 임명, 청와대에 진출한 참모들 중 상당수가 참여연대 출신이라는 점을 고려해 볼 때, 과연 그들이 권력 감시에 목적이 있었는지 권력 획득에 목적이 있었는지 자문해 볼 시점이다.[57]

참여연대 공동대표를 해남 대흥사수련원장 법인 스님, 인하대 정강자 초빙교수, 고려대 하태훈 교수가 맡고 있다.

특히 참여연대는 2000년대에 들어와서는 한국진보연대의 연대단체로서 노동자연대(다함께), 동아·조선 자유언론실천투쟁위원회, 자유실천문인협의회, 해직교수협의회, 민주화실천가족운동협의회(민가협), 전국대학생대표자협의회(전대협), 통일민주당, 전국빈민연합(전빈련), 전국노동조합협의회(전노협), 전국농민회총연맹(전농), 한국대학총학생회연합(한총련), 민주노동당, 한국청년단체협의회(한청), 21세기 한국대학생연합(한대련) 등 14단체의 하나로 한국진보연대의 지휘 아래 한국 사회의 좌경화에 앞장 서 투쟁해 온 싱크탱크들의 집단이다.

참여연대는 각종 정치적 아젠다나 사회적 쟁점을 발굴하여 한국진

---

57) 주요 활동으로는 "참여연대는 일상적인 감시 활동을 통해 부정부패나 잘못된 관행, 인식 등을 개선하기 위한 다양한 활동을 한다. 그밖에도 시민들의 기본권 보호, 사회적 소수자들과 연대, 민생문제 해결을 위한 활동 등을 하고 있다. 국회·행정부·사법부 등 국가권력과 대기업·재벌 등 경제 권력에 대한 일상적인 감시 활동/권력남용 및 부정부패 고발, 공익소송, 입법 활동 등 다양한 제도 개선 활동/시민들의 삶과 직결된 민생문제의 공론화와 해결을 위한 다양한 캠페인/국방정책, 예산에 대한 감시, 한반도 평화 정착을 위한 제안 활동, 아시아 국가들의 민주주의와 평화/참여민주주의 실현을 위한 대안정책 연구와 생산, 출판, 토론 활동/참여민주주의 실현을 위한 다양한 시민교육 프로그램의 개발과 제공"이라고 소개하고 있다.

보연대의 연대단체와 연대해서 투쟁을 전개하는데, 장내에서는 더불어민주당이나 정의당이 투쟁하고 장외에서는 연대단체들이 함께 투쟁한다. 그 대표적 캠페인 활동을 꼽아보면 2004년 부패정치인 낙천·낙선운동, 2006년부터 현재까지 한미FTA 폐기운동, 2008년 광우병 위험 미국산 쇠고기 수입반대 촛불행동, 2010년부터 현재까지 천안함 진상조사를 위한 정보공개운동(독자), 2011년부터 현재까지 제주해군기지건설 저지 시민행동(연대), 2014년부터 현재까지 세월호 참사 진상과 책임 규명활동(연대), 2015년 세월호 정부시행령 폐기와 개정안 수용을 청와대에 촉구하는 10만 서명운동, 2016년 테러 빙자한 국민사찰법, 테러방지법에 관한 모든 것을 게시한 이후 2017년 문재인 정부가 들어온 이후에는 현재까지 아무런 구체적인 캠페인 활동이 기록에 없다. 공익소송 성과로 주목되는 것은 "2015년 해경 명예훼손으로 기소된 홍가혜 씨 공익변론소송 승소"이다. 주요 보고서 중 특히 주목할 사항은 팩트북1 〈국정원과 사이버사령부 정치 및 18대 대선 불법개입 사건〉(2015. 6. 12.)과 대선정책보고서 〈제주 해군기지 사업, 쟁점과 진실〉을 들고 있다.

 하지만 그들의 활동을 자세히 들여다보면, 참여연대는 '자유와 평등·정의'라는 프랑스 혁명의 가치를 표방하고 있지만 이것은 허울뿐인 구호로 전락하고 말았다. 실상은 좌편향된 한국진보연대의 하위 연대단체로서, '군자산의 약속' 이후에는 좌파운동의 전략사령부인 한국진보연대의 하청을 받는 정책집단으로 기능하게 되었다.

다. 민변이 개입하면 국가가 물어뜯기는 참담한 현실[58]

 대한민국 법조인의 한 사람으로서 '민변'을 혹독하게 비판하게 된 점이 매우 가슴 아프다. 하지만 안전하고 자유로운 대한민국이 탄생하기 위해서는 가장 비난받아야 할 집단으로 민변을 지목하지 않을 수 없다. 현재 민변에 가입중인 젊은 변호사들에게 묻고 싶다. 그대들은 정말 자유롭고 정의로운 대한민국을 원하는가? 그렇다면 필자의 글을 읽을 때 가능하면 사회적 약자를 위한다는 등의 감성은 배제하고, 차분하게 이성을 회복해서 읽어보라고 권한다. 과연 문재인 정부에서 "기회는 평등하고, 과정은 공정하고, 결과는 정의롭다."고 느끼고 있는가? 더 자세한 필자의 견해는 이 글의 끝에서 내리기로 하고, 우선 민변에 대해서 좀 더 알아보기로 한다. 인용부호를 한 부분은 '위키백과'에서 인용했음을 표시한 것이고, 인용부호가 없는 부분은 이에 대한 필자의 비판이나 견해이다.

 "민주사회를 위한 변호사모임(民主社會를 爲한 辯護士모임, Lawyers for a Democratic Society, 약칭 민변)은 대한민국의 변호사 단체이다. 1988년 인권·시국 사건의 변론을 주로 맡아 온 중진 변호사 30명과 소장 변호사 16명이 참여해 결성했다. 현재 회장은 김호철이며, 소재지는 서울특별시 서초구 법원로4길 23 대덕빌딩 2층이다."

 "민변은 대한민국의 인권운동에 그 뿌리를 두고 있다. 인권변호사 '1세대'라고

---

58) 이 부분은 '위키백과'를 참조하여 필자의 견해를 덧붙여 작성하였다.

할 이병린 변호사를 비롯하여 1970년대에는 이돈명(전 조선대총장), 한승헌 (전 감사원장), 조준희(전 언론중재위원회 위원장), 홍성우·황인철 변호사 등이 유신시대의 시국사건 변론을 주로 담당하였다."

이들은 정말로 인격도 훌륭한 편이었다. 그들은 구조를 받은 의 뢰인들로부터는 물론, 대체로 인권변호사 활동을 하지 않는 법 조인들한테서까지 인품이 훌륭하고 정의롭다는 평가를 받았다.

"1980년대에는 조영래·이상수·박성민·박원순 등 '2세대' 변호사들이 이 흐름 을 이어받았는데, 이들은 망원동 수재사건과 구로 동맹파업사건의 공동변론을 계기로 1986년 5월 19일 정의실현법조인회(정법회)를 결성하였고, 이후 박종 철 고문치사사건과 민주항쟁에 뛰어들면서 몸소 구속까지 감내하였다. 한편, 1988년부터 젊은 변호사들을 중심으로 청년변호사회(청변)가 결성되었고, '정 법회'와 '청변'은 서로 힘을 모으기로 하여, 1988년 5월 28일 고 조영래 변호 사의 제안으로 당시로는 생소하였던 '민주사회를 위한 변호사모임'이라는 이름 아래 51명의 창립회원으로 출범하였다."

하지만 이때부터 그들은 투쟁적이고 조직적으로 변하기 시작 하였다. 대체로 성품이 강단이 있어서 그런지 시대상황이 엄혹 해서인지 그 원인을 정확히 알 수는 없지만, 하여간 그들은 적어 도 인권변호사 1세대와 같은 훌륭한 인품의 소유자들은 아니었 음이 분명했다.

"민변이 출범하자마자 부천경찰서 성고문 사건에 따른 공소유지담당, 임수경· 문익환 목사의 방북 사건 등 변호인의 조력이 필요한 일들이 잇달아 일어났다. 사노맹·서울사회과학연구소 사건 등 계속되는 국가보안법 위반사건을 변론은 물론, 보안사 민간인 사찰에 대한 윤석양의 양심선언·강기훈 유서대필사건에 서는 변론활동 외에 진실 발견을 위한 노력에도 큰 힘을 기울였다. 동시에 개혁

입법 등 법률전문가로서의 힘을 발휘하여 악법의 유산을 청산하기 위한 노력은 물론, 비슷한 시기에 조직된 민가협·인의협 등 사회운동단체와의 연대를 통해 양심수 석방 등 현안에 대처하면서 제도개혁을 위한 대외활동에도 매진하였다."

이때부터 민변은 국가보안법 위반을 주로 맡으면서 북한과 연계할 필요를 느꼈을 것이다. 물론 필자가 모든 민변의 회원이 모두 다 개별적으로 북과 연계되었거나 북한의 지령을 받았다고 주장하는 것은 아니다. 북한은 민변의 의사를 결정하는 대표나 운영위원과 같은 지도부만 장악하면 충분하기 때문이다. 또한 보안의 필요성으로 인해 극소수의 수뇌부와 연계하거나 그들을 통해 지령을 내려 보내는 것이 상식이 아닌가?

"김영삼 정부의 출범 후 민변은 1993년 안기부의 간첩조작사건, 1994년 『한국사회의 이해』 저자들에 대한 국가보안법 적용 등 문민정부의 이름 아래 자행되는 반민주적 잔재를 고발하고 척결하기 위해 동분서주하면서도, 변화된 사회 속에서 새로운 과제를 인식하고 적극적으로 대응하려 하였다. 1995년에는 5·18 학살주범불기소처분에 대한 헌법소원을 제기하고 5·18특별법 제정을 촉구하였으며, 1996년 12월 26일 안기부법과 노동법 날치기통과에 맞서 초유의 변호사 철야농성을 벌이고 대국민 홍보책자 『독재의 망령을 파헤치며』를 발간하기도 하였다."

이처럼 조직화된 민변이 5.18광주사태를 민주화운동으로 강변하는 일은, 분명히 민변의 지도부 중 누군가는 북한의 지령을 직접 받아 활동한다는 강력한 간접증거인 것이다. 따라서 이러한 사실을 모른 채, 만연히 인권운동을 한다고 착각하는 변호사들은 다시금 곰곰이 생각해 보시기 바란다.

"김대중 정부의 출범 후 형식적인 민주화가 진전되는 과정에서 민변은 인권단체의 역할을 수행하면서도 법률전문가로서의 역량을 발휘하고자 공익소송활동을 강화하였다. '공익소송위원회'를 설치하고, 김포공항 소음피해 소송, 수해 피해주민들 집단소송 등 다양한 공익소송을 진행하였다."

이를 통해 민변은 거대조직을 이끌어 갈 재원을 마련하기 위하여 승소만 하면 집행에는 전혀 문제가 없는, 국가를 상대로 한 집단소송에 매달리며 국가를 좀먹어갈 재원을 마련하였던 것이다.

"시민사회의 성장은 2002년 총선에서 '총선시민연대'의 결성과 혁혁한 활동성과로 결실을 보게 되는데, 민변도 선거법개정 연구나 헌법소원, 공천무효 확인소송 등 법률적 지원을 통해 적극 동참하고, 스스로를 시민사회 속의 전문가 단체로 자리매김하였다.
김대중 정부가 공언한 인권법 제정과 인권기구 설치가 올바르게 진행될 수 있도록 다른 시민단체들과 함께 '공동추진위원회'를 결성하고, '인권법공청회'를 개최하기도 하였다. 2001년부터는 인권주간 행사의 하나로 '한국인권보고대회'를 개최하여 사회 각 분야의 인권 상황을 아우름으로써 인권이 우리의 일상에 녹아내리는 데 앞장섰다."

드디어 2001년 9월 22일부터 23일까지 이틀간 충북 괴산군 군자산 소재의 보람수련원에서 거행된 '2001 민족민주전선 일꾼전진대회'에서 채택된 선언인 '3년의 계획, 10년의 전망-조국통일의 대사변기를 맞는 전국연합의 정치조직 방침에 대한 해설서'의 방침에 따라 민변이 운영되기 시작하였다. 촛불시위를 주동한 다수의 인원은 좌익혁명 세력이다. 한국진보연대의 오종렬 등은 그동안 다수의 친북반미집회를 주도해 온 인물로, '진짜 빨갱이'로 통하는 인물이다. 그들이 골수 종북 좌익인 줄 알면서도 세계에서 가장 열악한 인권상황의 북한에 대해서는 입 한번 뻥긋도 못 하면서, 한국에서는 인권법을 제정하고 이를 빙자하여 국가기능을 법적으로 마비시키는 외눈박이 짓을 하는 데 민변이 앞장서 왔다는 사실에 대해 알고 나서도 여러분이 민변에 남아 있을 용기가 있는가? 만약에 그래도 민변에 남아 있겠다면 진짜로 빵만을 위하여 법을 밥벌이 수단으로 삼아야만 하는 열악한 처지이거나, 이미 정의가 무엇인지는 생각조차 하지 못하는 법기술자로 전락한 상태일 것이다.

2000년대 이후의 민변의 활동에 대해서는 "2002년 대통령 선거에서 민변 회원이었던 노무현 변호사가 당선되고 2004년 대통령 탄핵 사태로 진보세력이 사상 처음으로 국회의석의 과반수를 점할 무렵 회원들 중 일부가 공직에 진출하여 개혁 작업에 직접 참여하면서 독립적 시민단체로서 민변의 위상에 우려와 혼란이 생기기도 하였다."라고 서술하고 있다.

위의 평가처럼, 원래 민변은 애초에 독립된 시민단체가 아니라 민주화를 기치로 내걸면서 사실은 공산화에 앞장서 온 단체라는 강한 의혹을 받고 있는 단체이다. 다만 그 지도부만 실상을 알고 있었고, 대부분의 구성원은 이 사실을 몰랐던 것뿐이다. 그 결정적인 이유는 노무현은 북한 김정일의 결정적인 도움으로 대통령에 당선되었던 것이다. 이러한 사실에 대해서는 필자가 펴낸 자매서 《드루킹의 따거》[59]를 참조하면 충분히 수긍이 갈 것이다. 이 책을 읽고도 의문이 남는다면, 민변 탈퇴서를 가지고 오는 변호사들에 한해서 언제든지 충분한 설명을 해줄 용의가 있다.

"그러나 차츰 민변은 개혁입법, 과거사 청산 사법개혁 등의 과제에 대하여 진보적 전문가단체로서 구체적 대안을 개발하고 분명한 목소리를 내는 데 주저하지 않았다. 동시에 한미 FTA와 쇠고기 수입 협상, 비정규직법 제정, 이랜드 비정규직 부당해고에 반대하고 김용철 변호사의 양심선언에서 촉발된 삼성그룹 비자금 조성 및 불법로비 사건의 고소, 고발을 주도하는 등 민변의 목소리와 법률적 조력이 필요한 현안에 적극 대응하였다."

이것은 너무나 순진하고 과한 평가이다. 민변은 차츰 북한의 지령에 따라 사회적 약자에 대한 법적 조력이 아니라 완전히 종북 단체로 변질되고 타락하였다. 그들은 이미 사법부로 진출한 김일성장학생들과 한편이 되어 인권이라는 허울 좋은 명목으로 대한민국을 뜯어먹기 시작하였다. 구체적으로 어떤 사례가 있냐고 묻고 싶은가? 그대의 차가운 이성으로 살펴보라. 그러면 분명 찾아낼 수 있을 것이다. 민변이 한다고 하는 개혁입법, 과거사 청산 사법개혁은 무엇을 의미하는가? 과연 자유민주주의체제 내에서 이루어지는 입법인가 하고 반문하고 싶다. 특히 한미

---

59) 이 책은 《드루킹의 따거》(글마당출판사, 2019. 3. 10. 서울)의 "북한의 개입에 따른 여론조작과 선거부정"부분을 읽어보면 충분히 이해가 될 것이다. 시간이 없는 분은 이 책의 78페이지부터 약 10페이지만 읽어보라고 권한다.

FTA와 쇠고기 수입 협상에 반대하는 것은 반미감정을 높여 미군 철수를 노리는 북한의 지령에 의한 것이라는 생각을 해본 적은 없는가? 비정규직법 제정·이랜드 비정규직 부당해고에 반대하는 것이 사회적 약자를 위한 공익활동이라면 이해할 수도 있다. 하지만 김용철 변호사의 양심선언에서 촉발된 삼성그룹 비자금 조성 및 불법로비 사건의 고소·고발은 호남 출신 변호사가 양심선언이라는 형식을 빌려 삼성이라는 재벌그룹을 털어서 약 8천억 원의 거금을 출연한 공익재단을 만들게 해 운영권을 가져간 사실을 알면서도 여전히 민변이 정의로운 집단이라고 생각하는지, 이성에 의한 현명한 판단을 기대한다. 민변의 조직을 살펴보면,

"2011년 기준으로 서울의 본부와 부산지부, 대전충청지부, 광주전남지부, 전주전북지부, 경남지부, 대구지부, 울산지부를 포함해 전체 700명이 회원으로 가입해 있다. 변론팀·회원팀·교육팀·출판홍보팀·대외협력팀·총무재정팀을 사무처에 두고 있으며, 각 분야의 전문성 제고를 위해 미군문제·통일·여성인권·환경·노동·언론·사법·과거사청산·민생경제·교육·청소년·국제연대·소수자인권·외교통상 등 위원회를 운영하고 있다. 2015년 기준, 민변은 회원 1,000명을 돌파한 것으로 알려져 있다."

특히 변호사 시장에 새로 진입하는 젊은 변호사들이 어떤 동기로든 민변에 가입하여 활동을 하게 될 경우 권고하고 싶은 말이 있다. 이미 사망한 노무현은 그렇다 치고, 현직 대통령이라는 문재인, 서울시장 박원순, 경기도지사 이재명이 펼치는 정책을 보라. 다 같이 선심정책을 펴 청년수당이니 뭐니 하면서 재정

을 풀어 수급자의 환심을 사려고만 한다. 그런데 이것이 뭐가 문제냐고, 그것은 각자 정치이념의 차이가 아니냐고 항변할지도 모르겠다. 좌파들 정책의 무서운 점을 알려주면, 그들은 겉으로는 '사람이 먼저'라는 환상을 심어주면서 사실은 국민들을 영원히 사육되는 개·돼지로 묶어두려고 한다는 것이다. 그들이 집권하면 우선적으로 국민들의 근로의욕을 떨어뜨리는 한탕주의를 조장한다. 그들은 국민들의 요행심을 이용하여 도박을 하게 하거나, 대출을 받아 증권투자를 하게 하거나, 암호화폐 등을 사게만든 후에 거의 파산자로 만들어 버린다. 즉, 자본주의의 최대모순인 '빈익빈 부익부'현상을 완화시키는 정책이 아니라 고의적으로 빈부의 격차를 크게 하는 정책을 쓴다. 마치 경제에 무능하여 정책에 실패하는 것처럼 하면서 사실은 의도적으로 자본주의의 모순을 부각시키는 것이다.

과거 좌파1기 정부인 김대중 정권 때는 신용카드를 마구 발급해 주어서 신용불량자를 양산하는 정책을 쓰기도 했다. 이때에는 소위 테헤란로에 벤처열풍이 불게 하여 주식투자의 광풍이불었던 적이 있다. 이를 통하여 수많은 중산층들이 증권투자에서 상투를 잡아 쪽박을 찼던 것이다. 지금은 동부교도소에 수감되어 있지만 명동 사채왕 최모 씨로부터 시작된 작전주에 수많은 개미들이 울게 된 시발점이 바로 김대중 정부였다.

좌파2기 정부가 써먹은 수법은 소위 바다이야기로 너무나 잘알려져 있으므로 더 이상 소개하지 않기로 한다. 좌파3기 정부인 문재인 정부는 무엇을 하였는가? 아직 집권 중이라 단정적으로 말하기는 어렵지만, 필자의 생각에는 암호화폐의 급등락에 얽힌 법무부와 기획재정부의 엇갈린 발표는 정부가 바뀌면 반드시 조사해야 할 대상이다. 그리고 필자는 이른바 국민연금의 스튜어드십 행사에 얽힌 주가 변동에도 반드시 이를 이용하여 이익을 얻는 작전세력이 존재할 가능성이 매우 크다고 본다. 그 이유는 그들이 결코 무능하거나 경제 운용에 미숙한 것이 아니라, 그들의 정교한 목표가 빈부 격차의 확대인 것으로 보인다. 왜냐하면 최저임금의 급격한 인상으로 자영업자가 줄줄이 폐업을 하여 빈부 격차가 최고에 다다른 현실임에도, 문재인 정부는 정책 수정을 거부하고 있기 때문이다.

라. 한국진보연대[60]를 중심으로 한 조직적 대응

이 점에 대해서는 이미 참여연대를 소개하면서 충분히 설명하였다. 여기에서는 한국진보연대의 성격과 역할에 대해서만 조금 덧붙이고자 한다.

"한국진보연대(韓國進步連帶, Korea Alliance For Progressive Movement, 약칭 KAPM)는 2007년 9월 16일 창립된 시민단체로 2007년 대한민국 대통령 선거를 앞두고 민주주의민족통일전국연합(이하 전국연합)의 발전적 해체로 창립되었으며, 진보연대로 줄여 부르기도 한다. 한미 FTA 저지, 비정규직 철폐, 평화협정 체결과 주한미군 철수, 국가보안법 철폐 등 4대 과제를 내걸고 창립하였으며, 주소는 서울시 영등포구 영등포동 618-40 풍민빌딩 2층이다. 이념적으로는 NL 운동권 계열에 속한다.

조직 구성은 노동자·농민·빈민·청년·학생 등 계급·계층별 대중 조직들과 진보정당이 결집한 진보민중운동 진영의 단일연합체로, 출범일을 기준으로 전국농민회총연맹(전농), 전국빈민연합(전빈련), 한국청년단체협의회(한청), 한국대학총학생회연합(한총련)·21세기한국대학생연합(한대련) 등 계급계층별 대중 조직과 민주노동당 등 부문, 지역단체를 포함한 총 37개 단체로 조직되었다. 상임대표 이강실, 공동대표 한충목, 박석운, 상임고문 한상렬, 오종렬 등이 참여했다."

조직의 강령 자체가 '1. 제국주의적 지배 정책 반대, 나라의 자주권 쟁취 2. 신자유주의 세계화 정책 철폐 3. 민중의 생존권 및 기본권 지키기 4. 민중 복지를 확대하고 사회적 공공성을 강화하여 인간다운 삶과 사회적 평등 실현 5. 반민주적 제도와 악법 철폐로 참다운 민주주의 실현 6. 제국주의 침략전쟁 반대, 한반

---

60) 이 단체에 대한 소개는 '위키백과'를 참조하여 작성하였다.

도와 세계 평화 실현 7. 성차별 철폐, 성평등 실현 8. 환경 파괴 정책 반대, 자연친화적 대안사회 건설 9. 6·15 남북공동선언 이행, 자주적 평화통일 실현 10. 세계 진보세력과 연대강화'를 내세우고 있다. 이것은 북한이 내세우고 있는 노선과 거의 흡사하다. 미국을 제국주의로 규정하고, 북한의 지령에 따라 대한민국의 정체성을 훼손하여 북한에 흡수 통일시키려는 사실상 이적단체이다. 주요 활동은 주로 우파 정부가 집권할 경우 반정부 투쟁의 촛불시위를 기획하고, 연대 단체들을 동원하고 있다. 2008년 5월~8월 미국산 쇠고기 수입반대 투쟁 참가를 필두로 2012년 제주해군기지건설 저지집회 참가와 한미 자유무역협정(한미 FTA) 저지 촛불집회 참가, 국무총리실의 민간인사찰 사건 진상규명 운동 참가를 하였고, 세월호 침몰 사건 후에 4.16연대가 만들어져 활동을 하도록 뒤에서 조언하며 사주를 하는 것으로 추정된다.

마. 4.16연대를 중심으로 한 새로운 투쟁활동

세월호 침몰 사건을 전담하여 북한의 지령을 수행하기 위하여, 한국진보연대는 마치 자회사를 설립하듯 '4.16연대'라는 단체를 만들었다. 이것은 종북 좌파들에게는 매우 익숙한 일들이다.

4.16연대의 소속단체로는 4.16가족협의회·4.16국민조사위원회·4.16학생연대·4.16 안산시민연대·주간안전소식 '안전넷'으로, 2019년 3월 20일 현재 소속회원이 8,863명이다. '4월16일의약속국민연대'라는 캐치프레이즈를 걸고 활동하는데, 사무실은 대학로에 위치하며 공동대표로 안순호·박래군·전명선이 활동하고 있다. 공동대표 중 박래군은 인권운동가로 '인권재단 사람'의 상임이사이고, 전명선은 2018년 4월 16일 세월호 참사 진상규명 및 안전사회건설을 위한 피해자가족협의회 운영위원장으로 경기도 안산시 정부합동분향소에서 열린 "4.16 세월호 참사 희생자 정부 합동 영결추도식"에서 유가족대표로 추도사를 했다. 상임대표인 안순호는 한국진보연대 공동대표 박석운과 같은 종북 좌파 출신이다.

이들이 결국 한통속이고 아직까지도 함께 연대하여 활동하는 것을 증명하고자 한다. 이를 위해, 최근 자유한국당 황교안 대표가 뽑히자 위기감을 느낀 북한의 지령으로 2019년 3월 23일 오후 4시부터 다시 촛불을 들어야 할 급박한 상황임을 증명하는 최근의 언론기사[61]를 요약하여 전재한다.

 4.16연대와 5.18시국회의, 민중공동행동이 2019년 3월 18일 정오 서울 중구 민주노총 사무실에서 '자유한국당 해체, 적폐청산-사회대개혁 3.23 범국민 촛불대회 참여 호소' 기자회견을 열었다.

 박석운 한국진보연대 공동대표는 기자회견에서 "촛불혁명을 뒤집기 위한 망동들이 이어지고 있다."라면서 "자유한국당이 무뢰배처럼 행동하는 것은 정부와 여당이 제대로 일을 못 하고 있기 때문이다. 정부와 여당이 더 똑바로 해야한다."라고 성토하면서 그는 "현재 집회나 문화제 행사를 방해하는 행위가 조직적이고 체계적으로 진행 중이다." 라면서 "뻔히 (세월호) 집회가 진행 중인데 태극기부대의 엠프가 우리 쪽으로 향하고 있다. 정부가 이러한 집회 방해 행위에 대해 사실상 방조하고 있다."고 목소리를 높였다.

 안순호 4.16연대 공동대표도 "우리는 세월호 진상규명을 방해한 황교안을 수사 외압 범죄로 검찰에 고발한 상태"라며 "촛불과 역사를 부정하는 자유한국당의 해체를 강력히 촉구한다."라고 전했다.

 이들은 "촛불항쟁 2년 반이 되어가는 지금, 자유한국당의 행태가 도를 넘었다."라면서 "새 정부의 실정으로 반사이익을 얻은 상황이 되자, 김진태·이종명·김순례 같은 의원들이 5.18광주민주화운동을 '폭동', 유공자를 '괴물'로 매도했다. 그 중 한 명은 최고위원으로까지 당선이 됐다."라고 비판하면서 이들은 "적폐정권의 총리이자 세월호 참사 진상규명을 방해하기 위해 외압을 넣었다는 의혹을 받는 황교안 전 총리가 자유한국당 대표가 됐다."라면서 "그는 '5.18 유공자에 대한 조사가 필요하다.'라는 발언까지 했다"라고 성토했다.

 이들은 또 "모처럼 찾아온 한반도 평화의 흐름에 색깔론으로 찬물을 끼얹더니, 급기야 '반민특위가 국론을 분열시켰다'라는 국적을 의심하게 하는 친일매국 망언까지 했다."라면서 "자유한국당이 있는 한 촛불 민의 실천과 적폐 청산, 사회대개혁은 어렵다."라고 단정하면서 "이를 위해 오는 3월 23일 광화문 광장에서 다시 모여 촛불을 들어야 한다. 촛불을 부정하고 왜곡하는 이들에게 촛불의

---

61) 이 언론기사는 안순호와 박석운의 관계를 증명하기 위해서 종북 주사파의 기관지에 가까운 〈오마이뉴스〉의 2019년 3월 18일자 기사를 전재하였다.

힘이 여전히 살아 있음을 보여줘야 한다. 촛불 이전으로 결코 되돌아갈 수 없음을 명백히 보여줘야 한다."라고 호소했다.

이들은 오는 23일 열리는 범국민대회에서 △자유한국당 해체 △적폐 청산 △사회 대개혁을 표어로 내걸었다. 광화문광장에서 열리는 이날 집회에는 4.16연대와 민중공동행동, 민주노총이 함께할 예정이다.

범국민대회를 마친 뒤에는 도심 일대에서 행진도 이어간다. 범국민대회에 앞서 오후 4시 광화문 광장에서 '촛불 시민 연설회'를 개최된다.

제6장

인양업체의 선정에 숨겨진
비밀과 정치적 의도

6. 인양업체의 선정에 숨겨진
비밀과 정치적 의도

가. 인양업체 선정과정을 알게 한 불가사의

필자는 세월호 인양업체 선정과정에서 아던트라는 구난업체의 대리인으로 활동하였다. 아던트는 네델란드의 스비츠라는 세계 1위의 구난업체와 미국의 타이탄이라는 세계 3위의 구난업체가 합병한 '설립 중인 회사'였으므로 그 명의로는 입찰에 참가할 수 없었다. 아던트의 한국지사장이자 동시에 스비츠의 한국지사장이 필자의 한국해양대학교 3년 선배인 인연으로, 세월호 인양업체 선정을 위한 국제입찰과정에 두 회사의 입찰 관련 법률자문을 하게 되었다. 그 당시 해양수산부는 1,000억 원의 예산을 한도로 국제입찰을 진행하면서 처음에는 기술력 80%·비용 20%의 채점기준을 발표하였다가 나중에 기술력 90%·비용 10%로 변경하였다. 그런데 실제로 조달청에서 프리젠테이션을 한 후 인양업체를 선정할 때 아래 표와 같이 기술력의 점수 차이는 거의 주지 않고, 가격의 차이를 기준으로 중국 교통운수부 산하업체인 두 구난업체가 우선협상 대상자와 차순위 협상대상자가 되었다. 그 결과 상하이샐비지컨소시엄이 최종적으로 인양업체에 선정되었다. 결국 유족들에게는 빠르고 확실한 인양을 위하여 기술력을 기준으로 인양업체를 선정할 것처럼 하다가 거의 비용만으로 구난업체를 선정하여 조삼모사를 하였던 것이다. 인양업체를 선정할 당시의 해양수산부장관이 바로 김영석이므로, 친분관계상 오거돈 더불어민주당 부산시 선거대책위원장이 인양에 관한 정보를 손쉽게 입수하여 그 사정을 훤히 알고 있었다고 보는 것이 합리적인 판단이 아닌가 한다.

한편, 아직도 의문이 남는 것은 그렇게 조기 인양을 외쳐대던 유가족들이 세계 제일의 인양기술력을 가진 스비츠·타이탄-태평양해양산업 컨소시엄이 허무하게 탈락하였는데 전혀 항의도 안 했다는 사실이다. 유족 대표들도 이미 해양수산부로부터 중국의 국영 구난업체가 선정될 것이라는 사실을 사전에 귀띔 받아 알고 있었던 것이 아닌가 하는 의심이 든다.

나. 뉴스타파가 탐사 보도한 입찰업체 선정의 문제점

필자가 이 책을 저술하면서, 곳곳에서 '승자의 저주'[62]와 같은 강한 기운을 느낀다. '승자의 재앙'이란 경쟁에서는 이겼지만 승리를 위하여 과도한 비용을 치름으로써 오히려 위험에 빠지게 되거나 커다란 후유증을 겪는 상황을 뜻하는 말이다. 원래 기업 인수합병에 쓰인 용어지만 사회현상에 일반적으로 널리 쓰이게 된 경우이다. 현대자동차그룹이 한전 본사를 인수하는 데 있어 라이벌인 삼성그룹을 이겼지만 10조 원을 초과하는 과도한 금액으로 낙찰을 받은 것과 현대중공업이 세계 2위 D램업체인 하이닉스 인수에 관심을 보인 직후 시가총액 35억 달러가 증발한 것을 '승자의 재앙'의 예로 들 수 있다.

이명박 정부 시절 MBC 'PD수첩'의 책임 프로듀서로 미국산 쇠고기가 광우병을 유발한다는 허위사실을 추적보도 형식으로 방송했던 책임을 지고 MBC를 떠났다가 문재인 정부 들어서서 화려하게 점령군으로 복귀한 최승호 사장이 경영했던 〈뉴스타파〉가 세월호 인양업체 선정의 의문점을 이렇게 자세히 탐사 보도한 내용을 필자가 인용하게 된 것은 하나님의 허락이라고 생각한다. 이것은 마치 추미애가 김어준과 함께 드루킹이 자유한국당 측의 댓글조작이라고 착각한 상태에서 경찰에 수사를 요청

---

62) '승자의 저주'라는 용어는 '승자의 재앙'이라고도 하는데, 마침 애국시민들이 그를 재앙이라고도 부르므로 앞으로는 '승자의 재앙'이라고 통일하여 부르겠다.

한 것과 마찬가지로 '승자의 재앙'이 아닐까?

아무튼 여기서는 "'기술' 대신 '최저가' 택한 인양......애타는 미수습자 가족들"이라는 제목[63]으로 탐사 보도한 입찰업체 선정의 문제점을 살펴보기로 하자.

'기술' 대신 '비용' 택한 세월호 인양

세월호 인양업체로 선정된 상하이샐비지의 현장조사가 좀처럼 속도를 내지 못하고 있는 가운데, 인양 입찰평가에서 기술평가 최고점을 받았던 업체는 네덜란드 스미트와 국내 코리아샐비지 컨소시엄이었던 것으로 뉴스타파 취재 결과 확인됐다. 정부가 인양 비용을 낮추는 데만 몰두하다 최선의 인양 방식을 놓친 것이 아니냐는 지적이 나오고 있다.

개찰 결과

협상 순위	업체명	기술평가 (90 점)	가격평가(10 점)		종합평점
			제안가격	가격점수	
우선협상 대상자	상하이 샐베지 컴파니	78.920	85,118,000,000	9.3977	88.3177
2	차이나 연태 샐베지	78.543	99,000,000,000	8.0799	86.6229
3	타이완 마리타임 Ltd	77.542	99,999,990,000	7.9991	85.5411
부적격	리즐버 마린 그룹	72.807	137,206,166,900	5.83	78.637
부적격	㈜보해오션	59.217	99,550,000,000	8.0353	67.2523
부적격	㈜한국해외기술공사	54.069	79,991,175,000	10	64.0690
입찰무효	스미트 싱가폴 Pte Ltd	80.908	148,500,000,000	-	

---

63) 세월호 참사 500일을 기념하여 2015년 8월 28일 탐사 보도한 〈뉴스타파〉의 보도를 제목을 삭제한 후 원문 그대로 전재하였다.

뉴스타파는 해수부가 공개하지 않고 있던 세월호 입찰 평가 결과 문건을 입수했다. 이에 따르면 인양업체로 최종 선정된 상하이샐비지-오션씨앤아이 컨소시엄은 기술평가(90점 만점)에서 78.920점을 얻고 제안가격 851억 원으로 가격평가(10점 만점)에서 9.3977점을 획득해 종합평점 88.3177점으로 우선협상 대상자로 선정됐던 것으로 발표되었다.

옌타이샐비지 컨소시엄은 86.6299점(기술 78.543, 가격 8.0799), 타이탄콘소시엄은 85.5411점(기술 77.542, 가격 7.9991)을 얻어 각각 2, 3위 차선협상 대상자가 됐다. 리졸버마린 컨소시엄(기술 72.807, 가격 5.83)과 보해오션 컨소시엄(기술 59.217, 가격 8.353), 한국해외기술공사 컨소시엄(기술 54.069, 가격 10)은 기술점수 하한선인 76.5점을 얻지 못해 '부적격' 판정을 받았다.

눈길을 끄는 것은 종합평점 없이 '입찰무효'로 결정된 스미트 컨소시엄이다. 정부는 이 컨소시엄이 제안가격의 5%인 입찰보증금 지급을 제대로 하지 않아 탈락했다고 밝혀왔다. 그런데 해수부 문건에는 스미트 컨소시엄에 대한 기술평가 점수는 기재되어 있었다. 80.908점으로 7개 업체 가운데 유일하게 80점을 넘긴 최고 점수였다.

뉴스타파는 스미트 컨소시엄의 국내 파트너로 입찰에 참여했던 코리아샐비지(출자비율 65 : 35)를 통해 기술평가 최고점을 받은 세월호 인양 방식이 어떤 것이었는지를 확인했다. 우선 대형 바지선에 물을 채워 침몰시켜 세월호 선체 옆에 위치시킨 뒤, 선체를 크레인으로 들어 수중에서 바지선 위에 싣는다. 이후 크레인 줄을 바지선으로 옮겨 연결해 통째로 수면 부근까지 끌어올리고, 여기서 바지선에 공기를 주입해 부력으로 띄우는 방식이다. 이 방식은 떠오른 바지선이 그대로 세월호를 싣고 최종 거치될 항구까지 이동한다는 점에서 동거차도 인근 해역으로 이동시켜 플로팅바지에 싣는 상하이샐비지 방식과는 차이가 있다. 또 상하이샐비지 방식은 선체 내부에 부력재를 넣기 위한 세부 설계를 위해 사전 현장조사 과정에서 잠수사가 화물칸(C, D데크)에 반드시 진입해야 하는 반면 스미트 방식은 이 과정이 필요 없다.

스미트-코리아샐비지 컨소시엄은 왜 가장 높은 평가를 받은 기술력을 갖추고도 입찰보증금을 제대로 내지 않은 것일까. 스미트 컨소시엄은 자신들이 제안한 인양 방식을 적용하기 위한 비용으로 1천4백85억 원을 제시했다. 지난 4월 해수부의 인양기술검토TF가 세월호 인양비용으로 1천억~1천5백억 원이 소요되고 기상 상태 등에 따라 2천억 원까지 소요될 것이라고 발표한 수위에 맞춰 준비된 것이었다. 이어 지난 5월 18일 유기준 해수부장관이 국회 농해수위에 출석해 세월호 인양 사업비로 1228억 원을 책정하기 위해 기재부와 협의 중이라고 보고했을 때에도 자신들의 가격 수준을 유지해 입찰에 참여하고자 했다. 그러나 그로부터 불과 나흘 뒤인 5월 22일 해수부의 입찰 고에서 사업비가 1천억 원으로 제한되자 고민에 빠졌다. 격차가 너무 커서 탈락 가능성이 높다고 봤기 때문이다. 일단 기술제안서를 제출한 뒤 비용을 더 줄일 수 있는지 여부를 내부에서 논의했지만 어렵다는 결론을 내렸다. 결국 중간 단계인 입찰보증금 예치를 하지 않고 입찰을 포기한 것이다.

이 같은 내용이 확인되면서 정부가 세월호 인양비용을 과도하게 줄이려다 더 좋은 기술로 인양에 나설 수 있는 기회를 놓친 게 아니냐는 지적이 나온다. 이에 대해 장기욱 해수부 세월호 인양추진과장은 "당초 1천억~1천5백억 원에서 사업비를 확정하려던 것은 사실이지만 다수 인양업체들에 대한 사전 모니터링 결과 1천억 원으로 제한해도 충분히 좋은 기술을 갖춘 업체들이 참여할 수 있다는 의견이 다수였고, 이를 고려해 최종 사업비를 결정한 것"이라고 설명했다.

그러나 세월호 인양 사업비가 계속 축소됨에 따라 아예 입찰을 포기했던 업체들도 있다는 점에서 정부가 얼마나 제대로 업계 의견을 모니터링 했는지 의문이다. 천안함 인양에 참여하고 세월호 수색구조를 담당했던 88수중개발은 세계 4대 메이저 인양업체 중 하나인 네덜란드 마모에트와 컨소시엄을 꾸려 수중촬영 등 현지조사와 각종 자료조사 등을 통해 인양제안서를 모두 작성해 놓고도 결국 입찰에 참여하지 않았다. 정호원 88수중개발 부사장은 "해수부 기술검토TF가 발표한 인양 비용 추정치에 따라 2천억 원을 조금 상회하는 비용으로 설계한 인양 방식을 제안하려다 정부가 1천억 원까지 사업비를 떨어뜨려 가능성이 없다고 보고 입찰을 포기하게 됐다."고 전했다.

세월호 인양 기술평가에서 최고점을 얻는 업체가 상하이샐비지가 아니었다는 사실은, 지난 19일부터 시작된 현장조사가 난항을 겪고 있는 것으로 알려지면서 더욱 주목된다. 상하이샐비지는 19일부터 22일까지 선체에 두 차례 접근한 뒤 23일부터 25일까지 태풍을 피해 정박했다가 26일부터 다시 작업을 시작했지만 여전히 현장의 강한 조류에 잠수사들이 제대로 적응하지 못하고 있는 것으로 전해지고 있다.

 특히 중국 국영기업인 상하이샐비지가 전 인양 과정에서 자국 잠수사들만으로 작업을 하기로 한 것으로 알려진 것도 우려를 자아내는 부분이다. 인건비를 크게 줄일 수 있는 효과는 있지만 지난해 세월호 수중수색에 참여했던 국내 잠수사들의 경험을 살릴 수 없게 됐기 때문이다.

 이에 대해 해수부는 "잠수사들의 안전을 위해서는 의사소통이 가장 중요하다고 판단해 중국 잠수사들 만으로 작업팀을 구성하기로 결정했다"고 밝혔다. 그러나 세월호 수중수색 당시 잠수팀을 이끌었던 류기주 88수중개발 잠수팀장은 "세월호 수중수색에 참여했던 잠수사들은 조류에 대한 적응은 물론 유리창 모양만 봐도 몇 층인지를 알아볼 수 있을 정도로 경험을 쌓았다"면서 "중국 잠수사들이 진도 해역의 강한 조류와 탁한 시야에 적응하기가 쉽지 않을 것이고 오히려 경험자의 조언이 없다는 것이 안전 문제를 낳을 수도 있을 것"이라고 말했다.

다. 조달청의 국제입찰 과정에 얽힌 일화

2015년 5월 22일, 정부가 입찰공고와 함께 세월호 인양업체 선정작업에 공식 착수하면서 사업비보다 기술수준에 중점을 두고 인양업체를 선정한다는 방침을 발표했다. 이례적으로 밤 11시에 해양수산부가 세월호 인양업체 선정을 위한 국제입찰 공고를 냈다. 선체절단 없이 완전체로 인양할 것과 미수습자의 유실을 최소화할 수 있는 방향으로 인양할 것, 합리적으로 접근 가능한 남은 기름을 회수한 후 인양할 것을 기본조건으로 제시했는데, 해수부는 국부유출을 줄이기 위해 국내외 업체 간 '컨소시움'을 구성할 경우 최대 8점의 가산점을 주기로 했다. 한편, 앞서 인양비용이 약 1천200여 억 원으로 추정된다고 발표했지만 세부적인 검토를 해본 뒤 더 줄일 수 있다고 보고 부가세를 포함해 1천 억 원으로 사업예산을 정했다.

이로부터 한 달 후의 보도[64]에 따르면,

해양수산부는 세월호 선체인양을 위한 국제 입찰에 7개 컨소시엄, 총 27개 업체가 참여했다고 23일 밝혔다. 해수부가 국부 유출 우려를 감안해 국내외 컨소시엄에 최대 8점의 가산점을 주기로 한 결과 7개 컨소시엄 중 5개는 외국-국내업체가 손을 잡았고, 2개는 국내업체끼리 컨소시엄을 구성했다. 국내외 업체 간 컨소시엄의 경우 대표사는 모두 외국업체이며, 본사 소재지를 기준으로 미국 2개, 네덜란드 1개, 덴마크 1개, 중국 2개 업체로 확인됐다. 한 컨소시엄에 외국업체 2개가 들어간 곳이 있다. 해수부가 지난달 개최한 사업설명회에 참석

---

64) 2015년 6월 23일자 〈연합뉴스〉의 보도내용이다.

했던 일본의 니폰샐비지와 네덜란드의 마못 등은 입찰에 참가하지 않았다.

해수부는 업체명을 공개하지 않았으나 스비츠(네덜란드)·타이탄(미국)-태평양해양산업 등 컨소시엄과 리졸브마린그룹(미국)-살코 컨소시엄 등이 입찰에 참여한 것으로 취재결과 확인됐다. 해수부는 "업체명을 공개하면 공정한 평가가 어려울 수 있어 비공개를 결정했다"고 밝혔다. 입찰에 참여한 외국업체 6곳은 선체인양에 있어서 세계 최고 수준의 평가를 받는다고 해수부는 전했다. 국내 21개사는 구난·수중공사·해상크레인·바지선 등 장비를 보유한 업체들이며, 현대중공업·삼성중공업·대우조선해양 등 조선 3사는 참여하지 않았다. 해수부는 7월 초 제안서 평가 후 총점 1순위 업체부터 협상을 통해 계약을 체결하고 9월 중에는 해상작업을 시작해 잔존유 제거부터 하고, 내년 9~10월에는 인양한다는 목표를 세우고 있다. 해수부는 잠수·선체구조, 장비 등 분야별 전문가로 평가위원을 선정해 외부와 차단된 공간에서 이틀간 합숙하면서 기술제안서를 평가하도록 한다. 이때 7개 컨소시엄을 차례로 불러 제안서를 발표하게 하고 인터뷰도 한다. 전체 평가는 100점 만점에 기술점수 90점과 가격점수 10점으로 이뤄진다. 기술제안서 평가항목 가운데 미수습자 유실방지 대책, 선체인양 방법의 적정성, 인양 중 위험 및 불확실성 최소화 노력 등 3개 항목 배점을 각각 10점으로 가장 높게 책정했다. 구체적인 계약은 협상으로 확정하되 인양작업이 지연될수록 비용이 계속 늘지 않도록 총 계약금액을 정해 놓고 인적·물적 사고와 부분적 실패 등에 대해서는 인양업체가 책임을 지도록 계약하겠다는 방침이다.

연영진 세월호 선체인양추진단장은 "계약을 체결하는 데 있어서 가장 중요한 것은 안전한 인양"이라며 "인양업체가 최종 선정되고 나면 인양작업 설계 등을 통해 상세한 일정이 결정될 것"이라고 말했다. 해수부는 세월호 인양의 기본조건으로 '선체의 온전한 인양'을 꼽았다. 세계 어느 나라에서도 세월호 규모의 선박을 절단 없이 '통째' 인양한 사례가 없기에 기술력과 경험을 총동원해야 하는 도전이다. 인양비용은 1천억 원 이내로 제한했다.

〈연합뉴스〉의 이 보도처럼, 필자는 스비츠(네덜란드)·타이탄(미국)-태평양해양산업 등 컨소시엄의 입찰대리인이었다. 그런데 결국 2015년 7월 15일 세월호 인양업체의 우선협상 대상자로 발표된 업체는 다름 아닌 중국의 국영기업인 상하이샐비지

와 우리나라의 바지선업체 오션씨앤아이 컨소시움이었다. 컨소
시움의 지분은 상하이샐비지가 70%이며, 오션씨앤아이가 30%
였다. 또한, 중국의 국영기업 차이나옌타이샐비지 컨소시움과
미국의 타이탄마리타임 컨소시움 순으로 차순위 협상 우선순위
가 결정된 것으로 알려졌다. 해양수산부는 "가격 개찰 결과 상
하이가 851억 원, 옌타이 990억 원, 타이탄은 999억 원을 투찰
했다."고 덧붙이며 이번 입찰에는 모두 7개의 컨소시움이 참여
했다고 밝혔다.

 이상에서 살펴 본 것처럼 수요기관인 해양수산부가 국제입찰
의 공고를 하였지만, 세월호 인양 계약의 체결절차는 '조달사업
에 관한 법률'에 따라 조달사업을 공공성을 고려하면서도 효율
적으로 수행하기 위하여 조달사업의 운영 및 관리에 필요한 사
항이 규정된 법의 목적에 따라 조달청에서 관리하도록 규정되
어 있다.

 필자가 입찰절차를 자문하던 업체에서는 해양수산부의 국제
입찰공고가 난 이후부터 긴급하게 응찰하기로 방침을 정하고,
약 한 달간 네델란드의 본사 직원들이 한국으로 와서 입찰제안
서를 만드느라 많은 노력을 기울였다. 강서구 가양동의 사무실
을 임차하여 각종 기술적 연구를 거쳐 프레젠테이션 자료를 만
들고 한국의 구난업체들과 컨소시엄을 형성하는 준비 작업에만
약 7억 원 이상의 자금이 투입되었다.

 그런데 한국지사의 실무자가 문제를 일으켰다. 당연히 접수될
줄 알았던 서류가 구비서류 미비를 이유로 해양수산부의 담당

직원으로부터 입찰접수 자체를 거절당하는 사태가 벌어졌던 것이다. 그 이유는 간단했다. 이미 위에서 설명한 것처럼 '설립 중인 회사' 아던트의 이름으로는 입찰서류를 갖출 수 없는데도 해양수산부 담당직원이 아던트의 이름으로 접수할 수 있는 것처럼 해놓고는 막상 접수기간이 임박해서는 이를 번복, 완벽하게 서류를 갖추지 않으면 접수해 줄 수 없다는 답변을 했던 것이다. 결국 접수 마감일까지는 도저히 그 서류를 다 갖출 수가 없어 국제입찰에 응찰할 자격조차 없어졌다는 것이었다. 그렇게 되면 한국지사장이 본사로부터 문책을 받게 되어 자신도 잘릴 것을 우려하고 있었다.

필자는 그 긴박한 사정을 해결해 주고자 2015년 5월 21일 밤을 새워 관련 법조항을 찾아 변호인 의견서를 작성해서, 사색이 다 된 한국지사의 실무자가 운전한 차로 세종시에 있는 조달청을 직접 방문하였다. 5월 22일 오전 9시 전에 조달청에 도착해 잠시 기다리다가 입찰서류 담당과장을 만나, 위임장을 먼저 제출한 후 변호사신분증을 제시하여 아던트의 입찰관련 법률대리인임을 밝혔다. 그랬더니 담당과장은 이미 아던트는 입찰서류를 갖추지 못해 서류접수를 할 수 없다고, 단호한 태도로 말했다. 그래서 필자는 "이 건은 매우 중요한 사안이니 담당국장을 보고 싶다"고 면담을 요청했다.

담당과장이 담당국장에게 필자의 요청을 전달했고, 다행히 담당국장인 신기술서비스국장이 면담요청을 받아들여 주었다. 그는 마침 필자와 동갑이었는데, 어려운 가정환경을 극복하고 자수성가한 입지전적인 인물이었다. 금오공고를 졸업한 후 군복무를 마치고, 연세대학교 기계공학과에 입학하여 1990년 4월 30일 기술고시 25회로 공직에 임용되어 근무하다가 미국 오하이오 주립대 기계공학과에서 석사학위를 취득하였다. 이후 2000년 3월 31일자로 조달청 물자비축국 정보관리과장으로 진급한 이후, 2009년 8월 25일 조달청 품질관리단장으로 승진하였다. 2011년 4월 27일 조달청 시설사업국장으로 승진한 뒤 2014년 2월 10일 중앙공무원교육원에 파견되어 보수교육을 받은 후, 2015년 1월 7일자로 조달청 신기술서비스국장으로 전보되어 있었다.

그 담당국장은 매우 합리적인 인물이었다. 필자는 만약 조달청에서 아던트의 입찰서류를 접수하지 않을 경우 입찰서류 접수거부처분취소소송이라는 행정소송을 제기함과 동시에 아던트가 제외된 상태로 입찰이 진행될 경우 우선협상 대상자로 선정될 업체를 상대로 가처분을 신청할 예정이며, 해양수산부가 안전하게 인양할 기술을 우선적으로 고려하여 인양업체를 선정하겠다고 발표한 기준을 스스로 회피하기 위하여 아던트와 같이 기술력이 우수한 업체를 입찰서류 미비라는 어처구니없는 사유로 탈락시킨 것을 언론에 호소하겠다고 말했다. 그랬더니 그 담당국장은 "변호사님의 주장이 반드시 타당하다고 하기는 어렵지만 수요기관인 해양수산부가 '안전한 인양업체의 선정'이라는 공적 의사를 표명했으니 미비한 구비서류는 프레젠테이션까지 추후 보완하는 조건으로, 저의 재량으로 일단 입찰서류의 접수를 받아주겠다"고 하였다. 필자는 그렇게 담당국장과의 면담을 마치고 나와 아던트의 한국지사장으로부터 진심어린 감사인사를 받았다.

필자는 아직도 그 담당국장이 매우 합리적이고 유연하여 장차 조달청장까지 될 재목이라고 판단하였는데, 역시 필자의 기대에 어긋나지 않게 그는 2017년 2월 1일 조달청 구매사업국장을 거쳐 2018년 2월 5일 서울지방조달청장에 취임하여 현재까지 승승장구하고 있다.

라. 어처구니없게도 미리 알려진 업체선정 결과

필자가 입찰에 관한 법률자문을 한 업체인 아던트는 무사히 서류접수를 마친 다음에 프레젠테이션까지 마쳐 아던트의 한국지사장은 본사로부터 문책은 피하게 되었다. 그런데 입찰과정의 공정성을 관리하는 조달청과는 달리, 수요기관인 해양수산부는 세월호의 인양업체 선정에 미리 특정업체를 선정하는 기준을 가지고 있었음이 분명하다.

필자가 고등학교 동창생들로 구성된 '지성회'라는 모임에서 "아던트라는 회사의 입찰에 관한 법률자문을 하고 있다"는 근황을 알린 적이 있었다. 그 모임은 한 달에 한번 이상 점심을 같이 먹거나 저녁에 술자리를 곁들여 친목 도모나, 일 년에 두 차례 정도의 골프모임 등을 통하여 회원 간에 친목을 도모하는 모임이다. 그 모임과 다음 모임의 간격은 대체로 한 달 정도 되는데, 입찰서류 마감일인 5월 23일부터 우선협상 대상자를 발표한 7월 15일까지는 약 50일이 넘었다. 지난 달 모임에서 필자는 아던트의 법률대리인으로 아던트가 우선협상대상자로 선정되면 십억 원 정도의 성공보수를 받도록 약정되어 있음을 공개 신상발언으로 이야기하면서, 만약 성공보수를 받게 되면 크게 한턱 쏘겠다고 공언한 바가 있어 다른 회원들의 관심도 높았던 터였다.

그런데, 다음 모임에서 서울시청의 국장급 고위직으로 퇴직하신 선배님이 "조변 후배님이 법률 자문하는 업체가 아니라 중국 국영업체가 세월호 인양업체가 되기 위한 우선협상 대상자로 내정되었다고 하던데, 참으로 아쉽게 되었네."라고 하며 난데없이 필자를 위로하는 게 아닌가? 필자는 아던트가 우선협상 대상자가 되기를 잔뜩 기대하고 있던 터라 처음에는 너무나 실망하여 "설마 그럴 리가요? 아직 공식적으로 발표가 되려면 일주일도 더 남은 것 같은데요."라고 볼멘 어투로 대꾸하였다.

그러나 그 선배님의 말씀대로, 2015년 7월 15일에 공식적으로 발표된 인양업체 선정을 위한 우선협상 대상자는 중국 국영 구난업체인 상하이샐비지컨소시움이었고, 차순위협상 대상자가 옌타이샐비지여서 큰 충격을 받았다. 정말로 그 선배님의 말씀대로 되었기에 '이제 중국이 우리의 내정간섭까지 할 수 있겠구나' 하는 생각에 소름이 돋았다.

도대체 왜 수요기관인 해수부가 언론을 통해 발표한 인양업체 선정기준을 어기면서 유족들에게 눈속임을 할까? 사고가 난 지 4년이 넘도록, 미수습 시신을 안전하게 찾아달라고 전 국민을 향해 애타게 호소하던 유족들은 왜 이런 사실을 알고도 가만히 있는 걸까? 많은 의문들이 꼬리에 꼬리를 물고 일어났다. 그 선배님은 대체 중국 국영업체가 우선협상 대상자로 선정된 것을 어떻게 미리 알게 되셨는지 여쭤보질 못했는데, 기회를 봐서 꼭 여쭤볼 생각이다.

마. 해양수산부의 세월호 인양 과정

방송에 보도된 바에 의하면 세월호 인양 과정은 대체로 이렇게 진행되었다.

세월호 인양 현장에는 재킹 바지선 2척이 대기해 있었고, 세월호는 이 바지선 사이 물속 44m 지점에 가라앉아 있었다. 그동안 작업한 결과 세월호 아래에 33개의 철 구조물이 가로로 깔려 있으며, 이 철 구조물 양쪽과 바지선 사이에는 66개의 인양 줄이 연결돼 있다. 바지선의 유압식 장비로 인양 줄을 끌어올리면서 세월호가 올라오는 것이었다.

김현태 해양수산부 세월호인양추진단 부단장은 2017년 3월 19일 최종 장비점검을 통해 인양 와이어의 장력 테스트와 유압잭의 작동 테스트, 센서, 그 다음 잠수선 선박의 잠수 테스트를 완료하여 모든 준비를 마쳤다고 했다. 아울러 인양 줄 66개 중 52개가 꼬이는 현상은 연결부위에 쇠 구조물을 부착해 해결했다고 밝혔다. 인양은 일단 바닥에서 1~2m 들어 올리는 시험 인양부터 실시되었다. 해수부는 세월호를 해저에서 떼어내는 순간, 2만 톤의 하중이 더 추가되기 때문에 가장 위험한 순간이라고 밝혔다.

시험 인양에 성공한 이후 본인양이 진행되었으며, 대여섯 시간이 지나서 누워 있는 상태로 세월호의 상부 13m가 물 밖으로 모습을 드러냈다. 이후 바지선에 추가로 고정하는 절차가 진행되었고, 세월호는 바지선과 함께 근처 안전지대에 대기하고 있던 5만 톤급 반잠수식 선박으로 이동되었다. 반잠수식 선박은 수중 26m까지 내려갈 수 있는데, 이 상태에서 세월호를 실은 뒤 바지선을 떼 내고 고정 작업을 거쳐 물 밖으로 떠올랐다.

 장기욱 해양수산부 세월호인양추진과장은 위의 과정까지 약 3일 정도 소요될 것이라며, 기상 여건이 중요하다고 밝혔다. 그는 이 작업이 상당히 고난도의 위험한 작업이라면서, 여기까지만 되면 그 다음부터는 기상도 별로 영향을 안 받고 안전한 상태라고 했다.

 물 밖으로 완전히 나온 세월호는 며칠 동안 물 빼기 작업과 추가고정 작업을 마친 뒤, 87km 떨어진 목포신항으로 옮겨져 준비 작업을 거치고서 육상에 옮겨졌다. 해수부는 육상 거치까지 최소 13일에서 최대 20일이 소요될 것으로 예상하였는데, 실제로는 2015년 8월부터 인양작업을 시작한 지 약 1년 8개월 만인 2017년 4월 11일 오후 3시 58분경 침몰한 지는 무려 1091일 만에 육상으로 옮겨져 거치 완료되었다.

바. 해수부 관계자의 양심선언 보도와 SBS의 사과방송 후 국민의 당과의 보도 공방

세월호는 별다른 이상 없이 순조롭게 인양되어, 본격적인 인양 작업을 시작한 지 채 한 달도 되지 않아 목포신항의 육상에 거치까지 완료되었다. 생각보다 쉽게 인양이 되자, 여태껏 무엇 때문에 이렇게 오랫동안 시간을 허비하였을까 하는 허망한 느낌마저 들었다. 국민들의 이런 허망함을 알았는지, 해수부 목포현장의 세월호 수습본부 언론지원반 소속의 임용 3년차 7급 공무원이 2017년 5월 2일 SBS 취재기자에게 익명의 관계자로 인터뷰에 응하여 "솔직히 말해 이거(세월호 인양)는 문 후보에게 갖다 바치는 것"이라면서 "(세월호 인양을 고의 지연해) 정권 창출되기 전에 문 후보에게 갖다 바치면서 문 후보가 약속한 해수부 2차관을 만들어주고, 해경도 해수부에 집어넣고 이런 게 있다."고 말해 SBS가 단독으로 특종 보도했다.

이에 놀라 비상이 걸린 문재인 후보 캠프에서는 바로 다음날, 송영길 문재인캠프 선거대책총괄본부장이 자당 박주민·손혜원 의원과 함께 SBS를 방문해 사과 방송할 것을 촉구했다.

이날 송 본부장은 트위터를 통해 "오늘 SBS 본사를 방문하여 보도본부장·국장에게 항의했다. 잘못을 인정, 사과하고 오늘 저녁 사과 방송한다고 합니다."라는 글을 올렸다. 이어 "중앙선관위에서 허위방송 조사하기로 했습니다. 안철수 후보 측 허위사실유포 처벌법 적용 검토 중입니다. 반드시 책임을 묻겠습니다."

라고 덧붙였다.

이에 따라 SBS도 심각성을 느꼈는지 언론사로서의 기본적인 정체성도 포기한 채 즉각적으로 더불어민주당 측의 항의를 수용하여, 3일 밤 '8시뉴스'에서 김성준 SBS 보도본부장이 "SBS 보도책임자로서 기사의 게이트키핑 과정에 문제가 생겼다는 데 제가 책임을 져야 한다."고 밝혔다. 이어 "저희는 어제 '8시뉴스'에서 세월호 선체조사위원회 관련 시행령이 국무회의를 통과했으며, 이에 따라서 세월호 인양 고의 지연 의혹에 대한 조사도 속도가 붙을 거라는 기사를 방송했다."며 "이 기사는 해양수산부가 박근혜 전 대통령 탄핵 이전까지 세월호 인양에 미온적이었다는 의혹과 탄핵 이후 정권교체 가능성을 염두에 둔 해수부가 인양에 대한 태도를 적극적인 방향으로 바꿨다는 의혹을 짚으려 했다."고 설명했다.

하지만 "이 보도는 복잡한 사실관계를 명료하게 분리해서 설명하지 못함으로써 발제 의도와는 전혀 다른 결과를 낳았다."면서 "이 점에 대해서 세월호 가족과 더불어민주당 문재인 후보, 그리고 시청자 여러분께 진심으로 사과드린다."고 공식 사과했다.

추후 전개된 SBS의 사과 및 국민의 당과 더불어민주당 사이에 오간 정치적 공방은 치열했다.

"전날 보도와 관련해 일부 내용에 오해가 있어 해명합니다. 해당기사는 해양수산부가 세월호 인양을 부처의 이익을 위해 이용했을 수 있다는 의혹을 보도한 것입니다. 기사의 원래 취지는 정치권 상황에 따라 변화해 온 해수부를 비판하고자 하는 것이었으나 보도 내용에 충실히 의도를 담지 못해 논란을 일으킨 점에 대해 사과합니다. 상세한 취재 내용 등은 후속 보도를 밝히겠습니다."[65]

그러나 SBS가 '사과'를 하며 기사를 삭제한 것을 두고 국민의 당 측은 '언론 탄압'이라고 비판하였다. 국민의 당 측은 SBS보도 직후 '선거에 맞춰 세월호 인양 연기를 거래한 문재인 후보'라는 제목의 논평을 발표하기도 했다. "해수부가 차기정부 눈치를 보느라 뒤늦게 세월호 인양에 나섰다"는 SBS 보도내용에서 더 나아가 "인양 지연의 배경에는 해수부와 문재인 후보의 거래가 있었다."고 단정한 것이었다.

"세월호 인양 계약 이후 실제 인양까지 왜 2년이나 걸렸는지, 세월호 미수습 가족들과 유가족들이 왜 지난 2년간 눈물로 기다려야만 했는지 이제야 그 이유가 밝혀졌다. (중략) 참담하다. 문재인 후보는 세월호 희생자도 유가족들의 슬픔도 국민들의 애타는 마음도 그저 자신을 대통령으로 만들어 줄 표로만 여긴 것인가. 팽목항을 방문해 세월호 영령들에게 "고맙다"고 적은 의미가 이런 것인가. 사람이 해도 될 일이 있고, 절대로 해서는 안 될 일이 있다. 세월호의 슬픔을 철저하게 자기 선거에 이용하는 문재인 후보에게 국민을 위한 대통령을 기대할 수 없다. 문재인 후보에게 일말의 양심이 있으면 지금 당장 사퇴해야 한다."[66]

"문재인 후보의 '세월호 인양 지연 의혹' 기사 삭제, 벌써부터 언론탄압이 시작된 건가?
어제 문재인 후보의 '세월호 인양 지연 의혹' 기사를 단독 보도한 기자는 해당 언론사 정치부 소속으로 세월호 관련 기사를 전담해 온 전문가였다. 전담 기자

---

65) 한편, 〈연합뉴스〉의 보도에 따르면 SBS는 2017년 5월 3일 오전 '모닝와이드 1부' 방송에서 이와 같이 해명했고, 기사도 삭제됐다.
66) 당시 국민의 당에서 SBS가 '세월호 고의 인양 지연 의혹'을 특종 보도한 직후 발표한 논평을 요약한 내용이다.

가 단독 보도를 했을 정도이니 충분한 근거와 합리적인 의심이 있었을 것이라 판단된다.

문재인 후보 측에서 해당 기사에 불만이 있으면 반박보도를 내고 진위 여부를 가리면 될 문제였다. 그러나 문재인 후보는 벌써부터 언론탄압을 시작했는지 반박보도를 내는 것이 아니라 법적 책임을 묻겠다며 으름장을 놓았고 그 결과 어제 보도된 기사의 진위 여부가 가려지기도 전에 기사가 삭제되는 참담한 일이 벌어졌다."[67]

"문재인 후보, 권력의 욕망에 스스로의 영혼을 불태우지 마십시오. 벌써부터 언론에 보복하고 기사 삭제 강요하십니까? 세월호 인양시기를 문재인후보 맞춤용으로 조정했다는 보도에 온 국민이 경악했는데, 문재인후보는 사죄는커녕, 언론에 대한 보복과 고발 운운으로 맞선 것 같군요. 문재인후보측에서 고발을 운운하고, 결국 기사가 삭제되었습니다. 벌써 진실을 감추고 반대자에 대한 보복과 언론 통제로 맞서려 한다면, 나중엔 어떨지 끔찍합니다. 문재인 후보, 지금은 진실을 삭제하려 할 때가 아니라, 진실을 밝히고 우리 아이들 앞에 사죄해야 할 때입니다. 세월호 앞에 대한민국은 모두 죄인입니다. 세월호를 정치에 이용하지 마십시오. 진짜로 세월호 인양시기를 문재인 후보 맞춤용으로 조정했다면, 문재인 후보는 대선후보는커녕, 아버지의 자격도 없습니다. 감추려 하지 마십시오. 언론의 입에 재갈을 물지 마십시오. 진실을 밝히고, 우리 아이들 앞에, 우리 국민 앞에 사죄하십시오."[68]

"국민의 당의 패륜적인 세월호 정치적 이용 작태를 강력 규탄한다. 어제 밤 SBS의 세월호 관련 황당한 '가짜뉴스' 보도 직후 국민의 당 박지원 대표와 대변인단은 마치 기다렸다는 듯이 문재인 후보에 대한 온갖 악담을 쏟아냈다. 박지원 대표는 "너무 더러운 일"이라는 막말까지 사용하며 검찰 수사와 국회 국정조사를 언급했다. 당 대변인단은 문 후보의 사퇴까지 요구했다. SBS 보도 직후부터 SNS상에서는 특정 세력이 총동원돼 SBS의 '가짜뉴스'를 광범위하

---

67) 이어서 국민의 당에서 5월 3일에 낸 논평을 그대로 인용하였다.

68) 박지원 선대위원장 역시 "벌써부터 언론에 보복하고 기사 삭제 강요하십니까?"라는 제목으로 이 내용을 주장했다.

게 살포하고 있다. '가짜뉴스'에 너무 오버하시면 정치공작을 의심받게 된다. (중략) 새정치를 앞세웠던 신생 정당답지 않게 너무 구태 정치에 찌든 것 아닌가.

박 대표와 국민의 당은 국민의 수준을 너무 우습게 보는 것 같다. 허위 보도에 편승해 세월호를 선거에 이용하는 저열한 행태는 반드시 국민의 준엄한 심판을 받을 것이다. 아울러 '가짜뉴스'와 박 대표의 황당한 주장을 SNS상에서 퍼 나르는 특정 세력도 반드시 법적 책임을 져야 할 것이다."[69]

"SBS에서 제기한 의혹 역시 해양수산부가 차기 정부 눈치를 보느라 뒤늦게 세월호 인양에 나섰다는 내용이었다. 물론 SBS가 부정확한 보도로 시청자들의 오해를 불러일으킨 1차적 책임이 있지만, 보도 내용을 충분히 살펴보지 않고 잘못된 정보를 전달해 상대 후보를 비난한 국민의 당도 책임에서 자유로울 수 없게 됐다."[70]

또 한편, 해양수산부는 통신사인 〈뉴스1〉을 통하여 "허위 보도에 대해 책임을 묻겠다."는 입장을 밝혔다. 이철조 세월호 인양 추진단장 겸 현장수습본부장은 2017년 5월 3일 오전 목포신항만에서 브리핑을 갖고 "세월호 인양은 일부 기술적 문제로 늦춰진 적 있으나, 차기 정권과의 거래 등이 있었다는 것은 전혀 사실과 다르다."고 밝혔다. 이 단장은 "이와 관련해서는 어떠한 정치적 고려도 있을 수 없다."며 "해수부는 SBS의 보도에 대해 언론중재위원회 제소와 모든 법적수단을 동원해 허위보도에 대한

---

69) 이에 대해 더불어민주당은 2017년 5월 3일 수세에 몰린 상태에서 그냥 맞고 있는 것보다는 공격이 최선의 방어라는 전투수칙에 입각하여 맞불작전으로 "가짜뉴스에 너무 오버하시면 정치공작을 의심받게 된다."는 제목으로 반대 논평을 발표했는데, 이를 요약하여 옮겨보았다.

70) 한편, 극좌파로 분류되는 방송인 〈오마이뉴스〉도 이와 같은 보도를 함으로써 2017년 5월 3일 더불어민주당을 엄호하려고 엄청 노력하였다.

책임을 물을 계획"이라고 말했다.

아울러 해수부는 같은 날 국영통신사인 〈연합뉴스〉를 통하여 "그러한 말을 한 공무원이 누구인지 모르겠고, 왜 거짓말로 세월호 인양작업을 한순간에 정치적 사안으로 만들어버렸는지 이해할 수 없다."는 입장을 밝혔다.

이처럼 해수부 관계자 한 사람의 양심선언을 틀어막느라 혼비백산한 문재인 측은 이미 민노총 산하단체인 언노련을 통해 언론을 전부 장악하여 자신들의 의도대로 통제하고 있었다. 하지만 이렇게 구린 냄새를 진동케 하여 필자가 어렵지 않게 그 냄새를 맡도록 섬세하게 배려하신 것은 역시 하나님이시다. 이 책을 통해 국민들에게 세월호 고의 침몰의 진실을 알리라는, 하나님의 준엄한 명령이 담긴 은총이 아닌가 생각해 본다.

사. 세월호의 인양과정에 얽힌 정치적 유착 가능성

국민의 당 박지원 의원이 제19대 대통령 선거과정에서 국민의 당 안철수 후보의 지지를 확보하기 위해, 부산시민들을 타겟으로 다음과 같은 발표를 한 사실에 주목하여 보자. "더불어민주당 부산시선거대책위원장인 오거돈 전 해양수산부 장관이 나서서 '문재인 후보가 집권하면 해양수산부의 수산 분야를 전담하는 제2차관을 신설하고, 국민안전부 소속의 해양경비안전본부를 이관하여 산하에 해양경찰청으로 둔다.'고 하면서 세월호 인양을 정치적으로 이용하기 위하여 현재 재임 중인 해양수산부 고위관료들에게 선거기간 시작 직전에 인양하기로 협상을 하였다."고, SBS의 '세월호 인양 고의 지연 의혹' 보도에 이어서 그 세월호 고의 지연 인양 의혹 과정의 근거를 추가로 폭로하였다는 점을 상기시키고자 한다.

우선 국민의 당에서 파악한 사실에 추가하여 살펴보면, 더불어민주당 부산시 선거대책위원장인 오거돈 전 해양수산부 장관은 지난 지방선거에서 부산시장에 출마하여 낙선한 바 있다. 이번 대선에서는 부산시 선거대책위원장이었고, 이에 대한 논공행상으로 더불어민주당 부산시장 후보로 출마, 오랜 숙원이던 부산시장에 당선되어 현재 부산시장으로 재임 중이다.

문재인 후보의 정치적 기반인 부산이 우리나라 최대의 항구도시이므로, 이를 관할하는 해양수산부에 대한 부처확장 공약은 해양수산부 공무원들에 대한 공약인 동시에 정치적 기반인 부산지역에 대한 공약으로서 일석이조의 전략적 의미를 가졌다. 따라서 부산시 선거대책위원장인 오거돈 전 해양수산부 장관이 주도적으로 전략을 수립하여 후배들인 해양수산부 장관과 차관을 통해 거래를 시도한 것은 더불어민주당의 입장에서는 너무나 당연한 선거 전략이었다. 즉, 오거돈과 문재인 후보의 입장으로서는 무명의 노무현 대통령이 해양수산부 장관을 거쳐 대통령에 당선된 신화를 재현하고자 선거 전략을 수립하였을 것이다. 노무현 전 대통령의 장인이 좌익이었다고 비판받자 "그렇다고 부인을 버려야 하느냐"고 항변하여 많은 여성 표를 획득했던 전례를 보면, 아마 노무현 전 대통령이었다면 이 사태를 정면 돌파했을지도 모른다. 하지만 사실을 감추려다 보면 거짓말이 거짓말을 낳아 결국에는 국민들로부터 불신을 받게 되고, 선거에서 패배하는 것은 명약관화한 사실이다. 이번에는 일시적이나마 국민들을 속이고 무사히 넘어갔지만, 이것이 바로 세월호를 고의 침몰시켰다는 강력한 논거 가운데 하나로 작용할 줄은 아마 그들도 미처 몰랐을 것이다.

이 같은 필자의 추론이 과도한 비약이라고 생각할 수도 있을 독자들을 위하여, 이러한 의문을 해소해 줄 만한 추가적인 간접적 정황사실 세 가지를 밝히고자 한다.[71]

첫째, 당시 오거돈 더불어 민주당 부산시 선거대책본부장과 김영석 해양수산부 장관의 관계를 살펴보면 두 사람 사이는 직접 정치적 거래를 할 만큼 친분이 있다는 것이다. 김영석 해양수산부 장관

---

71) 이 부분은 필자가 이미 2017년 5월 6일에 제기한 의문이다. 이에 대해서는 2017년 5월 6일 방송한 유튜브 방송 〈조갑제TV〉의 '해양 전문 변호사가 말하는 세월호와 조기 대선 이야기'라는 프로를 참고하기 바란다.

은 오거돈 더불어 민주당 부산시 선거대책본부장이 노무현 정부에서 제13대 해양수산부 장관에 취임한 2005년 1월, 과장에서 모든 직업공무원이 간절히 바라는 국장으로 승진한다. 즉, 오거돈이 장관으로 취임하면서 김영석이 해양수산부 감사관 보직의 국장으로 승진한 인연이 있는 매우 긴밀한 관계라는 사실에 주목할 필요가 있다. 특히 오거돈이 한국해양대학교 총장으로 재임하는 기간 동안 김영석은 부산 해양항만청장으로 근무하며 한국해양대학교의 석사와 박사과정을 다니면서 돈독한 관계를 유지해 온 사이이다.

둘째, 김영석은 약 3년간의 부산 해양항만청장직에서 물러난 후 여수 세계박람회조직위원회 사무차장으로 재직하며 공직생활의 위기를 겪게 되는데, 그 과정을 거치면서 정치적 감각을 훈련한 것으로 추정된다. 김영석은 강동석 여수 세계박람회조직위원회 위원장과의 마찰로 한직인 국제관장으로 밀려나 절치부심하면서 박근혜 캠프의 선거를 도와, 박근혜 정부 출범 당시 대통령비서실 해양수산비서관이 된다. 이후 세월호 사건을 수습하는 과정에서 정치인 이주영 해양수산부 장관을 보좌하는 차관으로 취임하고, 정치인 유기준 해양수산부 장관의 후임으로 장관이 되어 세월호 인양 당시까지 세월호 사건을 담당하는 해양수산부 장관으로 재직하고 있었다. 물론 그의 후임으로는 윤학배 차관이 대통령비서실 해양수산비서관에 이어 차관으로까지 따라왔다.

셋째, 위와 같은 관계에서 박근혜 대통령이 탄핵되자, 그전부터 기획된 탄핵 일정에 따라 물밑접촉을 해오던 문재인 측과 김영석 해양수산부 장관은 이심전심 자연스럽게 선거기간 개시 직전에 세월호를 인양하고, 부처 확대를 공약으로 천명하면서 누이 좋고 매부도 좋은 밀월관계를 즐기게 되었던 것으로 추정된다.

아마 이에 대해서는 김영석이 현재 세월호 사건 처리의 책임을 지고 영어의 몸이 되었으니 필자에게 무리한 추측이라고 반론을 제기하는 분도 있을 텐데, 그것은 좌파들의 속성을 잘 모르는 순진한 생각임을 밝힌다.[72] 이 사례를 자세하게 알아보고 나서도 필자의 주장에 의문이 남는다면 다시 한 번 꼼꼼히 정독하되, 별도로 수학의 '확률' 편에서 독립사건과 종속사건이 각각 무엇이며 조건부 확률의 개념과 독립사건이 반복되어 시행될 때 편리하게 계산하기 위하여 고안된 '독립시행의 법칙'에 대한 개념을 숙지하고 난 후, 다시 필자의 견해를 살펴보라고 정중하게 권해 드린다. 그리고 나서도 도저히 의문을 거둘 수 없다면 일단 이 부분은 과감히 건너뛰고 책을 끝까지 완독한 후에, 필자에게 질문하시면 최대한 친절하게 응답해 드릴 용의가 있음을 밝혀둔다. 만약 필자의 논리 전개나 추론의 결과에 반대한다면 그 어느 장소에서라도 공개 토론하여, 국민들의 엄중한 심판을 받을 것을 정중히 제안 드린다.

---

72) 이른바 '국정농단사건'의 특별수사단장을 맡아 "증거가 차고 넘친다."는 허위의 중간 수사결과를 발표, 결정적으로 촛불민심을 불러일으켜서 박근혜 전 대통령 사기탄핵의 일등공신이 되었던 이영렬 전 서울중앙지방검찰청 검사장이 토사구팽 당했던 사례를 자세하게 알아보기 바란다. 이 사례를 추천하는 이유는 좌파들이 나중에 문제될 것을 대비해 가담자에 대해 뒤처리를 어떻게 하는지 잘 나타내주는 사례이자, 김영석이 당하는 경우와 가장 유사하기 때문이다. 이것보다 더한 상황은 흔히 벌어지고 있는 의문의 자살과 같이, 대체로 자살을 당하여 꼬리를 자르는 경우이다.

제7장

세월호 사건이 남긴 후유증

7. 세월호 사건이 남긴 후유증

가. 해양경찰청의 해체와 부활-김영석의 역할

　김영석 해양수산부 장관은 2017년 1월 9일 정부세종청사에서 열린 신년 기자간담회를 통해 해양경찰의 역할 및 기능이 보다 강화돼야 한다고 밝혔다. 김 장관은 이 자리에서 "해경이 국민안전처 발족으로 별도부처로 나갔는데, 우리 입장에서는 뼈와 살을 깎고 도려내는 일이었다."며 "다음 정부 몫이겠지만, 어떤 형태든지 해경의 역할과 기능이 위축돼선 안 되고 강화돼야 할 것"이라고 말했다.

　앞서 해경은 2014년 세월호 사태 이후 정부조직 개편에 따라 신설된 국민안전처 해양경비안전본부로 흡수·통합됐다. 최근 들어 인천 지역 시민사회와 정치권을 중심으로 해경 부활 주장이 일고 있다.

　김 장관은 "해경의 중요성은 아무리 강조해도 부족하다."며 "그 과정에서 해경의 전문성과 조직 기능도 더 강화해야 하는 데 공감하고 있다."고 언급했다. 무엇보다 배타적 경제수역(EEZ)과 영해를 지키는 문제에 있어서는 시설 및 장비가 더욱 강화돼야 한다는 게 그의 생각이다. 김 장관은 "세월호 사태를 계기로 바다에 대한 전문성이 미흡하다는 걸 깨달았다."며 "그 후 연안여객선 관리문제나 해사 안전체계가 전체적으로 바뀌는 과정에서 해경 등 관련부처가 다중 이용선박 대응, 낚시어선, 연안여객 등을 공동으로 많이 개선했다." 고 말했다.

그는 이어 "해수부와 해경은 같은 해양을 지키는, 해양 안전과 해양영토 주권을 지키는 같은 공동운명체이자 한 가족"이라며 "예나 지금이나 조직과 상관없이 (해수부와 해경은)지금도 똑같고, 모든 면에서 공조할 것으로, 협력하고 지지하겠다는 생각은 여전하다"고 강조했다.

하지만 김영석은 청와대 해양수산비서관으로 재직 중에 발생한 세월호 침몰 사건의 수습책으로써 해양경찰청의 해체를 건의한 인물로 알려져 있다. 그야말로 해경의 입장에서는 병 주고 약 주고 하는 인물인 셈이다. 김영석 장관이 해경을 이렇게 보는 것은 그가 행정고시 출신으로 평생 해양수산부의 관료로 재직하였으므로 당연하다고 볼 수 있다.

그는 이 정권의 탄생에 상당한 기여를 한 인물이었으나 불행하게도 이영렬 전 서울중앙지방검찰청 검사장과 데자뷰된다. 이영렬은 이른바 최순실게이트의 특수수사본부장을 맡아 박근혜 전 대통령을 불법 탄핵시키는 데 특등 공신의 역할을 했지만, 결국 문재인 정부로부터 토사구팽을 당하였다.[73]

---

73) 이영렬은 이른바 수사격려금에 대한 답례 차원으로 법무부 기조실장에게 자신의 특활비를 건넸다가 김영란법 위반혐의로 기소되었다. 무죄를 받아 복직하였으나 복직 후 자진 퇴직을 하였다.

나. 2018년 3월 1일 세월호 상징탑 손괴 사건[74]

 보수단체들이 3.1절 집회를 열면서 세월호 관련 조형물 '희망 촛불'에 불을 지르고 세월호 관련 조형물을 파손했다. 이에 4.16 연대·민족미술협의회 등은 3월 5일 기자회견을 열고 보수단체 관계자들을 고소하기로 했다.[75]

 반면 자유한국당 측은 '희망 촛불' 조형물이 불법 조형물이라고 주장하며 보수집회 참가자들의 방화를 합리화했다.

 2018년 3월 5일 김진태 자유한국당 의원은 "삼일절 태극기 집회에 '희망 촛불'이라는 불법 조형물이 있는데, 이를 부순 혐의로 시민을 체포했다."며 "그런데 그 조형물은 불법"이라고 주장했다. 김진태 의원은 "서울시에서 과징금을 부과했던 대상"이라며 "서울시에서 철거해야 할 것을 그대로 두니까 시민이 대신 철거를 해준 것"이라고 말했다. 그리고 "서울시가 할 일을 시민이 대신해 준 것인데, 그것을 가지고 시민을 체포해 가나"라며 "그걸 다시 세울 것도 아니잖나"라고 말했다.

 이와 관련, 박원순 서울시장은2018년 3월 5일 국회에서 기자들에게 "말이 안 된다."며 "공공시설이나, 공공장소에 설치된 시

---

74) 이 사건에 대한 기사는 2018년 3월 5일 〈미디어오늘〉 정민경 기자의, "보수단체 방화...김진태 불법조형물, 대신 철거해 준 것'이라는 제목의 기사이다. 필자는 이 기사를 참조하여 이에 대해 비판하였다.

75) 그 결과 주로 대한애국당 당원들이 형사처벌을 받게 되었는데, 필자는 그중 안중규의 변호인이었다. 현재 문미진의 변호인을 맡아 2심을 진행 중이다.

설물들을 그렇게 손괴하고 방화하는 것은 또 다른 범죄나 처벌 대상이고 서울시도 적절한 조치를 취할 예정"이라고 밝혔다. 박원순 시장은 "만약 그 조형물이 불법이라고 하더라도 공공이 철거해야지, 개인이 방화해선 안 된다."고 지적했다.[76]

세월호 관련 조형물인 'PEACE'와 종이배 모양 조형물을 만든 최병수 작가 역시 "그런 주장은 물타기에 불과하다"고 반박했다. 최 작가는 5일 〈미디어오늘〉에 "그 조형물이 불법이라면 시에 민원을 넣는 식으로 해결하는 게 맞지, 공공성을 띈 사람도 아닌 이들이 와서 넘어뜨리는 것은 행정기관을 무시하는 처사"라고 말했다.

최 작가가 만든 세월호 조형물들도 3.1절 보수집회 과정에서 파괴된 것이 있다. 최 작가는 "이 조형물이 불법이라는 주장은, 자신들의 주장을 무마시키려고 하는 물타기"라며 "과태료가 나왔더라도 서울시에서 처리해야 할 일"이라고 강조했다.

---

76) 그러나 보수단체에서 이 조형물을 철거하게 된 것은 약 4년 간 불법 시설물을 강제 철거하지 않고 불법을 묵인하고 심지어 조장하기도 한 박원순 서울시장의 직무유기 책임부터 물어야 할 것이다. 그는 애국단체로부터 직무유기로 고소를 당할 것을 염려한 탓인지 결국 세월호와 관련된 천막도 2019년 3월 18일 철거하였다.

다. 세월호 당시 국군기무사령관 이재수 장군의 죽음[77]

　세월호 참사 당시 유가족들을 사찰했다는 혐의로 검찰 수사를 받아온 이재수 전 국군기무사령부 사령관이 2018년 12월 7일 투신, 사망했다. 투신 전 벗어놓은 외투에서는 "모든 것 내가 안고 간다. 모두에게 관대한 처분을 바란다."는 취지의 유서가 발견됐다.

　서울 송파경찰서에 따르면, 이 전 사령관은 2018년 12월 7일 오후 2시 53분쯤 서울 송파구 문정동 한 오피스텔 13층에서 몸을 던져 숨졌다. 이 오피스텔은 이 전 사령관의 지인 사무실인 것으로 알려졌다. 투신 전 벗어놓은 외투에서 A4용지 두 장 분량의 유서가 발견됐는데, "모든 것은 내가 안고 간다. 모두에게 관대한 처분을 바란다."는 취지의 내용인 것으로 알려졌다. 소방 관계자는 "(이 전 사령관은)발견 당시 이미 심정지 상태였다."고 말했다. 이 전 사령관은 위급한 상태로 국립경찰병원으로 옮겨졌지만, 병원 도착 20여 분 만에 숨진 것으로 알려졌다.

　이 전 사령관은 2014년 5월~10월, 당시 박근혜 전 대통령의 지지율을 올리기 위해 기무사 내에 '세월호 TF'를 만들어 유가족들의 동향을 사찰하도록 지시한 혐의 등으로 검찰 수사를 받아왔다. 그러나 법원은 지난 3일 직권남용권리행사방해 혐의로 검찰이 청구한 구속영장을 기각했다. 당시 서울중앙지법 이언학 영장전담부장

---

77) 필자 역시 2018년 12월 11일 광화문광장 북쪽 공터에서 치러진 이재수 전 기무사령관의 추모제에서 이를 규탄하는 연설을 한 바가 있다. 이 글은 〈조선일보〉 기사를 참고해서 작성한 것이다.

판사는 "증거 인멸의 염려가 없고 수사 경과에 비춰 도망의 염려가 있다고 보기도 어렵다."며 "현 시점에서 피의자에 대한 구속의 사유나 필요성, 상당성이 없다."고 밝혔다.

이 전 사령관은 2018년 12월 3일 오전 영장실질심사(구속 전 피의자 심문)에 앞서 '세월호 유가족들에 대한 불법사찰을 인정하느냐'는 취재진의 질문에 "모든 공은 부하에게, 책임은 나에게라는 말이 있다. 그게 지금 제 생각"이라고 했다. '한 점 부끄럼 없었다는 입장은 여전히 변함없나'는 질문에는 "그렇다."고 짧게 답했다. 그는 2018년 11월 27일 피의자 신분으로 검찰에 출석해 "한 점 부끄럼 없는 임무 수행을 했다"고 말했었다.

그의 죽음을 애도하는 주변 인사가 많았다. 그러나 전형적인 군인으로 강직한 성품을 지닌 것으로 알려졌던 그를 존경하고 흠모하는 후배들이 많았지만, 박근혜 전 대통령의 동생 박지만 회장과 고등학교 동창이자 육사동기로서 절친한 관계로 인해 현역 군인은 거의 문상을 오지 못한 것으로 알려졌다.

그는 세월호 당시 국군기무사령관으로서, 어쩌면 세월호가 북한의 지령과 전교조 교사들에 의해서 실행된 고의 침몰이라는 첩보를 입수하여 알고 있었을 가능성이 높다.그래서 이재수 장군이 결심만 하면 미국 등 국제사회에 도움을 청하거나 적어도 이 사실을 알릴 위험성이 크다고 판단, 이를 방지하는 차원에서 이재수 장군을 자살을 위장한 타살로 살해했을 가능성도 배제하기 어렵다. 추후 정권이 교체된다면 이 같은 관점에서 이재수 장군의 죽음에 관하여도 철저히 수사를 해야 할 것이다.

라. 아직도 남아 있는 노란 리본의 흔적
   -컬러 혁명[78]

컬러 혁명이 지구촌을 휩쓸고 있다. 이 컬러 혁명은 구소련 위성국가들이나 이슬람 독재국가를 미국이 친미자유주의 국가화하는 과정에서 자연스럽게 발생하는 혁명이다. 결국 공산주의 위성국가 시절의 전통 때문에 아직도 사회주의 체제이거나 집단지도 체제인 독재체제를 탄생하고 자유를 쟁취하려는 것이 컬러 혁명인 것이다.

그 예들 중, 조지아에서는 '장미혁명'을 일으켜 국가비상령을 선포한 상태에서 대선이 치러졌다. 96%라는 압도적인 지지율로 사카시빌리 대통령이 당선되어 독립국가연합에서 탈퇴하고 북대서양조약기구(NATO)에 가입하려고 했으나 실패했다.

'오렌지 혁명'은 2004년 우크라이나에서 벌어진, 오렌지색 물결로 뒤덮은 대대적인 부정선거 규탄 시위이다.[79] 우크라이나는 2004년 세 차례나 대통령선거를 치른 끝에 평화적으로 정

---

78) 이란에서 일어나고 있는 그린혁명을 이해하려면 우선 구 소련의 위성국가에서 독립한 국가들에서 일어난 컬러 혁명을 이해해야 한다. 컬러 혁명의 공통점은 미국의 돈과 권력이 개입된 일들이다. 이 컬러 혁명은 구 소련의 해체에 따라 분리된 구 소련 위성국가를 친미국가화해 나가는 과정에서 상징색을 사용하는 혁명을 하여 이른바 '색깔 혁명(color revolution)'이라 부른다. 공산주의 위성국가 시절의 전통 때문에 아직도 사회주의 체제이거나 집단지도 체제이다. 이를 친미자유주의 국가화하는 과정에서 자연스럽게 혁명이 발생하게 된다.

79) 이 부분은 〈매경닷컴〉을 참조하여 서술하였다.

권교체를 이뤘다. 특히, 부정으로 얼룩진 11월 21일의 대선 2차 투표 이후 연일 계속된 대중 집회가 폭력으로 비화하지 않고 재선거 요구로 수렴된 것은 우크라이나가 1991년 독립 이후 쌓아온 민주 역량을 잘 보여줬다. 오렌지색 깃발을 사용한 빅토르 유시첸코 후보는 '오렌지 혁명'의 구심점 역할을 함으로써 참신한 지도자로 자리 잡았다.

그 외에 라트비아, 에스토니아, 리투아니아, 키르기스스탄에서 비슷한 형태의 컬러 혁명이 일어났다. 그러나 이 나라들은 스스로 무너져 내리고 있다. 동부 유럽을 강타한 경제위기와 미국의 위기가 맞물려 정치적·경제적으로 어려움을 겪고 있다. 키르기스스탄의 위치는 중국·카자흐스탄과 국경을 맞대고 있는데, 미국이 중국을 견제하기 위해 이 나라에 마나스 미 공군기지를 설치하였다. 그 결과 키르기스스탄과 러시아 사이에 분쟁이 발생하였다. 키르기스스탄 정부가 미 공군기지를 2014년까지만 임대한 뒤 폐쇄하겠다고 밝혀, 미국은 중앙아시아에서 공군기지를 모두 잃게 되었다. 그 대신 러시아 군대가 들어가기로 하였는데, 이에 대해서는 중국도 대환영했다.

그런데 문재인 정부는 자유주의의 실현이라는 세계사적 보편성을 무시하고 세월호 침몰 사건을 일으킨 후, 노란 리본을 달고 이른바 '촛불혁명'을 일으켜 박근혜 전 대통령을 불법 탄핵하였다. 하지만 문재인 정부의 장래가 밝지만은 않다. 컬러 혁명과 같이 자유의 확대라는 세계사적 보편성에 입각하지 않고, 오히려 공산주의 독재체제로 회기하려는 움직임은 결코 성공할 수 없다. 이제 우리 애국시민들이 자유민주주의 체제를 수호하기 위해 컬러 혁명을 일으켜야 할 때이다.

제8장

세월호 사건의 극복:
안전하고 자유로운 대한민국을 향해

8. 세월호 사건의 극복:
안전하고 자유로운 대한민국을 향해

가. 안전한 대한민국을 위하여:
내(부)적 안전과 외(부)적 안전

인간이라면 누구나 안전하고 자유롭게 살아가고 싶을 것이다. 이를 실현하기 위해서는 삶의 터전인 국가가 안전하고 자유로운 나라여야 한다.

그런데, 안전한 나라와 자유로운 나라 중 어느 것이 먼저 만들어져야 하는지, 삼척동자도 알 만한 문제이다. 자유로운 나라를 만들기에 앞서 안전한 나라를 먼저 구축해야 하는 것이다. 우리는 세월호 침몰 사건을 계기로, 그 사고 원인을 분석해 철저한 안전대책을 수립·실천하여 대한민국을 더욱 안전한 나라로 만들어야 한다.

국가의 안전은 '내(부)적 안전'과 '외(부)적 안전'으로 구분할 수 있다. '내적 안전'은 국가공동체 내에서 각 구성원들이 사회질서를 지켜 불안감을 가지지 않고 서로 평화롭게 공존하는 상태를 의미한다. '외적 안전'은 국가공동체가 외적의 침략을 받지 않고 영토를 보전하면서 국민을 보호하며 주권을 원활하게 행사하는 상태를 의미한다. '내적 안전'을 담당하는 정부부처가 주로 안전 행정부와 법무부이다. 그 소속기구로서 독립 외부관청인 경찰과 검찰이 주로 사회질서 유지를 위한 범죄예방·수사 및 공소제기·형 집행 등을 담당하고 사법부에서 분쟁해결과 처벌을 위한 형사재판을 맡는데, 이들이 협력하여 '내적 안전'을 담당한다. '외적 안전'을 담당하는 정부부처는 주로 국방부이지만, 국가정보원 같은 조직은 마치 인체에 있어서 눈과 귀와 같은 감각기관인 동시에 신경세포와 같은 조직이므로 국가라는 유기체의 '내적 안전'은 물론 '외적 안전'을 지키는 데 빼놓을 수 없는 필수조직이다.

그렇다면 국가의 '내적 안전'과 '외적 안전' 중 어느 것이 우선적으로 보장되어야 하는가? 물론 둘 다 지켜지는 것이 바람직하지만, 국가의 재정 능력이나 행정 능력이 부족하여 둘 중 하나를 우선적으로 지켜야 하는 상황에서는 당연히 '외적 안전'이 우선되어야 한다. 그것은 논리적인 추론문제가 아니라 경험으로 충분히 알 수 있는 문제이다. 물론 개인주의적 세계관이나 자유주의적 세계관에서는 '내적 안전'을 우선시하고, 전체주의적 세계관이나 평등주의적 세계관에서는 '외적 안전'을 우선시할 수도 있다. 하지만 '내적 안전'과 '외적 안전'은 대등한 가치를 가지고 세계관에 따라 우선순위를 선택할 수 있는 문제가 아니라는 점을 분명하게 알아야 한다. 달리 말하면, '외적 안전'은 '내적 안전'을 보장받기 위한 전제이다. 가치의 우열을 따진다면 '외적 안전'이 '내적 안전'보다 더 우월한 가치이다. 그것은 우리가 수많은 외침을 당했던 수난의 역사를 돌아보면 비교적 쉽게 알 수 있다. 몽고의 침입에 의한 병자호란이나 왜적의 침입에 의한 임진왜란이 너무나 먼 역사라면, 불과 1세기도 지나지 않은 일제에 의한 36년간의 식민지 역사에 비추어 볼 때 '외적 안전'이 '내적 안전'보다 더 우선되어야 한다는 것이 자명하다. 이것은 집안에서는 늘 다투던 형제·자매들도 다른 집 아이와 싸움이 났을 때는 서로 자기 형제나 자매를 도와주는 것과 같은 이치이자 자연스러운 순서다.

 한편, '내적 안전'과 '외적 안전'은 그 확보 방법이 확연히 구분된다. 먼저 인간이 살아가는 데 있어서는 늘 재화·지위·명예 등이 부족하기 마련이다. 그런데 인간들은 생존본능으로 인한 자기보존의 욕구에 터 잡은 이기심으로 인해 대부분 서로 먼저, 더 많이 차지하려는 욕구를 가지고 있다. 이러한 상황에서 갈등을 해결해 주기 위해 창안된 배분 방법이 바로 '경쟁의 원리'이다. 경쟁의 원리에 따라 실현되는 희소한 재화의 배분방식이 바로 '배분적 정의'이다. 배분적 정의란 사회적으로 희소한 재화를 각자가 그 생산에 기여한 만큼, 즉 생산에 참여한 구성원의 개인적 능력에 따라 배분하는 것이 정의로운 배분이라는 원리이다. 이것은 사회적으로 희소한 재화나 지위·명예 등의 배분 원리를 경쟁에 맡기겠다는 것을 의미하므로, '경쟁의 원리'를 적용한 것이라고도 할 수 있다. 한편, '경쟁의 원리'를 보완해 주는 원리가 있는데, 그것은 '사랑의 원리'이다. '사랑의 원리'는 근본적으로 경쟁력이 약한 사회적 약자나 일시적이나마 도움이 필요한 상태에 처해 있는 사람의 형편을 고려하여 엄격하게 '경쟁의 원리'를 적용하지 않고 완화하여 적용하거나, 그들이 처한 열악한 상황이 해소될 때까지 그들에게 배분에서 우선순위를 주거나 배분의 양을 보충하는 방법 등을 사용하여 그들을 배려해 주자는 원리이다.

그런데 '내적 안전'은 국가라는 역사적·문화적 공통성을 지니는 운명공동체의 구성원끼리 질서를 형성하면서 평화적으로 공존하기 위해 필요한 것이므로, '내적 안전'을 확보하기 위해서는 '경쟁의 원리'보다 '사랑의 원리'가 상대적으로 더 우선 적용되어야 할 필요도 있을 수 있다. 하지만 '외적 안전'은 냉혹한 현실주의가 주류적 가치를 이루는 국제관계 속에서 국가 공동체의 생존을 확보하는 문제와 직결되는 문제이다. 따라서 '외적 안전'을 확보하기 위해서는 '사랑의 원리'보다는 '경쟁의 원리'를 더 우선적으로 적용해야 할 가능성이 크다고 할 것이다. 그간 미국은 세계의 경찰 역할을 하며, 많은 무역적자를 감수하면서도 세계의 최대 소비시장 역할을 감당해 왔다. 그런데 트럼프가 대선공약으로 '미국우선주의(America First)'를 내세우며 당선되어 현재 이를 기조로 미국 외교가 전개되어 가고 있다. 미국은 무역수지가 흑자인 상대국에 대해 흑자폭을 줄이기 위한 보호무역정책을 구사하려고 관세장벽을 높이는 중이다. 또한 공화당 트럼프 진영에서는 MAGA(Make America Great Again)를 슬로건으로 재선을 위한 선거준비에 들어간 지 오래다. 이러한 미국우선주의(America First)가 바로 '경쟁의 원리'를 앞장세우는 전형적인 국제관계의 한 모습인 것이다. 다만, 우리나라는 미국과 같은 패권국가가 아니므로, 군사적으로는 한미동맹을 공고하게 유지하면서 어떻게 미국의 보호무역 장벽을 잘 활용할까 하는 전략적 목표를 세워야 한다. 즉, 한미 간 FTA(자유무역협정)를 잘 유지해 나갈 지혜를 발휘하여야 한다. 따라서 미국 내의 산업 환경을 잘 파악하여 그 사정을 협상과정에 반영하는 한편, 우리의 전략 수출품목이 미국의 보호무역 장벽에 걸려 수출장애를 겪지 않도록 미리 대비하여야 할 것이다.

한편, 자본주의의 가장 큰 약점이 바로 '빈익빈 부익부' 현상이다. '내적 안전'은 국가라는 불가분의 운명공동체의 구성원끼리 질서를 형성하면서 평화적으로 공존하여야 하므로, 자본주의의 최대모순이자 사회문제인 '빈익빈 부익부'현상을 해소해야 '내적 안전'이 확보될 수 있다. 그러기 위해서는 무자비한 '경쟁의 원리'보다는 '빈익빈 부익부'현상을 조금이라도 완화할 수 있는, 이른바 '따뜻한 보수'로 불리는 '사랑의 원리'를 앞장세워야만 '내적 안전'이 확보될 수 있을 것이다.

이러한 관점에서 살펴보면, 세월호 침몰 사고가 과연 우연한 해상 교통사고인지 북한과 전교조에 의한 기획 침몰인지, 발생 원인에 따라 그 해결방법은 확연히 달라져야 한다. 다시 말해서, 세월호 침몰 사고가 단순 해상 교통사고로 '내적 안전'에 해당하는 문제인지 북한과 전교조에 의한 기획 침몰로 '외적 안전'에 속하는 문제인지에 따라 그 확보 방법 내지는 해결 방법이 근본적으로 달라져야 한다는 것이다.

 만약 '내적 안전'의 문제라면 엄격하고도 완전한 안전규정의 철저한 구비, 국민들의 안전의식의 고양, 철저한 사전 대비훈련 등을 통해 해결할 수 있다. 또한 '외적 안전'의 문제라면 주적의 속성을 완벽히 파악한 후, 전 국민이 단결하여 물샐 틈 없는 대비태세와 함께 임전무퇴의 강인한 정신으로 적을 방어할 상무정신의 함양이 가장 중요하다.

 결론적으로 말하자면, 우리와 우리 후손들의 생존권을 확보하기 위해서는 '내적 안전'보다는 '외적 안전'을 우선시해야 한다. 이 명제는 북한의 선전선동술에 따라 전교조에 의해 전도된 가치를 교육받은 젊은 세대들이 한시바삐 왜곡된 가치 전도현상에서 벗어나야 확립될 수 있다. 즉, 철저한 안보의식을 함양해 '외적 안보'의 중요성과 선차성을 자각하여야만 우리들의 운명을 스스로 지켜나갈 수 있을 것이다. 그것이 바로 국가의 '외적 안전'을 바탕으로 '내적 안전'을 도모해 나가는 첩경이다.

나. 한미동맹 파괴를 위한 이간전술:
이른바 효순이·미선이 사건[80]

 안전한 대한민국을 위해서는 '내적 안전'보다 '외적 안전'이 우선되어야 한다는 사실을 밝혔다. 그런 관점에서 우리의 외적 안전을 지켜주는 막강한 우군이 바로 한미(군사)동맹체제에 의한 '주한미군'이다. 그러한 장기적 목표를 달성하기 위한 노력과 아울러 국민들의 저변에 잠재하고 있는 반미감정을 이용하여 수세에 몰려 있던 제18대 대선을 뒤집고자 시도한 여론선동이 바로, 이른바 '효순이·미선이 사건'이었다. 이를 위하여 야간집회를 하면서 촛불을 들게 되어 이른바 '촛불시위'의 시발점이 되었다. 이것은 황장엽이 말한 '북한의 통일전술', 이른바 '갓끈 작전'[81]에 입각한 것이었다. 이 사건을 좀 더 자세히 살펴보면 아래와 같다.

 미군 장갑차에 의한 중학생 압사 사건은 2002년 6월 13일, 당시 조양중학교 2학년이던 신효순·심미선이 경기도 양주군 광적면 효촌리 소재 국가지원지방도 제56호선에서 갓길을 걷다가 주한미군 미 보병 2사단 대대 전투력훈련을 위해 이동 중이던 부교 운반용 장갑차에 깔려 현장에서 숨진 사건이다.

---

80) 이 부분은 '위키백과'를 참조하여 필자의 견해를 덧붙여 작성한 것이다.

81) '갓끈 작전'이란 필자가 황장엽의 주장을 알기 쉽게 설명하기 위해 임의 적으로 붙인 이름이다. 황장엽은 "북한의 김일성이 적화통일을 하기 위해서는 미국과 일본과의 동맹관계를 와해시켜 버리면 적화통일을 시킬 수 있다고 했다고 한다. 그것은 마치 갓끈을 끊어버리면 갓이 바람에 날려가 버리듯이, 미국과 일본은 한국이 갓이라면 그 갓끈 역할을 하는 군사동맹 관계이므로 그 갓끈을 끊어야 한다고 주장했다."고 말했다.

2002년 6월 13일은 목요일이며 지방자치단체장 선거가 있는 날이었다. 광적면 효촌2리에 살고 있던 신효순과 심미선(당시 14살)은 국도를 따라 언덕을 넘어 덕도리 쪽으로 300미터만 가면 있는 친구(김다희)가 사는 초가집이라는 이름의 식당에 모여 의정부에 놀러가기로 하였다. 학생들은 졸업생이 10명에 불과한 효촌초등학교를 나온 동창으로, 다음날은 효순 양의 생일이기도 해서 여학생 5명이 모이기로 약속했었다.

사고가 난 길은 편도 1차로로 폭 3.3미터에 불과한 지방도이며, 현장은 법원리와 덕도리 사이의 골짜기로 급경사에 곡각지로 남쪽은 산을 깎아 도로를 만들어 별도 인도가 없어 차가 온다면 사람이 피할 곳이 없는 길이다. 서쪽의 법원리에서 한참 내리막을 달려오던 차가 마을 앞에서 갑자기 도로 사정이 바뀌어 오르막이 시작되는데 오른 쪽으로는 산을 끼고 휘어져 올라간다.

이날 낮 10시 30분경 두 여학생은 마을을 나와 친구 집으로 길을 따라 올라가고 있었다. 그 뒤에서는 주한미군 미 보병 2사단 44 공병대대 소속 부교 운반용 장갑차가 법원리 쪽에서 내려와 약간 왼쪽으로 틀어 막 언덕으ㄴ 올라오고 있었다. 차량 행렬은 선두 안내차량 1대, 병력 수송 장갑차, 그 뒤로 사고차량, 일반 공병궤도 차량 3대, 후미 안내차량 1대였다. 이때 맞은편에서 M2/M3 브래들리 기갑 전투차량 5대가 덕도리에서 무건리 훈련장으로 오고 있었다. 사고가 난 도로의 폭은 3.3미터 정도인데 반해 사고차량의 폭은 3.65미터다. 사고차량이 중앙선을 침범하지 않으려면 갓길을 걷고 있던 학생을 치지 않을 수 없다.

사고가 난 도로는 인도도 따로 없는 편도 1차선의 좁은 도로로, 주민들은 평소 갓길을 인도 삼아 통행해 왔다. 2002년 6월 13일 사고가 난 이후 유족들은 "당시 사고차량의 너비가 도로 폭보다 넓은 데다 마주오던 차량과 무리하게 교행을 시도했다는 점에서 이번 사고는 이미 예견된 살인행위였다."고 주장했다.

미군 당국은 사고 당일 미8군 사령관의 유감의 뜻을 전하고, 다음날인 6월 14일에는 미 보병 2사단 참모장 등이 분향소를 직접 방문해 문상하고 피해 유가족에게 각각 위로금 100만원을 전달하는 등 사고 수습에 나섰다. 미군 측은 15일 장례식을 치르면 사단장과 면담할 수 있도록 하겠다고 약속했으나, 장례식을 마친 후 미군 측은 번역상의 실수를 이유로 면담 약속을 파기하였다.

이후 미군 당국은 7월 3일 운전병과 관제병을 과실치사죄로 미 군사법원에 기소하는 한편, 라포트 주한미군 사령관의 사과를 전했다. 그와 별도로 대한민국 검찰도 관련 미군에 대해 자체조사를 벌이기로 했다. 이는 유족들이 6월 28일

차량 운전병과 관제병, 미2사단장 등 미군 책임자 6명을 업무상과실치사 혐의로 의정부지청에 고소하고, 미국 측의 재판권 포기를 요청한 데 따른 것이다. 하지만 미군 측은 신변 위협을 이유로 검찰의 소환 조사에 응하지 않았다. 법무부는 7월 10일, 사상 처음으로 미국 측에 재판권 포기 요청서를 보냈다. 그러나 8월 7일 미군 당국은 "동 사고가 공무 중에 일어난 사고이기에 재판권이 미국에 있으며, 이제껏 미국이 1차적 재판권을 포기한 전례가 없다."는 이유를 들어 재판권 포기를 거부했다.

이후 11월 18일부터 11월 23일까지 동두천 캠프 케이시 내 미 군사법정에서 열린 군사재판에서 배심원단은 기소된 미군 2명 모두에게 공무를 행하던 중 발생한 과실사고임을 근거로 무죄(not guilty) 평결을 내렸다. 그 후 미군은 무죄 평결이 있은 지 5일 만인 11월 27일 사죄 성명을 발표하였다.

한편 미국의 무성의한 태도에 대한 반미시위가 계속 이어지면서 미국의 고위 관리들이 직·간접적으로 사죄하였고 조지 워커 부시 대통령은 유감을 표명하였다.

이 사건에 대해 북한의 반응은 특이하게도 장갑차에 희생된 두 사람을 2003년에 평양 모란봉제1중학교에 등록하고 2005년에는 명예졸업장을 수여하였다.[82]

북한에서 이렇게 한 이유를 필자는 당연히 알고 있다. 그 이유는 마침 효순이·미선이가 미군 장갑차에 의해서 희생당함으로써 북한으로서는 일석이조의 효과를 보았기 때문이다. 북한 김정일은 노무현을 대통령에 앉히고 싶었는데, 노무현의 인기가 너무 없어 여론조작마저 힘들어 어려움을 겪고 있었다. 그런데

---

82) 이 사실이 밝혀진 것은 전교조와 한국교총에 속한 남한의 교사들이 북한에 행사 차 방문했을 때, 북측에서 평양 모란봉제1중학교 교실의 빈 책상 위에 미선이·효순이의 졸업장이 놓여 있는 것을 보여주었다고 언론이 보도하였다.

마침 효순이·미선이 사건이 발생하자 반미감정을 부추겨 미국을 곤란한 처지에 빠뜨려서 장차 미군철수를 추구하는 데 기여하는 한편, 여론조작을 통한 부정선거로써 노무현을 당선시킬 수 있는 계기를 마련해 주었다. 만약 효순이·미선이가 북한에 태어나서 이 정도의 기쁨을 김정일에게 주었다면, 당연히 영웅 칭호를 받았을 것이다. 김정일은 교시를 통해 효순이·미선이에게, 우리나라의 예원중학교나 국제학교의 중등부과정처럼 특기생이나 수재들이 입학할 수 있는 평양의 영재학교 모란봉제1중학교의 명예졸업생이 되게 하였던 것이다.

우리는 이 사건을 통하여, 북한이 우리의 대통령 선거에 영향을 미친다는 사실을 다시 한 번 확인하였다. 북한의 적화통일을 위한 통일전선전술은 '조국통일 3대헌장'에 입각하여 일관성 있게 세 가지를 추구한다. 바로 '자주의 원칙'에 입각한 미군 철수, '평화통일의 원칙'에 입각한 국가보안법 폐지, '민족대단결의 원칙'에 입각한 연방제 통일인데 1997년부터 공식화된 북한의 대표적 통일정책이다. 우리 국민들 중에서 이 세 가지 중 하나만 주장해도 종북 좌파세력일 가능성이 있지만, 두 가지 이상을 강하게 주장하면 거의 종북 좌파이거나 적어도 종북 좌파의 비호세력이라고 판단하면 틀림이 없다.

따라서 우리 주변에 북한의 '조국통일 3대헌장'을 두 항목 이상 주장하거나 동조하는 사람이 만연하여 있다면 그것으로부터 적화의 위기를 피부로 실감할 수 있을 것이다.

다. 자유로운 대한민국을 위하여

자유로운 대한민국을 유지하기 위해서는 무엇보다도 우선, 자유를 지향하는 국민들이 그 사상의 빈곤을 극복해야만 한다. 왜 자유를 지켜야만 하는가? 서양 역사에서는 자유를 쟁취하기 위하여 "자유가 아니면 죽음을 달라."고 외쳤던 적도 있었고, "민주주의는 피를 먹고 자란다."고 설파한 사람도 있었다.

박근혜 전 대통령의 탄핵을 계기로 자유를 지키려는 시민들이 얼마나 자유가 소중한지를 조금씩 깨달아 가는 것 같다. 문재인의 집권과정에서 필자가 느끼는 소회는 '중우정치를 극복하고 자유민주주의를 지키는 첩경은 국민 개개인의 정치적 의식이 성숙되어 국민 스스로가 자신의 자유를 지키려는 확고한 의지를 가지는 것'이라는 점이다. 그 누구도 자유를 거저 갖다 주지는 않는다.

서양의 역사, 즉 자유 확대의 역사를 살펴보면 왕권에 대한 투쟁을 통하여 쟁취해 온 역사이다. 영국은 1250년 마그나카르타부터 시작하여 1628년의 권리청원을 거쳐 1688년에 발생한 명예혁명을 통한 1689년의 권리장전에 이르기까지, 무려 440여 년의 기나긴 권리쟁취의 역사가 있었다. 프랑스도 혁명을 통해 부르주아라는 유산자계급이 혁명을 주도하여 자유를 쟁취하였다.

조금 더 구체적으로 살펴보자. 프랑스(대)혁명은 1789년 5월 5일~1799년 11월 9일, 프랑스에서 일어난 자유주의 혁명이다. 프랑스 혁명은 엄밀히 말해 1830년 7월 혁명과 1848년 2월 혁명도 함께 일컫는 말이지만, 대개는 1789년의 혁명만을 가리킨다.

이때 1789년의 혁명을 다른 두 혁명과 비교하여 프랑스 대혁명이라고 부르기도 한다. 절대왕정이 지배하던 프랑스의 앙시앵 레짐(Ancien Régime) 하에서 자본가계급[83]이 부상하고, 미국의 독립전쟁으로 자유의식이 고취된 가운데 인구 대다수를 차지하던 평민의 불만을 가중시켜 마침내 흉작이 일어난 1789년에 봉기하게 되었다. 도시민과 농민의 개입(대공포)으로 폭력 양상을 띤 이 혁명은 2년에 걸쳐 전 체제를 전복시켰고, 소문을 들은 피지배민족의 자유와 독립 쟁취의식을 고취하여 여러 민족을 거느린 주변 강대국들을 불안하게 했다. 앙시앵 레짐을 무너뜨렸지만 혁명 후 수립된 프랑스 공화정이 나폴레옹 보나파르트(Napoléon Bonaparte)의 쿠데타로 무너진 후 75년간 공화정·제국·군주제로 국가 체제가 바뀌며 굴곡진 정치상황이 지속되었으나, 프랑스 혁명은 역사상으로 민주주의 발전에 크게 기여했다. 크게 보면 프랑스 혁명은 유럽과 세계사에서 정치권력이 왕족과 귀족에서 자본가계급으로 옮겨지는, 역사상 완전히 새로운 시기를 열어놓을 만큼 뚜렷이 구분되는 전환점이었다.

1620년 청교도들이 종교의 자유를 찾아, 메이플라워호를 타고 모국인 영국을 떠나 대서양을 건너 신대륙 미국의 동부지방인 뉴잉글랜드에 도착했다. 이후 '대표 없는 곳에 조세 없다'는 기치를

---

83) 18세기의 산업혁명에 의하여 모든 선진국에서 나타난 특징적인 현상으로, 자본가계급이 형성되면서 이윤추구를 위한 자유로운 상품거래를 위해서는 계약자유의 원칙이 필요하게 되어 왕으로부터 강하게 자유를 요구하게 되었다.

걸고 영국의 무리한 과세에 항의하는 과정에서 발생한 보스턴차 사건을 계기로 영국과의 독립전쟁에서 승리, 1776년 미국의 건국 과정을 통틀어 미국 독립혁명이라고 정의한다. 미국 역시, 종교의 자유를 찾아 떠나온 전통으로부터 자유를 더욱 확대하기 위하여 영국과 전쟁을 치른 끝에 값진 자유를 얻게 되었다. 미국은 이러한 자유주의적 전통을 지키며 고립주의 외교노선을 취하다가, 제2차 세계대전에 참전하여 나치·파시즘·일본제국주의가 동맹을 맺은 추축국을 물리치고 연합군을 구출함으로써 자유진영의 맹주가 되었다.

그런데 우리나라는 36년간의 일제 식민지에서 해방을 맞이할 때 스스로의 힘으로 쟁취하지 못한 결과, 독립정부를 수립할 힘이 없었다. 제2차 세계대전 후 결성된 국제연합에 의한 3년간의 신탁통치 끝에, 남한만의 단독선거로 간신히 건국혁명에 성공하였다. 그 건국혁명은 국민 대중들에 의한 것이 아니라 건국 대통령 이승만의 탁월한 능력에 의한 것이었다. 1948년 8월 15일에 이스라엘과 더불어 일란성 쌍생아처럼 수립된 대한민국의 건국과 초대 정부의 탄생은 마치 하나님의 선물처럼 기적에 가까운 일이었다.[84]

---

84) 실제로 이스라엘은 디아스포라 유대인들이 중심이 되어 고국으로 모여들어 건국하였고, 대한민국은 제헌의회 의원들 절대다수와 초대 대통령 이승만이 기독교 성도들이었다. 두 나라 건국의 공통점은 제2차 세계대전 후 식민지에서 독립된 국가라는 점 외에 미국의 도움으로 세워진 하나님을 신봉하는 국가라는 점이다. 따라서 우리나라의 애국가에 "하느님이 보우하사"라는 가사가 나오는 것은 당연한 일이다. 안익태의 원곡 가사에서는 '하느님'이 아니라 '하나님'으로 되어 있다.

필자는 개인적으로, 박근혜 대통령이 탄핵을 당하지 않고 제19
대 대통령 선거가 치러졌더라면 정말 우리나라가 바로 헌법 개정
을 통해 공산화되었을 가능성이 매우 높았다고 생각하고 있다. 필
자의 이러한 견해에 동의를 하고 안 하고는 독자의 자유의사에 맡
기겠다. 하지만 우리가 자유를 얻으려면 그 대가를 치러야만 한
다. 다시 말해, 자유는 공짜가 아니며 우리 스스로 피와 땀을 흘린
투쟁으로 쟁취한 자유만이 진정한 자유임을 강조한다.

라. 5.18사태를 뒤집은 좌파들의 영광스런 기억

 자유로운 대한민국을 만들기 위해서는 무엇보다도 우선, 대한민국을 적화시키려는 북조선민주주의인민공화국의 통일전선전술을 정확히 파악하여 '외적 안전'을 확보해야 한다. 1948년 5월 10일 유엔의 감시 아래 남한만의 자유총선거가 실시되었다. 이후 1948년 7월 17일 제헌의회에 의한 헌법제정이 이루어졌고, 그 해 8월 15일 건국과 동시에 초대 대통령으로 선출되어 초대 이승만 정부가 탄생하였다. 그 해 12월 12일 유엔에서는 한반도 유일한 합법정부로 '대한민국'이 승인되었다. 즉 남한만의 단독선거에 의해 유일 합법정부인 이승만 정부가 성립된 것이다. 그런데 그 이전에 이미 북한 지역에서는 소련군 대위 출신 김성주가 해방 후 소련의 지원을 받아 존경받던 항일의병장 김일성 장군인 체하면서 사실상 북한 지역을 점령하고 있었다. 그래서 그들은 남한에 대한민국이 수립되자마자 1948년 9월 9일 조선민주주의인민공화국을 수립하였다. 이후 한반도에서는 1950년 6.25전쟁이 발발, 거의 3년간의 민족상잔을 겪었다. 그리고 휴전되어 두 체제의 분단이 유지되었는데, 북한에서는 '통일의 3원칙'인 자주·평화·민족대단결의 원칙을 통일전선전술로 채택하면서 끊임없이 화전양면전술을 구사해 오고 있다. 겉으로는 남북대화를 하자고 하면서도 항상 뒤통수를 치며 무력도발을 하거나, 테러·게릴라 파견을 통한 소요 유발을 통해 대한민국을 적화시키려는 공작을 하고 있는 것이다. 이러한 이해를 바탕으로 세월호 사건을 통해 박근혜 전 대통령이 탄핵을 당하게 된 과정을 되짚어 보기로 하자. 필자는 여기서, 5. 18 광주사태를 제대로 처리하지 못한 역사적 과오로 인해 세월호 침몰 사건이 발생했다는 점을 지적하고자 한다.

1994년 6월, 북한 핵 사태로 인해 한반도에 전운이 감돌고 있을 무렵 한국 정부는 정치적 부담이 큰 스캔들로 상당한 위기를 맞고 있었다. 당시 김영삼 정부는 출범 초부터 대선 정치자금 수수 문제로 인해 곤혹을 치르고 있었으며, 이에 대한 국정조사가 진행 중이었다.[85] 물론 여기에 온 국민과 언론의 관심이 집중되어 있었다. 이러한 상황 속에서 야당들의 공격에 당황한 김영삼 정권은 북한 핵 사태 해결에 아주 무기력했다.

이러한 정치적 어려움을 돌파하기 위해, 북한의 지령을 받은 종북 좌파들의 전두환 전 대통령과 노태우 전 대통령에 대한 처벌요구를 전면적으로 수용하여 1995년 12월 21일에 법률 제5029호로 '518민주화운동등에관한특별법'이 제정되어 전두환 전 대통령과 노태우 전 대통령에 대한 처벌을 하게 되었다. 이

---

85) 이 부분은 2016년 10월 20일 일산간지남이 작성한 인터넷 블로그 '1994년 대한민국의 핵전쟁 위기상황'을 인용하였다.

처벌 법안은 소급입법금지원칙[86], 처분적법률금지원칙[87] 등 자유민주주의 국가의 근간인 죄형법정주의원칙을 무너뜨린 참담한 내용이었다. 이것은 결국 김영삼 정부가 종북 좌파들의 숙주 노릇을 한 결과였다. 오늘날 세월호 침몰 사건이라는 북한의 공작을 통해 유언비어 유포, 정치적 마타도어를 통해 민심을 이반시킨 결과 북한의 지령에 따라 허위사실을 유포한 것이라고 합리적으로 추론할 수 있다. 이러한 유언비어를 사실이라 믿게 된 군중들이 모여서 벌인 소위 '촛불 혁명'에 겁먹은 검찰·국회·헌법재판소가 자기 조직만 살아남기 위한 비겁한 조직이기주의 때문에 자유민주주의와 불가분의 관계를 이루는 법치주의를 사망시켜 버렸다.[88] 이처럼 법치주의의 사망으로 인해 자유민주주의마저 사망의 위험에 처하게 되었던 것이다.

---

86) 법령을 이미 종결된 사실관계 또는 법률관계에 적용하는 것으로 입법하는 것을 금지하는 원칙을 말한다.

87) 사법재판 또는 행정집행을 매개로 하지 않고 직접 국민에게 권리나 의무를 발생케 하는 법률, 즉 법률이 자동집행력을 가지는 처분적 법률을 제정해서는 안 된다는 법원칙으로, 죄형법정주의의 한 원칙이다. 처분적 법률의 예로는 개별인법률·개별사건법률·한시법(률)이 있다. 518민주화운동등에관한 특별법은 개별사건법률이다.

88) 자유민주주의와 법치주의가 불가분의 관계를 가진다는 것은 영미법의 '법에 의한 지배(rule by law)'원칙이나 대륙법계의 법치주의가 형성된 역사적 배경을 살펴보면 자명해진다.

마. 미국산 쇠고기 광우병 사건

　종북 좌파들은 이명박 정부가 들어서자마자 원탁회의를 열어 북한으로부터 온 지령을 실행하기 위해 미국산 쇠고기 수입을 반대하는 촛불집회를 연일 개최하였다. 좌파 연예인을 등장시켜 대중을 모으고, 동시에 이들을 이용하여 대중을 선동하는 수법은 '효순이·미선이 사건'을 거치면서 더욱 더 세련되었다. 그 당시 이명박은 촛불집회에 동원된 군중을 보고 놀라서, 청와대 뒷산인 인왕산에 올라가 운동가요인 '아침이슬'을 부르며 눈물을 흘렸다고 하니 그것이 사실이라면 참으로 기가 막힐 일이다. 당시 MBC 'PD수첩'에서는 미국산 쇠고기를 먹으면 마치 광우병에 걸릴 것처럼 선동하는 방송을 하였는데, 그 책임 피디였던 최승호는 허위사실을 바탕으로 선동 목적의 방송을 한 것이 드러나 회사에서 쫓겨났다. 그랬던 그가 탐사 보도를 주로 하는 '뉴스타파'라는 업체를 운영하다가 문재인이 집권하자 친정인 MBC의 사장이 되었다. MBC는 편파방송을 통해 국민의 눈과 귀를 가려, 평균 3~4%대의 시청률을 기록하던 '뉴스데스크'의 시청률도 1%대를 헤매면서 시청자들의 철저한 외면을 받고 있다. 이 글을 읽고 최승호가 선전선동을 멈추기를 바라는 마음에서 〈미래미디어포럼〉의 논평을 가감 없이 원문 그대로 옮겨 싣기로 한다.[89]

---

89) 2017년 1월 7일 'PD와 기자에 이용당하는 국민들'이라는 제목으로 〈미래미디어포럼〉에 발표한 논평이다. 〈미래미디어포럼〉은 바람직한 미디어 세상을 연구하는 전·현직 언론인들의 모임으로, 회장은 MBC 출신의 이상로 (citylovelee@hanmail.net) 교수다.

PD와 기자에 이용당하는 국민들

촛불은 많이 모여도 주변을 환하게 밝힐 수 없습니다. 그 이유는 촛불 한 개 한 개의 빛 에너지가 너무나 약하기 때문입니다. 따라서 촛불이 아무리 많이 모여도 광장이나 거리에서는 가로등처럼 사용할 수 없습니다. 즉 촛불로는 우리가 보려고 하는 대상물을 정확하게 볼 수 없다는 것입니다. 그렇다면 사람들은 왜 광장에서 촛불을 들까요? 광장의 촛불은 무엇을 보려는데 사용하는 것이 아니라, 남에게 보여주려는 데 그 목적이 있습니다. 광장 촛불의 시각적인 효과를 극대화하기 위해서는 첫째, 어둠이 필요합니다. 물론 어두울수록 더 효과가 납니다. 둘째, 다수의 사람(군중)이 필요합니다. 사람은 많을수록 더 유리합니다. 촛불 효과를 극대화하기 위한 첫 번째 조건인 '어둠'은 쉽게 얻을 수 있습니다. 밤 시간을 이용하면 됩니다. 두 번째 조건인 다수의 사람(군중)만 모을 수 있다면 촛불집회는 성공할 수 있습니다.

많은 사람들을 모으기 위해서는 언론(言論)이 필요합니다. '광우병 파동' 때도 언론이 사람들을 광장으로 모이게 했습니다. 이번 '최순실 국정농단' 사건도 역시 언론의 힘이 얼마나 막강한지를 유감없이 보여주었습니다. 따라서 우리는 촛불집회 뒤의 연출자를 정확하게 알아야 합니다. '광우병 파동'의 연출자는 MBC PD들이었습니다. 이번 '최순실 국정농단' 사건의 연출자는 JTBC 기자들입니다.

연출자가 사람들을 많이 모으기 위해서는 슬로건(구호)이 필요합니다. 광우병 연출자인 MBC PD들은 "미국 쇠고기를 먹으면 광우병에 걸린다."는 구호를 사용해서 사람들을 모았습니다. '최순실 국정농단'의 연출자인 JTBC 기자들은 "일개 아녀자가 국정을 농단했다"는 주제를 사용했습니다. 이들 두 개의 슬로건 모두 대중을 흥분시키고 분노하게 만드는 데 적합한 광고카피들입니다.

'광우병 파동'에 사용된 "미국 쇠고기를 먹으면 광우병에 걸린다."는 구호의 진위(사실인지의 여부)가 밝혀지는 데는 수년이 걸렸습니다. 미국산 쇠고기를 수년 동안 먹어도 광우병에 걸린 사람은 없습니다. 그런데 소위 '최순실 국정농단' 사건을 검증하는 데는 1시간 또는 수십 분이면 족합니다. 세 대의 태블릿 PC(JTBC가 검찰에 제공한 것, 고영태 씨가 검찰에 제출한 것, 특검이 입수한 것)를 한곳에 모아놓고 검증하면 됩니다. '세 대의 태블릿 PC 공개', 이것이 정답입니다.

이렇게 간단한 일을 적극적으로 기피하는 집단이 있습니다. JTBC, 검찰, 특검, 헌법재판소입니다. 정답은 이미 나와 있습니다. 그런데 이 네 개의 집단은 정답을 애써서 피해가고 있습니다. 우리는 정답을 피해서 행동하는 사람들을 정치적인 인물이라고 말합니다. 이들은 왜 정답을 피해갈까요? 정답이 공개되면 자신에게 불리해지기 때문입니다. 그래서 JTBC는 일찌감치 "태블릿 PC 따위는 필요 없었는지도 모릅니다."라고 선언했습니다. 어제(1.16) 헌법재판소에서 최순실 씨는 "검찰에서 수사를 받을 때 제발 태블릿 PC를 보여 달라."고 애원했다고 합니다. 또 헌법재판소는 처음부터 "태블릿 PC를 증거로 채택하지 않겠다."고 했습니다.

대한민국은 정답을 피해가는 나라입니다. 특검은 정답을 피해가기 위해 한 달 더 수사기간을 연장해 달라고 요구하고 있습니다.

정답을 피해가는 나라의 국민들은 정치인 또는 정치적인 사람들에 의해 동원되는 엑스트라일 뿐입니다. 그리고 그들은 소위 가진 자와 배운 자들입니다.

이 글은 역시 언론인 출신답게, 후배들의 언론농단을 통한 대중 선동을 막고자 매우 적확한 표현으로 핵심을 정확히 논평하고 있다. 한마디로 말해서, 언론을 이용한 선전선동의 폐해를 지적하는 정곡을 찌른 명문이다. 양궁으로 치자면 과녁의 정중앙에 설치된 카메라를 맞춘 이른바, 'X10'을 맞춘 셈이다.

MBC PD들뿐만 아니라 모든 방송사의 방송인들과 언론인들은 이상로 교수의 충정어린 조언을 귀담아 들었으면 한다. 만약 이를 흘려들었다가 그대들의 날이 다한 후 그 엄중한 책임을 어떻게 감당하려고 그런 행위를 서슴지 않고 행하는지, 필자로서는 그저 한심할 따름이다.

바. 대한민국을 망하게 하는 또 하나의 비극적 마타도어: 세월호 사건

여기에서는 북한에서 박근혜 전 대통령을 탄핵시킬 역공을 펼치기 위해서 세월호 침몰 사건을 고의로 일으킬 수밖에 없었음을 밝히고자 한다.

그 첫 번째 근거로, 2013년 12월 주범은 구속 기소되고 공범은 불구속 기소한 사건을 하나 소개하기로 한다.

2013년, 박근혜 대통령이 집권하자마자 반정부투쟁을 하려고 모의하던 국가보안법 위반사건이 발생하였다. 대한민국의 위헌 정당인 통진당 해산을 위한 투쟁이 개시되었던 것이다. 이를 좀 더 자세히 소개하면 이렇다.[90]

서울중앙지검 공안2부(김광수 부장검사)는 국가보안법 위반 혐의로 '6.15남북공동선언 실현을 위한 청년모임 소풍'(이하 '소풍') 등 간부 7명을 불구속 기소했다고 2013년 12월 15일 밝혔다.

앞서 검찰은 지난 2013년 5월 '소풍'을 결성하고 2007년 2기 대표로 활동했던 이준일 통합진보당 서울 중랑구위원장을 구속

---

90) 이 글은 2013년 12월 15일 〈민중의 소리〉 윤정헌 기자가 쓴 "검찰, '소풍' 회원 9명 국보법 위반으로 기소"라는 제목의 기사를 바탕으로 재구성한 것이다.

기소한 데 이어 10월에는 유모 씨를 불구속 기소했다.

검찰에 따르면, 이들은 매년 개최된 소풍 정기총회를 통해 북한이 '신년공동사설' 등에서 밝힌 대남혁명노선을 따라 주한미군 철수·국가보안법 철폐 등 투쟁계획을 세워 활동해 온 혐의를 받고 있다. 이들은 한미FTA 반대, 미국산 쇠고기 수입 반대, 한진중공업 희망버스 등 주요 집회에도 참가해 왔다.

소풍은 공안당국의 수사가 시작되자 2013년 4월 기자회견을 열고 "'종북 몰이'를 앞세워 정권안보용 탄압을 하고 있다."고 주장한 바 있다.

이와 같이 남재준 국정원장이 국가보안법을 적용하여 간첩 소탕에 나서자, 서울시공무원 유우성 사건의 증거가 위조됐다는 것을 빌미로 더불어민주당을 위시하여 정의당도 거칠게 항의하며 국정원장 퇴진을 외치면서 역공을 펼쳐왔던 것이다.

그들은 북한의 지령을 받아, 북한의 대선개입을 차단하려는 대응 차원에서 국정원 대북심리전단 소속 여직원이 정당하게 행하던 작전을 민주당원이던 전직 국정원 직원을 통해 그 장소를 알아내고 이를 습격하여, 이른바 '국정원 댓글사건'으로 몰아붙이며 임기 초부터 박근혜 퇴진 시위를 하였던 것이다. 호시탐탐 박근혜 대통령의 퇴진을 노리던 반정부 집단이 세월호 참사를 기획한 목표는 당연히 '박근혜 퇴진'이었고, 이 박근혜 퇴진을 주장하는 자들이 바로 '세월호 침몰 사건'을 기획했을 가능성이 높다. 아닌 게 아니라 박근혜 집권 초기부터 도대체 얼마나 많은

'박근혜 하야' 구호가 있어왔던가?

우선 2016년 11월 22일 '사회변혁노동자당'이라는 이름의 성명서를 살펴보면, "철도파업의 승리를 위해 11월 30일 민주노총은 박근혜 퇴진 총파업을 조직하고 있다."고 하면서 "야 3당의 파업철회 요청을 단호하게 물리치고, 박근혜 퇴진 투쟁으로 흔들림 없이 나가자."고 선동하고 있다. 이때에는 철도파업을 하는 노조원들에게 박근혜 대통령의 탄핵을 예고하는 듯한 언사를 사용하고 있다.

다음으로, 이미 2014년 초부터 서울역 고가도로 분신 사건을 계기로 나오게 된 박근혜 퇴진 시위부터 살펴보자.[91]

2013년 12월 31일, 남대문경찰서는 서울 중구 서울역 앞 고가도로 위에서 분신한 40살 이모 씨가 오늘 아침 7시 55분쯤 사망했다고 밝혔다. 그리고 경찰은 이 씨가 빚 독촉으로 힘들어했다는 유족의 진술 등을 토대로 이 씨의 정확한 분신 경위를 조사하고 있다고 발표했다.

이후 2014년 1월 1일 문성근은 자신의 트위터에 "명복을 빕니다. 긴급속보. 몇 분 전, 12월 31일에 서울역 고가에서 '박근혜 퇴진, 특검실시' 펼침막을 건 채 온몸에 쇠사슬을 묶고 분신하신 이모 씨가 운명하셨다."는 글을 게재하며, 서울역 분신 남성의 사망 소식을 전했다.

---

91) 이 부분은 2014년 1월 2일 작성된 〈투데이 코리아〉의 김영훈 기자가 작성한 "서울역 분신 남성 사망, 문성근 '삼가 고인의 명복을 빕니다.'"라는 기사를 참조, 필자가 재작성하였다.

전 민주통합당 대표 출신 배우 문성근은 문익환의 대를 이어 북한에 충성하는 자라고 다수의 사람들이 생각하고 있다. 그런 그가 이 분신 사망자와는 무슨 관계이기에, 빚에 쪼들려 신병을 비관해 분신자살한 젊은이가 사망한 지 몇 분 만에 그에게 애도하는 글을 올렸다는 말인가? 원래 빚에 쪼들려 자살할 정도면 가까운 지인들과도 거의 연락이 끊긴 상황이라고 보는 것이 상식적이지 않은가? 따라서 문성근이 이 젊은이의 죽음과 깊은 관련이 있다고 보는 것이 이상할 바도 아니다.

　그렇다면 박근혜 퇴진을 위해 도대체 왜 이 사건을 꾸몄을까?[92] 이유는 간단한데, 역사적으로 거대한 규모의 시위에는 항상 어떤 '죽음'이 그 도화선이 되었던 게 역사적 사실이기에 일어나는 현상이다. 그 대표적인 예가 바로 1919년 고종 장례일에 벌어진 3.1운동과 1926년 순종 장례일에 벌어진 6. 10만세운동이다. 또 현대에 와서 정권 퇴진을 불러일으켰던 시위에는 늘 '학생'의 죽음이 기폭제가 되지 않았던가? 1960년 3.15부정선거 후 마산 앞바다에 떠오른 마산상고학생 김주열의 주검으로 촉발된 4. 19의거와 1987년 박종철의 남영동 대공분실에서의 물고문에 의한 사망과 경찰이 시위진압을 위해 쏜 최루탄이 머리에 박혀 사망한 연대생 이한열의 사망이 중첩되어 일어난 6월항쟁이 바로 그것이다.

---

92) 이 부분은 인터넷의 유명한 논객 아수라의 이론을 많이 참조하였다. 그가 나눈 단계적 설명에 전적으로 동조한다. 따라서 그 모델을 차용하여 현실에 적용, 필자의 설명을 덧붙였다.

결국 어떤 죽음이 일어나야 역사적으로 남을 수준의 시위가 가능하다. 또 현대에는 정권 퇴진을 불러일으켰던 시위들은 '학생의 죽음'이 그 빌미로 자리 잡게 되었다. 그리고 지금은 박근혜 퇴진을 목표로 임기 초부터 계속 부채질이 일어났던 중인데, 그 결과는 시원치 않았다. 이 같은 점만 고려해도 사고를 기획할 만한 주체가 누구인지는 분명하지 않은가?

이제까지의 설명을 간단하게 요약해 보자.

> 1단계: 종북 좌파단체는 지속적으로 임기 초부터
>   현 정권의 퇴진을 요구해 왔다.
> 2단계: 현 정권의 퇴진을 요구하는 시위는 많았으나
>   결과는 발생하지 않았다.
> 3단계: 지금은 어떤 대형시위를 간절히 원하는 집단이 있다.
> 4단계: 역사적 경험으로 볼 때 학생들의 죽음은
>   정권 퇴진을 위한 강력한 시위의 시발탄이 되었다.

이러한 상황 아래서 이 사건이 터지자마자 기다렸다는 듯, 유족인지 아닌지 구별도 안 되는 자들이 유족 무리에 끼어들어 반정부 언사가 나오기 시작했다. 또 한 가지 어이없는 것은 유족 대표를 맡았던 '송정근'이 유족도 아니고 실종자 가족도 아님에도 불구하고 학부모 대표를 맡았다는 점이다. 그런데 그가 마침 선거를 준비 중인 민주당 출신의 예비후보자라는 사실이 드러나 구설수에 올랐다. 사건 발생 직후 괴상한 집단이 끼어들어 반정부 언사를 작정하듯 퍼붓고, 학부모 대표라는 자가 학부모도 아

니고 유족도 아닌데 정권 퇴진을 주장하는 정당 출신인 상황을 도대체 어떻게 받아들여야 하는가?

온갖 가짜가 다 끼어든 게 이번 세월호 참사 유족들의 상황이었다. 결국 유족들과 가짜유족이 섞인 단체는 청와대로 이동하기 시작하는데, 더 황당한 것은 청와대로 이동하도록 부채질한 자들은 유족도 아니고 실종자 가족도 아니라는 점이다. 청와대 행진을 선동하는 유족도 아닌 자들, 이들의 목표는 도대체 무엇일까?

필자는 이 청와대 행진도 결국 목적이 아니라 수단으로 보고 있는데, 청와대 행진의 목적도 결국 '청와대 발포'를 종착역으로 보고 있다. 청와대는 대통령이 있는 장소라 경호가 삼엄해 쉽사리 들어갈 장소가 아니고, 보안을 위해 무장한 군인이 지키고 있는 것은 주지의 사실이다. 그런데 흥분상태에서, 또 흥분을 조장하는 놈들이 개입된 상태에서 청와대에 밀고 들어가면 어떤 상태가 일어나겠는가? 바로 청와대 발포가 예상되는 사태이고, 4.19도 결국 군중들이 흥분한 상태에서 이를 저지하려다가 순간적으로 발포 명령이 일어났음을 알아야만 한다. 그리고 이승만 대통령이 이로부터 일주일 후 망명하겠다는 하야성명을 발표하게 되었다는 것이다.

게다가 4월부터 6월은 시위하기 가장 좋은, 최적의 날씨조건임도 감안할 필요가 있다. 겨울은 춥고 여름은 덥고, 적당히 따뜻한 4월부터 6월에 이르는 기간이 시위하기에는 최적의 상황이다. 그렇기에 역사적으로 굵직한 시위인 4.19나 6월항쟁이 다이 기간에 일어났다. 광우병 사태도 말할 것은 없고, 2013년 국정원 댓글사태·촛불시위도 모두 이 기간에 일어났음을 상기할 필요가 있다. 그렇기에 필자는 이번 세월호 침몰 사건의 기획성과 목적을 일단 여덟 단계의 시나리오로 나눈 후 이를 설명하고자 한다.

1단계: 박근혜 정권 초부터 지금까지
       퇴진을 꾸준히 요구하는 정치적 단체가 있다.
2단계: 이 정치적 단체는 시위를 조장해서
       박근혜 퇴진을 획책 중이었지만 그 결과는 좋지 않았다.
3단계: 현대 역사 중 정권 퇴진을 불러왔던
       거대시위의 시발점은 학생의 사망이다.
4단계: 이것을 노리고 애초부터
       학생이 타고 있는 세월호 참사를 기획하였다.
5단계: 유족들 사이에 끼어들어 유족 행세를 하며
       흥분을 조장한 후 청와대 진입을 유도했다.
6단계: 청와대에 진입을 유도하고,
       흥분을 유발해 청와대 발포 상황까지 유도한다.
7단계: 청와대 발포를 유도한 후
       시위하기 좋은 계절을 맞아 전국적 봉기를 조장한다.
8단계: 그 결과 박근혜 대통령이 자진 사퇴하도록 하여
       제2의 4.19를 2014년에 완성한다.

이 중에서 여섯 번째 단계까지는 성공하였다. 하지만 마지막 두 단계에 있어서 기획자가 없고, 자연적으로 발포 명령이 이루어지기를 기다렸지만 발포 명령을 담당할 자가 없었다. 이는 역으로 말하면, 박근혜 대통령이 민주적인 대통령이었음을 반증하

고 있다. 원래의 시나리오는 박근혜 대통령의 자진하야였음은 2019년 3월 8일 〈정규재TV〉에서 헌법재판소가 탄핵결정 일주일 전에 자진하야를 하지 않으면 8:0으로 탄핵하겠다고 겁박을 하였다는 특종보도를 한 사실에 비추어 볼 때, 7단계와 8단계의 가설이 충분히 입증되었다고 할 것이다.

사. 핵 위협보다 더 무서운 북한의 비정규전 바로 알기: 5.18사건과 세월호 침몰 사고의 성격

이미 위에서 자유대한민국을 지키기 위해서는 특히 적화통일을 호시탐탐 노려온 북한으로부터 '외적 안전'을 보장하여야 함을 살펴보았다. 북한의 대남공작부는 1960년 4월 19일 마산 사건, 1980년 5월 18일 광주 사건, 1983년 10월 9일 아웅산 사건, 1987년 11월 29일 KAL기 폭파 사건, 2014년 4월 16일 세월호 사건과 같이 봄·가을에 대형 조작 테러 사건[93]들을 저지른다. 대한민국의 '외적 안전'을 보장받기 위해서는 이 점을 숙지하고, 이러한 대형 테러 공작에 대한 대비책을 시급히 마련해야 한다.

다음으로 반드시 살펴보아야 할 점이 바로 북한 대남공작부서의 변화된 공작전술이다. 원래부터 북한 대남공작부서는 남한의 민심을 조작하는 선전선동을 해왔지만, 그것이 가장 전형적으로 구현된 것이 바로 5.18광주 사태였다.[94] 좀 더 자세히 살펴보면,

---

93) 이 견해는 〈뉴스타운〉의 조원용의 법조비화 제60회 "김용옥 망언을 규탄한다! 공영방송을 장악한 언론독재의 현실 "에 댓글을 달아주신 '빨갱이박멸'님의 견해를 반영하여 작성한 것이다.

94) 5.18광주사태는 여전히 북한특수군의 남파 여부에 대해서는 다툼이 심하지만, 10.26 사태로 서거한 박정희 전 대통령의 권력 공백상태에서 김대중이 집권하려다가 저지되자 북한과 내통하여 저지른 특수한 게릴라전이라는 설이 유력하다. 이 견해를 강력하게 주장하는 사람이 지만원 박사이고, 김대령 박사도 그의 저서를 통해 이러한 입장을 밝히고 있다. 필자 역시 '5.18 역사연구회'라는 학술단체에 가입하여 운영위원(3. 22. 회장으로 호선됨)으로 활동하면서 이 견해에 동의하고 있다.

3.15부정선거 이후 마산 앞바다에 떠오른 마산상고학생 김주열의 시체로 인해 4.19사건이 발생한 것도 북한의 대남공작부에 의한 소위 시체팔이 공작의 시작점으로 파악할 수도 있다. 이후 시간이 흐를수록 대남공작부의 이러한 공작술이 더욱 진화되어, 1980년 5월 18일 광주 사건은 더욱 정교하게 진행된 특수한 형태의 도시 게릴라전의 성격을 띠게 되었던 것이다. 5.18광주 사건에서는 우선 지역감정을 부추기는 유언비어인 동시에 주력진압군으로 투입된 공수부대에 대한 맞춤형 유언비어인 "경상도 공수부대가 광주사람들을 다 죽이러 왔다."는 유언비어를 퍼뜨렸다. 그리고 "공수부대가 임산부의 배를 갈라 태아를 꺼냈다."는 유언비어와 함께 "여대생의 가슴을 도려냈다."는 등의 적개심을 불러일으키는 유언비어를 주로 퍼뜨렸던 것이다. 이와 함께 북한군들은 민간인 복장으로 위장한 채 광주 인근 전남지역 예비군 무기고를 순식간에 탈취한 점, 방위사업체인 아세아자동차를 털어 트럭과 장갑차를 탈취하여 몰았던 점, 광주교도소를 습격하였던 점은 군사훈련을 받은 특수군이 아니고서는 실행할 엄두조차 내기 어려운 일이 아니겠는가? 하여간 5.18광주사건은 유언비어에 의한 선전선동과 민간인 복장을 한 특수군의 무력사용이 결합된 특수한 형태의 도시 게릴라전이었다고 보는 것이 합리적이다. 이 사건의 성격을 규정할 때 처음에는 5.18광

주사태로 정의되었다.[95] 나중에 노태우 정부에 의해서 국민통합의 차원에서 희생자들에게 '배상'이 아닌 보상이 이루어졌다. 이 과정에서 생뚱맞게도 이 사건의 성격을 '광주사태'가 아닌 '민주화운동'이라는 선심이 이루어졌던 것이다. 이 당시 정치지형이 3분 구도를 형성해서 야당 분열을 통해 약 35.9%의 지지율을 얻어 어렵게 당선된 노태우는 자신의 권력을 유지하기 위하여 어쩔 수 없이 정치적 양보를 해야만 할 수밖에 없었을 것이다. 하지만 이 때문에 결국 김영삼 정부 때에는 엄청난 정치적 시련을 겪을 단초를 제공한 셈이 되었다. 하여간 5.18은 장차 엄청난 보상을 하게 되고 이를 통하여 진정한 민주화 세력이 아닌 종북 좌파들이 유공자 심사과정을 왜곡시키고 이를 기반으로 하여 하나의 특권층을 형성하게 되었다는 강한 의심을 지울 수 없다. 특히 5.18 유공자는 다른 국가유공자와는 달리 보훈처에서 지정하지 않고 광주시에 정하여 추천하면 별다른 사유가 없는 한 보훈처에서 그를 유공자로 지정해야 한다. 요약하자면 5.18은 출발부터가 북한 대남공작부서 정도가 아니라 특수군이 남침하여 현지 고정간첩들의 안내를 받아 저지른 특수한 형태의 도시 게릴라전으로, 유언비어가 심리전의 형태로 결합되어 선량한 시민들이 선동에 현혹되어 가담한 하나의 전투였다는 점이

---

95) 이 점 때문에 전두환 전 대통령이 발행한 회고록에서 5.18은 북한특수군 600명이 저지른 폭동임을 스스로 밝힌 점 때문에 출판금지가처분을 당하였다. 이후 조비오 신부에 대한 사자명예훼손죄로 기소되어 광주지방법원에서 공판 중이다.

유력하게 주장되고 있음을 분명히 인식하여야 한다.

이제 2014년 4월 16일에 벌어진 세월호 침몰 사고를 이러한 5.18사건의 경우와 비교해 보기로 하자. 이제까지 필자는 세월호 침몰 사건이 북한의 대남공작부에 의해 기획되고, 전교조를 위시한 청해진해운의 선장과 안전담당 항해사 및 조기장·진도 해양경찰의 일부에 의해 실행된 고의 침몰일 수도 있다는 점을 논증하였다. 이 사건에 대한 자세한 증거는 추후에 반드시 밝혀지겠지만, 현재로서는 필자의 수학적이고 논리적인 추론을 바탕으로 무려 아홉 가지나 되는 간접증거를 통해 입증할 수 있을 뿐이다. 다행스럽게도 우리에게는 장로이신 국부 이승만 대통령을 통해 하나님께서 한미동맹이라는 선물을 주셔서 나라를 지켜주셨다. 지금이라도 우리는 세월호 침몰 사고의 진실을 통해 그 성격을 정확히 파악하여야 한다.

침몰하는 세월호에서 승객들을 구조할 생각은 하지 않고, 자신들만 살기 위해 팬티만 입은 채 해경의 구명정으로 뛰어내린 이준석의 모습에서 분노를 느낀다. 뚜렷한 목적도 밝히지 않고 외유성 순방을 마치고 온 후에도 국민들에게 순방 성과에 대한 일체의 보고조차도 없는 대통령. 그리고는 국무회의를 통해 김학의 전 법무차관 사건, 장자연 씨 사건, 승리와 정준영 씨의 마약과 성행위 촬영 파문 사건 등 특정사건을 검찰과 경찰이라는 두 수사기관의 명운을 걸고 수사하라는 지시나 하는 대통령! 과연 이준석보다 나은 것이 무엇인가. 문재인은 지난 3월 22일 국립대전현충원에서 열린 제4회 '서해수호의 날' 기념식에는 참

석하지 않았다. 물론 대통령직에 취임한 이후 첫 번째 열린 제3
회 '서해수호의 날' 행사에도 참석하지 않았다. 기념식에는 이낙
연 총리와 정경두 국방장관, 피우진 국가보훈처장, 로버트 에이
브람스 한미연합사령관, 황교안 자유한국당 대표, 전사자 유가
족과 참전 장병 등이 참석했다. 대신 이 날 오전 문재인은 7번째
지역경제 투어로 대구에서 열리는 '로봇산업 육성 전략 보고회'
에 참석했으며, 오후에 역시 대구에서 열리는 2019년 '세계 물
의 날' 행사에 참석했다. 그런데 이 두 행사 도중에 사단이 났다.
대구 반고개 무침회 식당에서 점심을 먹었는데, 그 때 경호 차량
에서 기관단총으로 중무장한 경호원이 촬영되었던 것이다. 또
한 대구 칠성시장을 방문할 당시에도 여전히 대통령의 근접 경
호관들이 다중 살상용 기관단총을 사람들의 시야에 노출된 상
태로 지참하고 있었다. 이에 대하여 언론이 비판하자, 청와대 대
변인은 이를 옹호하는 발언을 하였다. 그 이전에 문재인은 아세
안을 순방하던 중 캄보디아를 방문하였는데, 그는 캄보디아 총
리는 물론 국왕에게 각각 한 차례씩 두 차례에 걸쳐 내전 극복의
지혜를 알려달라고 요청했다. 이것은 또 무엇을 의미하는가? 그
는 국민들에게 극단적인 공포정치를 사용할 수 있다고 암시하
며, 협박하고 있지 않은가? 이 종북 주사파 집단들이 마지막 발
악을 하려는 조짐을 여러 곳에서 드러내고 있다. 다시 한 번《거
대한 음모, 세월호 침몰》을 보면서 '붉은 바다에 빠지는 한국호'
를 중얼거리게 된다. 여러 독자 제현께서 이 책을 읽은 후, 특히
문재인을 지지한 적이 있는 젊은이들이 각성할 수 있는 책이라

고 판단하시면 그 젊은이들에게 널리 윤독해 주시길 정중히 부탁드린다. 부족한 필자에게 이 책을 쓰게 하시고, 집필하는 동안 늘 함께 하시며 지혜와 영감을 주신 하나님께 모든 영광을 올리며 이 글을 마친다.

에필로그

이른 새벽에 이러한 영감을 떠올려 주신 임마누엘 하나님께 감사를 드린다.

이 책을 마무리하면서 필자가 마지막으로 강조하고 싶은 것이 몇 가지 있다.

우선 강조하고 싶은 점은, 민주주의 사회의 여론은 마치 인간에게 혈액과도 같은 존재라는 것이다. 혈액에 발생한 암이 바로 백혈병이다. 따라서 민주사회에서 왜곡된 여론은 마치 몸에 발생한 백혈병과 같다.

세월호 사건에서 유언비어를 유포해 정부에 대한 민심을 이반시킨 것은, 마치 신라시대에 청년 무왕이 신라 장안에 잠입하여 선화공주에게 장가를 들려고 장안의 아이들에게 마를 주고 꾀어 '서동요'를 따라 부르게 한 수법과 매우 흡사하다. 무왕은 자신의 한 몸을 희생해서 조국 신라의 체면을 지키려고 했던 선화공주의 조국애를 절묘하게 이용하였다. 사악한 수법의 청년 무왕은 조국 백제를 일시적으로 흥성하게 하였지만, 결국 화랑세속오계로 충효를 단련한 신라의 화랑도정신 앞에 굴복하고 말았다.

그런데 여론 조작을 통해 집권하는 것은 자유민주주의 체제를 택한 국가라는 유기체가 백혈병에 걸린 것처럼 위험한 현상이다. 여론 조작을 통한 집권은, 나치와 같은 극우적 전체주의가 출현하거나 안토니오 그람시의 이데올로기적 헤게모니 이론처럼 사회주의적 전체주의가 출현할 위험이 크다. 결국 건전한 자유민주주의 체제를 유지하기 위해서는 여론 조작 사건에 대하여 방어적 민주주의의 이름으로 엄정히 대처해야 한다.

붉은 바다에 빠져가고 있는 한국호의 위험을 무감각한 국민에게 알려야 한다. 국민 개개인의 인권이 보장되는 자유민주주의 체제를 수호하기 위해서는 '세월호 사건'의 고의 침몰 가능성을 모든 국민들에게 알려야 한다.

이와 함께 자유민주주의 체제 수호를 위한 국민적 합의와 이를 실천하기 위한 범국민적 계몽운동이 절실하다. 이러한 목적으로 이 책을 집필하였고, 세월호 사건과 직접 관련성이 있기 때문에 법률적 설명을 피할 수 없었다. 읽기는 다소 딱딱하지만 유병언과 문재인의 인연과 두 사람의 유착관계 등을 책의 앞부분에서 간략하게라도 소개하는 것이 불가피했음을 독자 여러분께 널리 양해를 구한다.

다음으로 국가권력 행사의 정당성과 관련된 점이다. 국가권력이나 조직폭력배의 불법적 힘이나 그 공통적인 속성은 강제력이다. 하지만 국가권력이 조직폭력배의 불법적 힘과 구분되는 가장 큰 차이점은 그 권력이 정당성을 가지는 한 무정부상태의 극심한 혼란을 극복할 필요악이라는 점이다. 다시 말해, 조직폭력배가 행사하는 폭력은 국가안전보장·공공질서 등 국민 전체의 이익을 위해 합의한 사항이 아니다. 개별적·정파적 이익만을 위한 것이므로 그 정당성이 인정될 수 없어 형법에 저촉되는 경우가 거의 대부분이다. 불법이라 판정되어 국가기관인 검찰의 수사와 소추대상이 되는 경우 형사재판을 통해 형벌을 받게 된다. 하지만 국가가 행사하는 공권력은 법적 절차에 따라 행사되는 한 원칙적으로 정당행위가 된다. 정당행위는 위법성이 없어져 형사적 처벌 대상이 아니다. 그러나 형식적으로는 국가 공권력 행사로 보이더라도 실질적으로 국민의 인권을 유린하는 경우라면, 그 정당행위로 취급되는 근거인 정당성이 없어진다. 정당행위가 상실된 공권력의 행사는 조직폭력배의 불법적 힘과 다를 바 없어지는 점에 유의해야 한다.

이러한 면에서 문재인 정부는 김영삼 정부와 매우 유사하다. 그들의 공통점은 이름만 민주정부이지 사실은 독재정치를 자행했다. 두 정부의 대통령이 특정 고등학교의 선·후배 간이라는 절묘한 우연도 있다. 또한 국제정치에 문외한이자 철저한 반미적 성향을 가지고 북한 정권의 숙주 노릇을 함으로써, 국민들에게 고통만을 안겨주는 참담한 경제위기를 불러왔다. 김영삼 정부는 긴급재정경제명령을 발동하여 '금융실명제에 관한 법률'을 공포하여 금융개혁을 하려고 하였다. 하지만 결국 정권 말인 1997년에 소위 '외환위기'라는 사태가 발생했다. 이 때문에 국제금융기금(IMF)으로부터 긴급 구제 금융을 받게 되었다. 마찬가지 이유로 문재인 정부도 경제위기를 당할 것이라는 예측이 우세하다. 필자 역시 같은 생각이다. 자유한국당 원내대표의 교섭단체 연설에서 나경원 의원은 외신의 보도 내용을 인용하여 "대한민국 대통령이 김정은의 수석대변인이라는 소리를 듣지 않게 해 달라."고 요청했다. 이에 여당인 더불어민주당 의원들이 마치 누군가에게 충성 경쟁이라도 하듯이 "사과해"라는 샤우팅을 수분 간 연호하여 불가피하게 국회 정회를 하였다. 이러한 여당의 모습에서 북한최고인민회의가 연상되어 이로 인한 미국의 경제보복이 불가피하다는 것이 바로 필자의 생각이다.

소위 외환위기라는 사태가 발생하여 국제금융기금(IMF)으로부터 긴급 구제 금융을 받게 된다면 과연 그 이후 우리 국민들의 선택은 어떨까? 자유민주주의를 지키려고 투쟁할 것인가? 아니면 무수한 경제적 파산자들로 인해 좌파의 목표처럼 공산혁명이 완성될 것인가? 이 문제는 마치 강 건너 불 보듯 지켜만 볼 일이 아니다. 왜냐하면 이것은 우리의 생존과 직결된 문제이기 때문이다.

이를 막기 위해 이 세월호의 고의 침몰 가능성을 분명히 밝혀내야 한다. 이것을 통해 좌파들의 적화음모를 밝히고, 가짜선장 문재인으로부터 붉은 바다에 빠져가는 한국호의 키를 빼앗아 안전한 항구로 몰고 가려는 것이 이 책을 집필한 궁극적인 목적이다.

2019년 초에 임명된 노영민 대통령비서실장은 문재인 정부의 초대 주중대사로 재임 중이었다. 이러던 중 임종석 전 대통령비서실장 후임으로, 문재인을 지근거리에서 보좌하는 자리에 들어

앉게 되었다. 이것은 북한에 매우 종속적인 상태에서 다소 벗어 났다는 측면이 있다. 한편 중국은 미국의 대중국 압박에 따른 관세부과 등에 대해 한국과 공동 대응할 필요성이 증가했다. 이러한 중국 측의 요청이 있었거나 거부하기 어려운 압력이 행사되어 문재인이 주중대사이던 노영민을 비서실장으로 임명할 수밖에 없었다고 보인다. 이것은 국민연금의 스튜어드십 코드 행사를 통한 대한항공의 경영권 찬탈은 결국, 대한항공이 가지고 있는 방위산업 분야 및 전투기 항공기 정비창 운영에 관련한 최고급기술을 찬탈하여 중국에 가져가려는 의도가 있지 않을까 의심할 중요한 단초가 되었다.

국제사회는 약육강식의 정글과도 같다. 격렬한 무한경쟁 상황이 나날이 펼쳐지고 있다. 여기서 미국은 세계 제일의 경제력과 군사력을 바탕으로 패권적 지위를 누리고 있는데, 문재인은 이러한 미국의 시혜적 군사동맹을 저버리고 있다. 그 대신 곧 패망과 쇠락의 길로 밀려 나가게 될 중국과 긴밀한 동반 협력관계를 구축해 나가고 있다. 문재인은 국가 자살을 초래하고 있다. 그야말로 어불성설의 지도력이다.

이것은 필시 자신이 권력을 잡기 위해 세월호의 인양업체로 중국의 상하이샐비지를 선정하게 한 것과도 무관하지 않다. 해양수산부의 담당공무원을 매수하였거나 압력을 행사하여 중국의 업체를 세월호의 인양업체로 선정하였다는 것이 필자의 확신이다. 이에 대해서는 세월호 지연인양에 관한 인양대책본부 대변인의 양심선언에 관해 재수사하여야 한다. 조국은 SBS의 특종

사건을 허위로 몰아붙여 기세등등하게 사장의 사과까지 받아냈다. 이러한 조국의 행위도 함께, 검찰이 수사에 착수하여 진실을 밝혀내야만 한다.

마지막으로, 다소 황당할 수도 있지만 현실적으로 매우 어렵고 힘든 투쟁과정에 있는 아스팔트 애국시민들에게 희망을 드리려고 애써 발굴한 격려의 소식[96]이다.

"통일교는 북한과 3:7의 지분으로 평화자동차와 보통강호텔을 운영하다가 철수하였는데, 이를 북한 투자사업을 기화로 김일성과 문선명이 의형제를 맺기도 했다. 최근에 현대그룹보다 먼저 북한에 진출하여 대북사업을 하였던 통일교에서 2012년 철수한 이유를 물어보았더니 '공산주의 70년론'[97]으로 답했다고 한다. 그런데 북한 정권 역시 1948년 9월 9일에 수립되었고, 2018년 평창 동계올림픽에 참가하였기 때문에 그로부터 2~3년 내에 망할 것이라는 주장이다. 그래서 2012년 북한 사업에서 철수하는 통일교 고위 관계자에게 '공산주의 70년론을 알면서도 무엇 때문에 북한 사업을 하였느냐?'고 물어보았더니 '북한 인민들과 관계를 좋게 하려고 했다.'는 의외의 답변이 돌아왔다는 것이다.

한편, 1994년 김일성의 사망을 다 같이 예견했던 역술인과 무속인들 중 무속인 심진송 씨는 올해 음력 5~6월에 김정은이 사망할 것이라고 예언했다. 제2차 판문점회담 후 이정훈 기자가 역술인 최봉수 씨가 연로하여 가업을 이은 그의 아들에게 김정은의 사주 중 생년월일을 주고 의뢰하였더니 역시 올해 안에 사망한다는 풀이가 나왔다고 한다. 또한 역술인 최용권 씨는 '기해년에 하노이

---

96) 지난 3월 초부터 〈동아일보〉의 이정훈 대기자가 '이정훈의 통일파티'라는 유튜브 방송을 시작하였다. 그가 3월 11일 "문재인, 김정은 몰락의 일등 공신이 될 것인가?"라는 제목으로 방송한 내용을 일부 옮긴 것이다.

97) '공산주의 70년론'이란 간단하게 말해서 공산주의 국가가 70년 정도면 망한다는 주장이다. 그 첫 번째 사례가 바로 구 소련의 몰락이다. 구 소련은 1917년 볼셰비키 혁명으로 수립되었는데, 1988년 서울에서 열린 88올림픽에 참가한 후 정권 수립 74년 만인 1991년에 고르바초프 대통령에 의해 구 소련연방의 해체가 선언되어 정권이 막을 내린 경우이다.

에서 미북회담이 열리면 김정은은 거의 확실하게 기해년에 사망할 운명'이라고 풀이를 했다는데, 2월 27일~28일은 구정이 지난 후이므로 역시 김정은이 올해 안에 사망할 것이 예견된다고 한다."

　무섭도록 어둡고도 잔잔한 맹골수도의 침묵. 그 거대한 침묵의 바다 속은 온통 거짓의 소용돌이다. 거짓의 바다 위로 어둠을 한꺼번에 몰아내려는 듯 하늘에서 태양빛이 가득 쏟아져 내린다. 이《거대한 음모, 세월호 침몰》이 작렬하는 햇빛같이 어둠을 몰아내고 진실을 밝혀주는 그런 책이 되기를 소망한다.
　이른 새벽에 내주하신 성령님을 통해 이러한 영감을 주시고 무사히 이 책을 마무리하게 해주신 하나님 아버지께 거듭하여 모든 영광을 바친다.

| 별첨 |

· [세월호 일지] 침몰부터 선체 직립까지 1461일간 기록

· 세월호 탑승자 명단

· 세월호 관련 보상내용 분류표

· 세월호 선원들에 대한 대법원 형사판결문(다수의견)

별첨 1.

[세월호 일지] 침몰부터 선체 직립까지 1461일간 기록

(※ 2018. 4. 15. 뉴시스 기사를 참조하여 일부를 전재하였다.)

◇2014년 4월
▲16일 오전 8시48분께 전남 진도군 조도면 병풍도 북쪽 20㎞ 지점에서 세월호 침몰 (해경 발표 : 구조 174명, 실종 284명, 사망 6명)
▲17일 박근혜 대통령 현장 방문(검경 합동수사본부 구성)
▲18일 세월호 완전 침몰
▲19일 이준석 선장 등 승무원 3명 구속영장 발부
▲23일 청해진해운 및 유병언 전회장 자택, 금수원 등 압수수색
▲23일 세월호 관련 악성 유언비어 87건 적발 15명 검거
(경찰, 인터넷 허위사실 유포자 첫 구속)
▲23일 최초 신고한 단원고생 시신 발견
▲25일 민간잠수사 12명 투입
▲26일 세월호 선박직 승무원 15명 전원 구속
▲26일 '다이빙벨' 현장 첫 투입 실패
▲27일 정홍원 국무총리, 참사 책임에 사의 표명

◇2014년 5월
▲4일 박근혜 대통령 사고현장 재방문
▲6일 민간잠수사 사망
▲7일 세월호 헬기 수색요원 뇌출혈로 긴급수술 (해경청장 대국민 사과)
▲13일 유병언 전 회장 출석 통보
▲15일 이준석 선장 등 승무원 15명 기소
▲19일 박 대통령 세월호 참사 대국민담화 발표
(해양경찰청 해체 발표)
▲21일 여야, 세월호 국정조사 합의…청와대 포함
▲22일 유병언 전 회장 구속영장 발부
▲25일 여야, 세월호 특위 구성 완료…위원장 심재철
▲29일 세월호 진상 규명 국정조사계획서 국회 통과

◇2014년 6월
▲2일 침몰사고 진상 규명을 위한 국정조사 특위 첫 개최
▲10일 이준석 선장 등 승무원 15명 첫 재판
▲12일 유병언 전 회장 시신 순천서 발견
(경찰이 행려병자로 처리해 신원 확인 지연)
▲26일 정홍원 총리 유임 결정
▲30일 세월호 국조특위 기관보고 돌입
▲30일 유병언 전회장 측근인 구원파 여신도 일명 '신엄마' 구속기소

◇2014년 7월
▲1일 유병언 전 회장 친형 병일씨 구속기소
▲3일 새정치민주연합, '세월호 특별법' 발의
▲9일 세월호 특별법 제정 서명, 국회의원 178명 동참
▲10일 박근혜 대통령, 여야 원내대표 세월호특별법 7월16일
처리 합의 (세월호 특별법 협상 결렬 본회의 무산)
▲10일 유병언 전 회장 아내 권윤자씨 구속기소
(유병언 전 회장 친동생 병호씨 구속기소)
▲14일 세월호 유가족 김영오씨 등 15명 특별법 제정 요구
단식농성 돌입
▲15일 단원고 학생 46명 등 국회의사당 향해 도보행진
▲21일 7월 임시국회 '세월호 특별법 TF' 재가동
▲21일 유병언 전 회장 변사체로 발견된지 40일만에 신원 확인
▲21일 검찰 '부실관제' 진도VTS 해경 13명 전원 기소.
▲22일 DNA 대조 결과 바탕으로 유병언 전회장 사망 확인 발표
(최재경 인천지검장, 부실수사 책임지고 사표 제출)
▲25일 유병언 전 회장 장남 대균씨와 도피 조력자 박수경씨 체포
▲28일 일명 '김 엄마' 김명숙, 운전기사 양회정씨 부인과 함께 자수
(유병언 전회장 운전기사 양회정씨 자수)

◇2014년 8월
▲6일 검찰, 해운비리 중간 수사 결과 발표
(해수부, 해운조합 관계자 등 총 43명 기소)
▲7일 세월호 특별법 1차 합의안 발표…13일 본회의 열기로
▲19일 세월호 유가족, 합의안 반대 재협상 요구
▲29일 유민 아빠 김영오씨 단식 중단(문재인 의원 단식 중단)
▲30일 세월호 국조 특위, 활동 종료

◇2014년 9월
▲1일 새누리당,
세월호 참사 희생자·실종자·생존자 가족대책위원회 3차 회동 결렬
▲4일 유병언 전 회장 측근 김혜경 한국제약 대표 미국서 체포

◇2014년 10월
▲6일 세월호 참사 수사 결과 발표
▲14일 세월호법 후속 협상 재개…원내대표 회동
▲28일 102일만에 세월호 295번째 희생자 수습
▲31일 '세월호 3법' '3+3 회동'서 타결

◇2014년 11월
▲4일 여야 원내대표 주례회동…'세월호 3법' 7일 본회의 처리 재확인
▲6일 농해수위·법사위, 세월호특별법·유병언법 가결
▲7일 국회 본회의, '세월호 3법' 일괄 처리
▲11일 광주지법 이준석 선장 징역 36년,
나머지 선원 14명 징역 5~30년 선고
▲11일 정부, '세월호 수색종료' 선언
(세월호 탑승객 476명 중 172명 구출, 295명 사망·실종 9명)
▲18일 세월호 침몰사고 범정부대책본부 해체

◇**2014년 12월**
▲27일 인천 세월호 일반인 희생자 합동 영결식

◇**2015년 1월**
▲12일 세월호 배·보상 특별법 국회 본회의 통과

◇**2015년 3월**
▲5일 세월호 참사 특별조사위원회 공식 활동 시작

◇**2015년 4월**
▲1일 해수부, 세월호 피해자 배·보상 지급 기준 및 절차 착수 발표.
▲8일 해수부, 세월호 인양·보상 등 전체 비용 5548억원 추정 발표
▲10일 해수부 기술검토TF "세월호 인양 기술적으로 가능" 발표
▲22일 정부, 세월호 인양 결정 공식 발표
▲28일 광주고법 이준석 선장 무기징역,
나머지 선원 14명 징역 1년6월~12년 선고

◇**2015년 5월**
▲1~2일 세월호 유가족 등
세월호 시행령 폐기 요구하며 청와대 행진…경찰과 대치
▲14일 해수부 세월호 후속조치 추진본부 및
선체인양 추진단 현판식
▲15일 세월호 희생자 3명에 배상금 총 12억5000만원
첫 지급 결정
▲22일 세월호 인양업체 선정 입찰공고
▲28일 국회 여야, 세월호 시행령 타협

◇**2015년 6월**
▲4일 세월호 특조위 활동기간 6개월 연장
▲22일 세월호 인양 입찰등록 마감, 7개 컨소시엄 참여

◇2015년 7월
▲15일 해수부,
세월호 인양 최우선 협상 대상자로 상하이샐비지 컨소시엄 선정

◇2015년 8월
▲4일 해수부,
세월호 인양업체로 상하이샐비지 컨소시엄 최종 선정

◇2015년 9월
▲19일 세월호 인양 준비 작업 착수

◇2015년 10월
▲29일 대법 김한식 청해진해운 대표 등 유죄 확정

◇2015년 11월
▲12일 대법 이준석 선장 무기징역,
나머지 선원 14명 징역 징역 1년6개월~12년 확정
▲19일 법무부, 청해진 해운 등에 구상권 청구 소송 제기
▲27일 대법 세월호 부실관제 진도VTS센터장 직무유기 무죄 확정
▲30일 세월호 희생학생 가족 등, 경기도교육청에
단원고 2학년 교실 존치 요구

◇2015년 12월
▲14~16일 세월호 특조위 1차 청문회

◇2016년 1월
▲12일 단원고 생존학생들 졸업

◇2016년 3월
▲28~29일 세월호 특조위 2차 청문회

◇2016년 4월
▲26일 세월호 특조위, 인양 현장조사 재실시

◇2016년 6월
▲12일 세월호 '뱃머리 들기' 착수 후 하루 만에 중단
▲30일 세월호 특조위 공식 활동 기한 종료.
이정현 청와대 홍보수석 당시 KBS 세월호 보도 개입 녹취록 공개

◇2016년 7월
▲29일 세월호 '선수 들기' 성공

◇2016년 9월
▲1일 세월호 3차 청문회 시작
▲30일 세월호 특조위 활동 공식 종료

◇2016년 11월
▲1일 4·16세월호참사 가족협의회 '세월호 7시간' 의혹에
"박근혜 대통령 퇴진" 주장
▲11일 청와대 "세월호 7시간 동안 성형시술 의혹,
근거 없는 유언비어" 해명
▲14일 정부, 세월호특조위 사무실 철거
▲17일 JTBC, 세월호 참사 '여객선 사고'로 표현한
청와대 민정수석실 문건 공개

◇2016년 12월
▲6일 한겨레, 박 대통령 세월호 참사 당일 '올림머리' 손질 보도
▲9일 국회, 박 대통령 탄핵안 가결. 세월호 유가족 40명 국회 방청
▲26일 네티즌 수사대 '자로', 다큐멘터리 '세월X' 공개.
잠수함 충돌 의혹 제기

◇2017년 1월
▲7일 4·16세월호참사국민조사위원회 발족식
▲9일 세월호 1000일. 국회 측, '세월호 7시간' 등
준비서면 1500쪽 제출
▲10일 박 대통령 대리인단, '세월호 7시간' 답변서 헌재에 제출

◇2017년 2월
▲8일 4·16 청문회 불출석 청해진해운 김한식 항소심도 벌금형
▲19일 4·16세월호참사 국민조사위원회 첫 공식 활동
▲27일 박 대통령 헌재 최종변론 의견서
"세월호 참사 당일 미용시술 의혹은 사실 아냐"

◇2017년 3월
▲6일 특검 수사결과 발표 '세월호 7시간 못 풀었다'
▲10일 박 대통령 탄핵 인용 선고.
헌법재판관 2명 "박근혜, 세월호 당일 너무 불성실" 질책
▲15일 해수부 "세월호 3주기 전에 인양되도록 하겠다" 발표
▲16일 세월호참사 3주기 대학생 준비위원회 발족
▲18일 해수부, 세월호 19일 인양 시도 발표 후 3시간만에 취소
▲19일 세월호 시험 인양 연기
▲22일 세월호 참사 1072일만에 시험인양 착수
▲23일 물 위로 떠오른 세월호, 선미 램프 열려 '인양 돌발 변수'

▲24일 선미 램프 제거 뒤 물 위 13m 부상, 반잠수선으로 이동
▲25일 반잠수선 선적, 사실상 인양 성공
▲27일 검찰, 박근혜 전 대통령 구속영장 신청
▲28일 해수부 "미수습자 추정 유골 발견" 국과수 확인 결과
동물뼈 '논란'
▲29일 선체조사위 공식 첫 활동,
미수습자 가족과 '수습 방안 사전 합의' 결렬
▲30일 조사위 세월호 기초 조사, 박근혜 전 대통령 영장 실질 심사
▲31일 박근혜 전 대통령 구속, 세월호 참사 1081일째 목포신항 도착

◇**2017년 4월**
▲1일 세월호 선체조사위원회 "6일 육상 거치", 평형수 600t 배출 발표
▲2일 선조위, 세월호 무게 460t 줄이기 위해 21개 천공 결정
▲5일 세월호를 실은 반잠수식 선박 90도 회전, 종접안
▲6일 세월호 모듈 트랜스포터 하중 부하 1차 테스트 실패
▲7일 2차 테스트 실패…모듈 트랜스포터 120대(총 600대) 추가
결정
▲8일 3차 테스트 성공…600축 정상 가동
▲9일 만 1089일, 1090일째 세월호 육상 상륙
▲11일 세월호 육상 거치 완료
▲26일 세월호 우현 통해 3·4층 객실 첫 진입…미수습자 수습 기대

◇**2017년 5월**
▲5일 침몰 해역서 사람뼈 추정 유해 발견…국과수 의뢰
▲10일 세월호 4층 선미 객실서 사람뼈 추정 유해 2점 발견
▲13일 세월호 4층 선미서 온전한 상태 유골 발견
▲15일 세월호 3층 일반인 객실 수색범위 확대
▲17일 침몰 해역 유해 단원고 고창석 교사로 확인
(296번째 희생자)
▲19일 세월호 3층 수습 치아 등 허다윤양으로 확인

▲22일 세월호 3층 객실서 구명조끼 입은 유골 발견
(이영숙씨 추정)
▲25일 4층 선미 수습 유해 조은화양으로 확인

◇**2017년 6월**
▲5일 지난달 22일 발견된 세월호 3층 선미 유해, 이영숙씨로 확인
▲9일 세월호 3층 주방서 사람뼈 발견…11일 만에 추가 발견
▲20일 세월호 1차 수색 완료…미수습자 5명 남아
▲21일 세월호 내부 언론에 첫 공개

◇**2017년 7월**
▲24일 세월호 화물칸서 미수습자 추정 유해 첫 발견

◇**2017년 8월**
▲11일 세월호 화물칸 유해, 허다윤 양으로 최종 확인
▲16일 침몰해역 2차 수중 수색
▲22일 침몰 해저면서 사람뼈 추가 발견…총 6점 수습

◇**2017년 9월**
▲1일 2차 수중수색서 유골 1점 추가 수습
▲21일 선체조사위 맹골수도서 침몰 원인 조사
▲23일 조은화, 허다윤양 목포신항서 영결식
◇**2017년 10월**
▲13일 이영숙씨 목포신항서 영결식

◇2017년 11월
▲11일 고창석 교사 목포신항서 추모식
▲16일 세월호 미수습자 5명 가족, 대국민 기자회견
▲18일~20일 목포신항 합동 위령제, 서울·안산서 장례식
▲22일 이낙연 국무총리, 세월호 유골 발견 은폐 공식 사과
▲24일 사회적 참사법 통과, 세월호 참사 특별조사위원회 구성

◇2018년 2월
▲1일 세월호특조위 업무방해 해수부 전 장·차관 구속
▲6일 선조위, 세월호 선체 직립 공사 착공식
▲21일 세월호 부두 안벽으로 평행이동 완료

◇2018년 3월
▲14일 선체 절단물 수색 과정서 사람 뼈 추가 발견
▲22일 절단물 수색 과정 발견 뼈, 기존 수습자로 확인
▲28일 검찰 "박근혜 전 대통령 세월호 참사 당일 7시간
보고 및 지시 시각 조작" 수사 결과 발표

◇2018년 4월
▲18일 선조위, 선체 직립 작업 내달 10일 착수 공식화

◇2018년 5월
▲5일 해상크레인 목포신항 부두 접안
▲9일 선체 40도 들어올리는 예행연습
▲10일 세월호 직립 성공

세월호 탑승자 명단

〈사망자 명단〉

단원고
1반(17명)-고해인,김민지,김민희,김수경,김수진,김영경,김예은,김
주아,김현정,문지성,박성빈,우소영,유미지,이수연,이연화,정가현,한
고운

2반(24명)-강수정,강우영,길채원,김민지,김소정,김수정,김주희,김
지윤,남수빈,남지현,박정은,박주희,박혜선,송지나,양온유,오유정,윤
민지,윤솔,이혜경,전하영,정지아,조서우,한세영,허유림

3반(26명)-김담비,김도언,김빛나라,김소연,김수경,김시연,김영은,
김주은,김지인,박영란,박예슬,박지우,박지윤,박채연,백지숙,신승희,
유예은,유혜원,이지민,장주이,전영수,정예진,최수희,최윤민,한은지,
황지현

4반(28명)-강승묵,강신욱,강혁,권오천,김건우,김대희,김동혁,김범
수,김용진,김웅기,김윤수,김정현,김호연,박수현,박정훈,빈하용,슬라
바,안준혁,안형준,임경빈,임요한,장진용,정차웅,정휘범,진우혁,최성
호,한정무,홍순영

5반(27명)-김건우,김건우,김도현,김민석,김민성,김성현,김완준,김
인호,김진광,김한별,문중식,박성호,박준민,박진리,박홍래,서동진,오
준영,이석준,이진환,이창현,이홍승,인태범,정이삭,조성원,천인호,최
남혁,최민석

6반(23명)-구태민,권순범,김동영,김동협,김민규,김승태,김승혁,김
승환,박새도,서재능,선우진,신호성,이건계,이다운,이세현,이영만,이

장환,이태민,전현탁,정원석,최덕하,홍종용,황민우

7반(32명)-곽수인,국승현,김건호,김기수,김민수,김상호,김성빈,김수빈,김정민,나강민,박성복,박인배,박현섭,서현섭,성민재,손찬우,송강현,심장영,안중근,양철민,오영석,이강명,이근형,이민우,이수빈,이정인,이준우,이진형,전찬호,정동수,최현주,허재강

8반(29명)-고우재,김대현,김동현,김선우,김영창,김재영,김제훈,김창헌,박선균,박수찬,박시찬,백승현,안주현,이승민,이승면,이재욱,이호진,임건우,임현진,장준형,전형우,제새호,조봉석,조찬민,지상준,최수빈,최정수,최진혁,홍승준

9반(20명)-고하영,권민경,김민정,김아라,김초예,김해화,김혜선,박예진,배향매,오경미,이보미,이수진,이한솔,임세희,정다빈,정다혜,조은정,진윤희,최진아,편다인

10반(20명)-강한솔,구보현,권지혜,김다영,김민정,김송희,김슬기,김유민,김주희,박정슬,이가영,이경민,이경주,이다혜,이단비,이소진,이은별,이해주,장수정,장혜원

교사(10명)-유니나,전수영,김초원,이해봉,남윤철,이지혜,김응현,최혜정,강민규,박육근

일반인(30명)-김순금,김연혁,문인자,백평권,심숙자,윤춘연,이세영,인옥자,정원재,정중훈,최순복,최창복,최승호,현윤지,조충환,지혜진,조지훈,서규석,이광진,이은창,신경순,정명숙,이제창,서순자,박성미,우점달,전종현,한금희,이도남,리샹하오

선원(6명)-박지영,정현선,양대홍,김문익,안현영,이묘희

선상 아르바이트(4명)-김기웅,구춘미,이현우,방현수

〈생존자 명단〉

1반(19명)-김단비,김현이,김효빈,류채은,박도연,전희진,장애진,김다인,김은지,이정현,설수빈,오혜빈,이다인,박소희,이주아,최민지,장현정,전영수,권재희

2반(11명)-이인서,김채은,한승우,박선영,조수빈,손정아,전혜린,박수빈,이예림,유가영,김다혜

3반(8명)-박솔비,김주희,김성민,김도연,최민지,최은혜,양정원,정현진

4반(9명)-정복진,김승래,정대진,조대섭,위득희,엄찬호,최승현,양태환,나정은

5반(9명)-김수용,김수빈,나종문,임형민,송광현,고영창,김선우,박준혁,권지혁

6반(13명)-구성민,임대현,안민수,김승재,김민찬,고현석,이한일,한상혁,이종범,신영진,박호진,김유한,한희민,

7반(1명)-김진태

8반(2명)-김태영,김용빈

별첨 3.

세월호 관련 보상내용 분류표

1. 3년 전 단원고 학생 유족 일부는 정부로부터
   4억 7,000만원의 보상금을 수령.
수령한 당사자는 소송을 안 함. 추가 배상금 수령 못함.

세월호 참사 희생자 1인당 배당금(추정)
단위: 만원, 위자료는 원

구분	계	일실수익	위자료	개인휴대품	지연손해금
① 단원고 학생 *250명 평균	4억2,581	3억108	1억	20	2,452
② 단원고 교사 *11명 평균	7억6,389	6억1,970	1억	20	4,399
③ 일반 성인(남) *43세, 월수입 350만원 가정	4억6,899	3억3,890	1억	20	2,988
④ 일반 성인(여) *43세, 가정주부 가정	2억9,883	1억8,536	1억	20	1,326
⑤ 일반 성인 *43세, 무소득자 가정	1억6,600	5,624	1억	20	956

※ 일반인 희생자는 소득과 연령에 따라 편차가 큼
자료: 해양수산부

2. 피해 유족(위자료+손해배상금) :
국가 1인당 평균 4억원씩 지급한 배, 보상금을 거부하고 소송함.
법원은 희생자 1인당 위자료 2억 포함하여 6억~8억,

평균 7억원 정도

법원 판결

생존자 본인 8,000만원의 위자료

단원고 학생 생존자의 부모,형제자매, 조부모 400만원~1,600만원

일반인 생존자의 배우자,자녀,부모,형제자매 200만원~3,200만원

세월호 국가 손해배상 판결

손해배상액 구성	
희생자 일실수입+희생자 위자료+유족 위자료 ※ 희생자 일실수입은 희생자들이 60세까지 얻을 수 있는 　소득으로 계산	

위자료 책정 내역			
· 희생자	2억원	· 형제	1000만원
· 배우자	8000만원	· 동거 조부모	1000만원
· 친부모	4000만원	· 비동거 조부모	500만원
· 자녀	2000만원		

※ 소송에 참여한 희생자 가족에 따라 각각 적용

희생자 1명당 배상액	총 119명
· 7억원 이상	1명
· 6억원 이상 7억원 미만	94명
· 5억원 이상 6억원 미만	3명
· 4억원 이상 5억원 미만	0명
· 3억원 이상 4억원 미만	21명

총 배상액
722억9935만8430원 (희생자 1인당 평균 6억755여만원)

별첨 4.
세월호 선원들에 대한 대법원 형사판결문(다수의견)

대법원 2015. 11. 12. 선고 2015도6809 전원합의체 판결 [살인, ① 피고인 1에 대하여 일부 제1 예비적 죄명 및 일부 인정된 죄명: 특정범죄가중처벌등에관한법률위반, 제2 예비적 죄명: 유기치사, ② 피고인 2에 대하여 인정된 죄명: 특정범죄가중처벌등에관한법률위반, 제2 예비적 죄명: 유기치사, ③ 피고인 3, 피고인 9에 대하여 일부 예비적 죄명및 일부 인정된 죄명: 유기치사, 살인미수, ① 피고인 1에 대하여 제1 예비적 죄명: 특정범죄가중처벌등에관한법률위반, 제2 예비적 죄명: 유기치상, ② 피고인 2에 대하여 인정된 죄명: 특정범죄가중처벌등에관한법률위반, 제2 예비적 죄명: 유기치상, ③ 피고인 3, 피고인 9에 대하여 인정된 죄명: 유기치상, 업무상과실선박매몰, 수난구호법위반, 선원법위반, 특정범죄가중처벌등에관한법률위반 (일부 제1 예비적 죄명 및 일부 인정된 죄명: 유기치사, 유기치상, 일부 제2 예비적 죄명 및 일부 인정된 죄명: 수난구호법위반), 유기치사, 유기치상, 해양환경관리법위반][98]

판시사항
[1]
[3]
[2]
[5]
[4]

판결요지

---

98) 이 판결문은 세월호 사건의 선장 이준석과 선원들에 대한 대법원 판결문이다. 법학을 공부하기 위한 목적이 아니므로 중복되는 법학도를 위한 판시사항, 판결요지부분은 과감하게 생략하였다. 그리고 대략 사실관계와 양형을 참조하도록 다수의견이 판시한 사실관계를 중심으로 축약하여 게재하였다.

[1]
[3] [다수의견]
 [피고인 乙, 丙의 살인·살인미수 무죄판단 부분에 대한 대법관 박
보영, 대법관 김소영, 대법관 박상옥의 반대의견]
[4] [다수의견]

피고인	1. 가.나.다.라.마.자. 피고인 1, 세월호 선장
	2. 가.나.다.라. 피고인 2, 세월호 1등 항해사
	3. 가.나.라. 피고인 3, 세월호 2등 항해사
	4. 다.바.자. 피고인 4, 세월호 3등 항해사
	5. 다.바.자. 피고인 5, 세월호 조타수
	6. 라.사.아. 피고인 6, 세월호 항해사
	7. 라.사.아. 피고인 7, 세월호 조타수
	8. 라.사.아. 피고인 8, 세월호 조타수
	9. 가.나.라. 피고인 9, 세월호 기관장
	10. 라.사.아. 피고인 10, 세월호 1등 기관사
	11. 라.사.아. 피고인 11, 세월호 3등 기관사
	12. 라.사.아. 피고인 12, 세월호 조기장
	13. 라.사.아. 피고인 13, 세월호 조기수
	14. 라.사.아. 피고인 14, 세월호 조기수
	15. 라.사.아. 피고인 15, 세월호 조기수
상고인	피고인들 및 검사(피고인 1, 피고인 2, 피고인 3, 피고인 4, 피고인 5, 피고인 9에 대하여)
변호인	법무법인 신광 외 6인
원심판결	광주고등법원 2015. 4. 28. 선고 2014노490 판결
판결선고	2015. 11. 12.

주 문
상고를 모두 기각한다.

이 유

　상고이유{상고이유서 제출기간이 경과된 후에 제출된 상고이유서
(보충), 의견서 등의 각 기재는 상고이유를 보충하는 범위 내에서}
를 판단한다.

1. 피고인 1, 피고인 2, 피고인 3, 피고인 9의 살인·살인미수의 점
에 대하여

　가. 부작위범의 법리와 선원들의 구조의무

　(1) 범죄는 보통 적극적인 행위에 의하여 실행되지만 때로는 결과
의 발생을 방지하지 아니한 부작위에 의하여도 실현될 수 있다. 형
법 제18조는 "위험의 발생을 방지할 의무가 있거나 자기의 행위로
인하여 위험발생의 원인을 야기한 자가 그 위험발생을 방지하지 아
니한 때에는 그 발생된 결과에 의하여 처벌한다."라고 하여 부작위
범의 성립 요건을 별도로 규정하고 있다.
자연적 의미에서의 부작위는 거동성이 있는 작위와 본질적으로 구
별되는 무(無)에 지나지 아니하지만, 위 규정에서 말하는 부작위는
법적 기대라는 규범적 가치판단 요소에 의하여 사회적 중요성을 가
지는 사람의 행태가 되어 법적 의미에서 작위와 함께 행위의 기본
형태를 이루게 되는 것이므로, 특정한 행위를 하지 아니하는 부작위
가 형법적으로 부작위로서의 의미를 가지기 위해서는, 보호법익의
주체에게 해당 구성요건적 결과발생의 위험이 있는 상황에서 행위
자가 구성요건의 실현을 회피하기 위하여 요구되는 행위를 현실적·
물리적으로 행할 수 있었음에도 하지 아니하였다고 평가될 수 있어
야 한다.
나아가 살인죄와 같이 일반적으로 작위를 내용으로 하는 범죄를 부
작위에 의하여 범하는 이른바 부진정 부작위범의 경우에는 보호법
익의 주체가 그 법익에 대한 침해위협에 대처할 보호능력이 없고,
부작위행위자에게 그 침해위협으로부터 법익을 보호해 주어야 할

법적 작위의무가 있을 뿐 아니라, 부작위행위자가 그러한 보호적 지위에서 법익침해를 일으키는 사태를 지배하고 있어 그 작위의무의 이행으로 결과발생을 쉽게 방지할 수 있어야 그 부작위로 인한 법익침해가 작위에 의한 법익침해와 동등한 형법적 가치가 있는 것으로서 범죄의 실행행위로 평가될 수 있다. 다만 여기서의 작위의무는 법령, 법률행위, 선행행위로 인한 경우는 물론, 신의성실의 원칙이나 사회상규 혹은 조리상 작위의무가 기대되는 경우에도 인정된다고 할 것이다.

또한 부진정 부작위범의 고의는 반드시 구성요건적 결과발생에 대한 목적이나 계획적인 범행 의도가 있어야 하는 것은 아니고 법익침해의 결과발생을 방지할 법적 작위의무를 가지고 있는 자가 그 의무를 이행함으로써 그 결과발생을 쉽게 방지할 수 있었음을 예견하고도 결과발생을 용인하고 이를 방관한 채 그 의무를 이행하지 아니한다는 인식을 하면 족하며, 이러한 작위의무자의 예견 또는 인식 등은 확정적인 경우는 물론 불확정적인 경우이더라도 미필적 고의로 인정될 수 있다.

(2) 해사안전법상 선장의 권한이나 의무, 해원의 상명하복체계 등에 관한 규정들은 모두 선박의 안전과 선원 관리에 관한 포괄적이고 절대적인 권한을 가진 선장을 수장으로 하는 효율적인 지휘명령체계를 갖추어 항해 중인 선박의 위험을 신속하고 안전하게 극복할 수 있도록 하기 위한 것이므로, 선장은 승객 등 선박공동체의 안전에 대한 총책임자로서 선박공동체가 위험에 직면할 경우 그 사실을 당국에 신고하거나 구조세력의 도움을 요청하는 등의 기본적인 조치뿐만 아니라 위기상황의 태양, 구조세력의 지원 가능성과 그 규모, 시기 등을 종합적으로 고려하여 실현가능한 구체적인 구조계획을 신속히 수립하고 선장의 포괄적이고 절대적인 권한을 적절히 행사하여 선박공동체 전원의 안전이 종국적으로 확보될 때까지 적극적·지속적으로 구조조치를 취할 법률상 의무가 있다고 할 것이다.

또한 선장이나 승무원은 제2의 가.항에서 보는 바와 같이 수난구호법 제18조 제1항 단서에 의하여 조난된 사람에 대한 구조조치의무를 부담하고, 해당 선박의 해상여객운송사업자와 승객 사이의 여객운송계약에 따라 승객의 안전에 대하여 계약상 보호의무를 부담하므로, 모든 승무원은 선박 위험시 서로 협력하여 조난된 승객이나 다른 승무원을 적극적으로 구조할 의무가 있다고 할 것이다.

(3) 따라서 선박침몰 등과 같은 조난사고로 승객이나 다른 승무원들이 스스로 생명에 대한 위협에 대처할 수 없는 급박한 상황이 발생한 경우에는 선박의 운항을 지배하고 있는 선장이나 갑판 또는 선내에서 구체적인 구조행위를 지배하고 있는 선원들은 적극적인 구호활동을 통해 보호능력이 없는 승객이나 다른 승무원의 사망 결과를 방지하여야 할 작위의무가 있다 할 것이므로, 법익침해의 태양과 정도 등에 따라 요구되는 개별적·구체적인 구호의무를 이행함으로써 사망의 결과를 쉽게 방지할 수 있음에도 그에 이르는 사태의 핵심적 경과를 그대로 방관하여 사망의 결과를 초래하였다면, 그 부작위는 작위에 의한 살인행위와 동등한 형법적 가치를 가진다고 할 것이고, 이와 같이 작위의무를 이행하였다면 그 결과가 발생하지 않았을 것이라는 관계가 인정될 경우에는 그 작위를 하지 않은 부작위와 사망의 결과 사이에 인과관계가 있는 것으로 보아야 할 것이다.

나. 공소사실의 요지

피고인 1, 피고인 2, 피고인 3, 피고인 9는 2014. 4. 16. 08:52경 세월호가 좌현으로 기울어져 멈춘 후 침몰하고 있는 상황에서 피해자인 승객과 사무부 승무원 등(이하 '승객 등'이라 한다)이 안내방송 등을 믿고 대피하지 않은 채 세월호의 선내에 대기하고 있고, 승객 등을 퇴선시킬 경우 충분히 구조가 가능하며, 승객 등이 선내에 그대로 대기하고 있는 상태에서 배가 더 기울면 밖으로 빠져나오지 못하고 익사할 수도 있다는 사실을 알았고, 더욱이 피고인 9는 세월호 3층 복도에서 다른 기관부 선원들과 모여 있던 중, 자신의 바로 옆 복도에 스스로 이동이 불가능할 정도로 부상을 당한 피해자 공소외 1, 공소외 2가 구조조치를 받지 못한 채 방치되어 있어 이들에 대하여 아무런 조치를 취하지 아니할 경우 세월호에서 빠져나오지 못해 익사하는 상황에 이르게 된다는 사실을 인식하였음에도, 승객 등에 대한 어떠한 구조조치도 취하지 아니한 채, 피고인 9는 09:38경 기관부 선실 복도에서 나와 09:39경 해경 구명단정을 이용하여 먼저 세월호에서 퇴선하였고, 피고인 1, 피고인 2, 피고인 3은 09:39경 피고인 9 등이 퇴선하는 것을 보고 퇴선하기로 마음먹고, 09:46경 세월호에서 퇴선하였다.

이로써 위 피고인들은 공모 공동하여 세월호에 남아있던 304명의 피해자들을 그 무렵 바다에 빠져 익사하게 하여 살해하고, 152명의 피해자들이 사망할 것을 용인하면서 퇴선하였으나 위 피해자들이 해경 등에 의하여 구조되는 바람에 사망하지 아니하였다.

다. 원심의 판단

원심은, 피고인들의 지위와 부작위의 내용, 당시 상황의 흐름 등을 고려하여 위 공소사실 중 ① 피고인 1의 피해자 공소외 3을 제외한 나머지 피해자들 부분에 대하여는 부작위에 의한 살인·살인미수죄를 인정하였고, ② 피고인 1의 피해자 공소외 3 부분에 대하여는 부작위와 사망 결과 사이에 인과관계가 없다는 이유로 무죄로 판단하였으며, ③ 피고인 2, 피고인 3, 피고인 9에 대하여는 부작위에 의한 살인의 미필적 고의를 인정하기 어렵다는 이유로 역시 무죄로 판단하였다.

라. 상고이유의 요지

(1) 피고인 1
피고인 1은 퇴선 전에 퇴선방송을 지시하였고, 승객 등의 안전에 대한 선장으로서의 임무를 나름대로 수행하였으므로 살인의 미필적 고의가 부정되어야 한다.
또한 피고인 1의 부작위는 작위에 의한 살인의 실행행위와 동등한 형법적 가치가 있다고 볼 수 없을 뿐 아니라 그 부작위와 피해자들의 사망 결과 사이에 인과관계가 있다고 보기도 어렵다.

따라서 이와 다른 취지의 원심판단에는 논리와 경험의 법칙을 위반하여 자유심증주의의 한계를 벗어나거나 살인의 미필적 고의와 부작위범 및 인과관계에 관한 법리를 오해하는 등의 잘못이 있다.

(2) 검사

피해자 공소외 3은 피고인 1의 구조조치 불이행으로 사망한 것으로 보아야 하므로 피고인 1의 부작위와 피해자 공소외 3의 사망 결과 사이에도 인과관계가 인정되어야 한다.

또한 피고인 2, 피고인 3은 1등 항해사, 2등 항해사로서 피고인 1의 지휘만을 받는 것이 아니라 다른 선원들을 지휘할 지위에 있으므로 피고인 1과 달리 취급할 수 없고, 구조세력과의 교신을 주도하면서 필요한 사항을 피고인 1에게 알리고 진행하는 등 당시 상황을 지배하였으므로, 살인의 미필적 고의로 피고인 1의 부작위에 의한 살인행위에 공모 가담하였다고 보아야 한다.

한편 피고인 9는 기관장으로서 기관부 선원들을 지휘하여 승객 등에 대한 구호의무를 이행할 수 있는 등 승객구호상황을 지배하고 있었음에도 구조세력만 기다리다가 퇴선하였을 뿐 아니라 퇴선 당시 피해자 공소외 1, 공소외 2가 생존하고 있음을 인식하였음에도 별다른 구조조치를 취하지 아니하였으므로, 마찬가지로 살인의 미필적 고의로 피고인 1의 부작위에 의한 살인행위에 공모 가담하였다고 보아야 한다.

따라서 이와 다른 취지의 원심판단에는 논리와 경험의 법칙을 위반하여 자유심증주의의 한계를 벗어나거나 살인의 미필적 고의에 관한 법리를 오해하는 등의 잘못이 있다.

마. 대법원의 판단

(1) 원심판결 이유와 원심 및 제1심이 적법하게 채택하여 조사한 증거들에 의하면 다음의 사실을 알 수 있다.

(가) 피고인 1, 피고인 2, 피고인 3, 피고인 9의 지위와 임무

① 피고인 1

피고인 1은 총 27년 9개월의 승무경력을 가진 2급 항해사 자격면허 소지자로서 이 사건 사고 당시 세월호의 선장으로 승선하였다. 피고인 1은 해원을 지휘·감독하고 여객을 목적지까지 안전하게 운송하기 위한 운항관리에 대한 책임을 지는 선장으로서, 선박에 급박한 위험이 있을 때에는 인명, 선박 및 화물을 구조하는 데 필요한 조치를 다하고, 비상시에 조치하여야 할 해원의 임무를 정한 비상배치표를 선내의 보기 쉬운 곳에 걸어두고 선박에 있는 사람에게 소방훈련, 구명정훈련 등 비상시에 대비한 훈련을 실시하여야 하며, 비상상황 발생 시에는 해운법에 근거한 주식회사 청해진해운의 운항관리규정과 비상배치표에 따라 퇴선, 인명구조 등 선원의 구호의무를 지휘하여야 한다.

② 피고인 2

피고인 2는 총 20년 5개월의 승무경력을 가진 1급 항해사 자격면허 소지자로서 이 사건 사고 당시 1등 항해사로 세월호에 승선하였다. 피고인 2는 사망·질병 또는 부상 등 부득이한 사유로 선장이 직무를 수행할 수 없을 때에는 선장의 직무를 대신하고, 선장의 지휘에 따라 여객과 화물을 목적지까지 안전하게 운송하는 데 필요한 항해 및 화물의 적재, 고박 업무를 담당하면서, 비상상황 발생 시에는 위 운항관리규정과 비상배치표에 따라 현장을 지휘하며 우현 슈트를 투하하고 승객을 유도하는 등 승객이 우현 슈트 등을 통해 안전하게 퇴선할 수 있도록 조치하여야 한다.

③ 피고인 3

피고인 3은 총 2년 4개월의 승무경력을 가진 3급 항해사 자격면허 소지자로서 이 사건 사고 당시 2등 항해사로 세월호에 승선하였다. 피고인 3은 선장의 지휘에 따라 운항관리, 각종 항해장비, 통신기 점검 등의 업무를 담당하면서, 비상상황 발생 시에는 위 운항관리규정과 비상배치표에 따라 대기반을 지휘하거나 좌현 슈트와 구명뗏

목을 투하하고 승객을 유도하는 등 승객이 좌현 슈트 등을 통해 안전하게 퇴선할 수 있도록 조치하여야 한다.

④ 피고인 9

피고인 9는 총 24년 11개월의 승무경력을 가진 1급 기관사 자격면허 소지자로서 이 사건 사고 당시 기관장으로 세월호에 승선하였다. 피고인 9는 기관부 선원을 지휘하며 선박의 엔진, 전기설비의 운전 및 보수관리를 총괄하면서, 출항 전에는 주기관의 점검, 유류 적재 등을, 항해 시에는 주기관, 전기설비 등 각종 설비의 운전 및 보수 업무를 총괄하는 업무를 담당하고, 비상상황 발생 시에는 위 운항관리규정과 비상배치표에 따라 기관사·조기수 등 기관부 선원이 구호 의무를 이행하도록 지휘하여야 한다.

(나) 이 사건 사고 발생과 피고인들의 구조요청 등

① 2014. 4. 16. 08:52경 이 사건 사고로 세월호가 좌현으로 기울어진 상태로 멈추자, 각자의 선실에서 휴식을 취하던 피고인 1과 갑판부 선원들인 피고인 2, 피고인 3, 피고인 6, 피고인 7, 피고인 8은 피고인 4, 피고인 5가 당직근무 중이던 조타실로 모여 상황 파악에 나섰고, 피고인 2는 복원성이 나쁜 상태에서 배가 좌현으로 많이 기울고, 배의 균형을 잡는 힐링펌프가 작동되지 않자 배가 곧 침몰할 것으로 인식하고 08:55경 제주 해상교통관제센터(이하 'VTS'라고 한다)에 "본선... 아... 위험합니다. 지금 배 넘어가 있습니다."라며 구조요청을 하였다.

② 한편 사고 발생 당시 조타실에 있던 피고인 9는 세월호가 급속히 기울어져 선수 갑판의 컨테이너가 좌현 쪽으로 무너져 내리는 것을 보고 전복될 것으로 판단하여, 엔진을 정지시키기 위해 엔진텔레그래프 레버를 잡아 당겼으나 불완전하여 엔진이 완전히 정지되지 않은 상태에 있던 중, 피고인 1의 지시로 엔진을 완전히 정지시킨 다음 직통전화로 기관실에 전화를 걸어 기관실에 있던 기관부 선

원들에게 기관실에서 나올 것을 지시하였다. 이어서 피고인 9는 피고인 1이 "기관실로 내려가 봐라."라고 지시하자 곧바로 조타실을 나와 기관부 선실이 있는 3층 복도까지 계단으로 내려갔고, 09:06 경 그곳에서 기관실에서부터 올라 온 기관부 선원들인 피고인 11, 피고인 14, 피고인 13과 기관부 선실에서 나온 기관부 선원들인 피고인 10, 피고인 12, 피고인 15와 함께 대기하였다.

   (다) 피고인 1과 피고인 2, 피고인 3 등
        갑판부 소속 피고인들의 조치내용

   ① 당시 세월호에는 피고인들을 포함한 승무원 33명 외에 443명의 승객들이 승선하고 있었고 그 중에는 부녀자와 노약자, 특히 수학여행을 가는 단원고 학생들이 다수 포함되어 있었으므로, 세월호의 승무원들은 승객들을 잘 통솔하여 이들이 이 사건 사고로 동요하지 않도록 하여야 하고, 승객들에게 선내방송을 통하여 사고 발생 사실을 알리고 적당한 간격으로 선원들에 의해 어떤 비상조치가 시행되고 있는지 등의 구조 관련 상황을 반복해서 알림으로써 승객들이 불안해하지 않도록 하여야 함은 물론, 사고 직후 이미 세월호가 좌현으로 약 30도 정도 기울고 선수 갑판에 있던 컨테이너 등의 화물들이 좌현으로 쏠려 무너져 내리는 등 평소 복원력이 나빴던 세월호가 곧 전복되어 침몰될 위험에 직면하게 되었으므로, 무엇보다도 퇴선이 불가피한 위급상황에 대비하여 미리 퇴선이 용이한 갑판으로 대피하도록 유도하는 등 퇴선을 위한 적절한 조치를 신속하게 취하여야 할 긴박한 상황이었다.

   ② 그런데 피고인 1은 위와 같이 피고인 2가 구조요청을 마친 후인 08:58경 피고인 3에게 '승객들로 하여금 구명조끼를 입고 그 자리에 대기하라'는 방송만을 지시하였을 뿐, 정작 선원들에게 승객 등의 퇴선에 대비한 각자의 임무를 수행하도록 지시하는 등 선박 위험시 선장이 취하여야 할 지휘·감독상 임무를 전혀 수행하지 아니하였다. 또한 피고인 2, 피고인 3을 비롯하여 조타실에 모여 있던 갑

판부 소속 피고인들이나 3층 선실 복도에 모여 있던 피고인 9 등 기관부 소속 피고인들도 비상배치표 등에 따른 임무를 수행할 시도조차 하지 아니한 채 오로지 각각 조타실과 3층 기관부 선실 복도에 머물며 진도 VTS 등과의 교신에 매달려 구조요청을 반복하거나 아무런 대책 논의도 없이 상황을 주시하기만 하였다. 그에 따라 3층 안내데스크에 있던 사무부 승무원들은 자세한 사고경위도 모른 채 위 방송지시에 따라 승객들에게 선박의 침몰상황, 구조계획 등에 대한 설명 없이 '현 위치에서 절대 움직이지 말고 그 자리에 대기하라'는 취지의 안내방송을 실시한 후, 그저 조타실의 추가 지시만을 기다리면서 같은 내용의 안내방송을 반복하는 상황이 전개되었다.

③ 피고인 1은 위와 같이 세월호의 승무원들 모두가 승객을 선내 대기 상태로 방치한 채 수수방관하는 동안, 09:13경 세월호 부근을 항해 중이던 ○○○○○호가 진도 VTS의 구조요청을 받고 세월호의 승객들을 구조하기 위해 세월호에 다가오면서 "탈출을 하면 저희들이 구조를 하겠습니다."라고 하는 교신을 들었고, 이후 진도 VTS와의 교신을 통해서 경비정 및 인근 어선들도 구조를 위해 오고 있다는 사실도 알게 되었을 뿐 아니라, 09:21경 진도 VTS 및 ○○○○○호로부터 "지금 ○○○○○가 지금 접근 중에 있는데 지금 그 어롱사이드(ALONGSIDE)가 할 수 없는 상태라 구조 대기하고 있습니다.", "인근에 있다가 인명들이 탈출하면 인명구조 하겠습니다."라고 하는 교신을 들었음에도, 선원들을 지휘하여 구명뗏목과 슈트 등 구조장비를 투하하고 승객들을 대피시키는 등의 퇴선을 위한 조치를 전혀 취하지 아니하였고, 조타실에 함께 있던 피고인 2, 피고인 3 등 나머지 갑판부 소속 피고인들도 교신내용을 듣고만 있었을 뿐 별다른 조치를 취하지 아니하였다.

④ 또한 피고인 1은 세월호가 45도 이상 기운 09:23경 진도 VTS로부터 "경비정 오는데 15분, 15분입니다.", "방송이 안 되더라도 최대한 나가서서 그 승객들한테 구명동의를 꼭 착용을 하고 옷을 두껍게 입으라고 최대한 많이 전파를 좀 부탁드리겠습니다."라고 하는 교신을 들었고, 09:24경 ○○○○○호 선장으로부터 "맨

몸으로 하지 마시고 라이프링이라도 하여간 착용을 시켜서 탈출을 시키십시오, 빨리."라고 하는 교신을 들었음에도 아무런 추가 조치 없이 이를 묵살하고, 다시 09:25경 진도 VTS로부터 "지금 저희가 그쪽 상황을 모르기 때문에 저 선장님께서, 세월호 선장님께서 최종적으로 판단을 하셔 갖고 지금 승객 탈출을 시킬지 최대한 지금 빨리 결정을 해 주십시오."라고 하는 교신을, 09:26경 "경비정이 10분 이내에 도착할 겁니다."라고 하는 교신을 들었을 뿐 아니라, 그 무렵 피고인 3으로부터 수차례 "어떻게 할까요?"라고 하는 추가 대응지시를 독촉받고, 조타실에 있는 무전기를 통해 3층 객실 안내데스크에 있던 사무부 승무원들로부터 선내에 대기 중인 승객들의 대피 등 추가 조치 요청을 수차례 받았음에도, 퇴선 등 구조조치에 관한 논의나 설명 없이 이를 모두 묵살한 채 아무런 추가 조치를 취하지 아니하였다. 또한 피고인 2, 피고인 3 등 나머지 갑판부 소속 피고인들도 여전히 조타실에 머물면서 승객 등의 퇴선을 위한 조치에 나서지 아니하였고 피고인 1의 위와 같이 무책임한 행동에 대해 이의를 제기하거나 승객 등의 구조방안을 언급하지 아니하였다.

(라) 피고인 9 등 기관부 소속 피고인들의 조치내용

① 한편 피고인 9 등 기관부 소속 피고인들은 위와 같이 3층 기관부 선실 복도에 머물면서 승객들이 선내 대기 방송에 따라 선내 대기 중임을 알고 있었음에도, 각자의 선실에서 구명동의를 찾아 입는 등 자신들의 퇴선에 대비하였을 뿐 구명뗏목과 슈트를 투하하거나 승객들을 구조가 쉬운 갑판으로 대피시키는 등 승객 구조를 위한 아무런 조치를 취하지 않았고 승객의 상황에 대하여 확인하거나 승객 구조 방법을 논의조차 하지 아니하였다.

② 또한 피고인 9 등 기관부 소속 피고인들은 세월호에서 퇴선하기 얼마 전에 갑자기 조리수 공소외 1과 조리원 공소외 2가 차례로 우현 복도 쪽에서 기울어진 연결통로를 통해 기관부 소속 피고인들이 대기하고 있던 좌현 복도 쪽으로 떨어져 그 충격으로 정신을

잃은 채 쓰러져 있는 것을 알게 되었으나, 이들을 구조가 쉬운 갑판으로 대피시키는 등 퇴선에 필요한 조치를 취하지 아니하였다.

(마) 퇴선명령 등 필요 최소한의 구조조치와 그 이행 가능성 등

① 승객 등은 08:58경 배가 기울고 엔진이 꺼진 사실 자체만으로도 스스로 갑판으로 나와서 침몰상황을 파악한 후 그에 따른 정보를 공유하고 생존을 위한 조치를 할 수 있었고, 그 경우 적어도 경비정이 도착할 무렵에는 구명조끼를 착용한 상태에서 바다에 뛰어들어 구조를 받을 수 있었다. 하지만 대부분의 승객 등은 피고인 1의 지시에 의한 선내 대기 명령에 따라 경비정이 도착할 때 및 그 이후까지도 선실 내부 또는 복도 등에서 그대로 대기하고 있었다. 세월호가 급박하게 침몰하고 있는 당시 상황에서 후속 조치인 퇴선준비나 퇴선명령이 이루어지지 않을 경우에는 선내 대기 명령으로 인하여 구조세력이 도착하더라도 승객 등이 침몰하는 선박 안에서 빠져나오지 못하고 그대로 익사할 가능성이 매우 높았다.

② 좌현으로 기울고 있던 당시 상황에서의 퇴선은 주로 좌현 갑판을 이용할 수밖에 없었고, 선체가 계속 기울고 있었으므로 많은 승객 등이 빠른 시간 안에 퇴선하기 위해서는 미리 이동하는 것이 필수적이었다. 선체가 기울어진 상태에서도 선수와 선미 사이의 수평이동은 어렵지 않았고, 3층과 4층 좌현 갑판에는 난간과 계단이 설치되어 있어 운동능력이 있는 사람이라면 3층과 5층 사이의 상하이동도 가능하였다. 그리고 3층의 경우 선체의 좌현 쪽 전체가 갑판이고, 4층의 경우도 갑판의 길이가 약 40m 정도 되어 승객 등이 대피할 수 없을 만큼 공간이 협소하지 아니하였다.

③ 또한 카페리 여객선인 세월호는 선체 아래쪽이 풍우밀구역으로 되어 있고 차량 등 화물을 싣는 공간에 격벽이 설치되어 있지 아니하여 바닷물이 침투할 경우 빠른 시간 내에 침몰할 것으로 예상될 뿐 아니라 당시 세월호가 계속 기울어져서 승객 등이 선내에서

이동하기가 점점 더 어려워지고 있었다. 반면 사고 당시 날씨가 맑고 파도가 잔잔하였을 뿐 아니라 구조세력과의 교신과정에서 해경 등의 구조세력이 가까운 시간 내에 세월호에 도달할 것이 충분히 예상되었으므로, 피고인 2, 피고인 3, 피고인 9 등 해원들은 승객 등이 안전하게 퇴선할 수 있도록 준비를 하고, 선장인 피고인 1은 승객 등이 선내에 갇히기 전에 퇴선명령을 내릴 필요가 있었다.

④ 한편 가천대학교 초고층방재융합연구소에서 실시한 가상 대피 시나리오 및 탈출 시뮬레이션 결과에 의하면, 세월호가 52.2도 기운 상태에서 선실에 있던 승객 등이 탈출을 시작하였다면 약 9분 28초안에 탈출을 완료할 수 있으므로 늦어도 09:26경까지 승객 등이 탈출을 시작하였다면 3, 4층의 출입구가 침수되기 전에 세월호를 탈출할 수 있었다.

⑤ 이러한 상황에서 선내 대기 중인 승객 등의 구조를 위한 최소한의 조치에 해당하는 적시의 퇴선조치 또는 유보갑판 등으로의 퇴선준비 조치는, 조타실 내의 방송장비 또는 선내 전화기를 통한 안내방송, 무전기를 통한 사무부에의 지시, 비상벨의 이용 등 조타실에 있었던 선원이면 누구나 쉽게 이용 가능한 방법으로 할 수 있었고, 그것이 여의치 않더라도 선원들이 직접 객실이 있는 3층과 4층으로 이동하여 승객 등에게 퇴선을 알리거나 유보갑판으로 유도하는 것도 충분히 가능하였다.

⑥ 그럼에도 피고인 1은 09:34경 세월호의 침수한계선이 수면에 잠기어 복원력을 완전히 상실하고 09:35경 해경 경비정이 사고현장에 도착한 후에도 퇴선명령 등 퇴선을 위한 기본적인 조치조차 취하지 아니하였고, 피고인 2, 피고인 3, 피고인 9 등 나머지 선원들도 그와 같은 상황을 방관하고 있었다.

⑦ 그에 따라 승객 등은, 해경 등 구조세력이 사고현장에 도착하였음에도 구조가 가능한 적절한 시점인 이른바 '골든타임'이 다 지나갈 때까지 세월호의 침몰상황에 대해서는 제대로 알지 못한 채,

반복적인 선내 대기 안내방송 등에 따라 막연히 선내에 대기하는 상태가 지속되었다.

(바) 피고인들의 퇴선행위와 사고 발생 후의 피해상황

① 피고인 9는 위와 같이 나머지 기관부 소속 피고인들과 3층 선실 복도에서 대기만 하고 있다가 09:38경 해경 구명단정이 세월호의 좌현으로 접근하자 피고인 10 등 기관부 소속 피고인들에게 3층 복도와 연결된 좌현 쪽 출입문을 통하여 밖으로 나가도록 한 뒤 09:39경 해경 구명단정에 탑승하면서 자신이 선원임을 밝히지 않고 세월호에서 퇴선하였고, 피고인 10 등 나머지 기관부 소속 피고인들도 피고인 9의 지시에 편승하여 승객 등에 대한 아무런 구조조치 없이 피고인 9와 함께 세월호에서 퇴선하였다.

② 피고인 1과 피고인 2, 피고인 3 등 갑판부 소속 피고인들은 09:37경 이후 진도 VTS로부터의 교신에 응답하지 않은 채 해경 경비정이 세월호에 다가오기만을 기다리면서 대피명령 및 퇴선명령, 승객 퇴선유도 등 승객 등을 구조하기 위한 아무런 조치를 취하지 않았을 뿐만 아니라, 승객 등의 상황에 대하여 확인하거나 승객 등의 구조 방법에 대한 논의조차 하지 않다가, 09:39경 피고인 9 등 기관부 소속 피고인들이 퇴선하는 것과 전방에 경비정이 다가오는 것을 보자, 곧바로 조타실 좌측에 있는 출입문을 통해 차례로 윙브릿지로 나간 후, 09:46경 세월호의 조타실 앞에 도착한 해경 123호 경비정에 탑승하면서 자신들이 선장 또는 선원임을 밝히지 않고 퇴선하였고, 퇴선 이후에도 해경에게 승객 등이 선내 대기 중인 사실 등을 알려 주지 아니하였다.

③ 결국 승객 등은 구조세력이 도착한 이후에도 퇴선명령이나 이에 수반되는 퇴선유도 등 퇴선 상황에 따른 조치가 전혀 이루어지지 아니한 상태에서 막연히 퇴선지시를 기다리면서 선내에 대기하다가 09:47경 세월호의 3층 난간이, 09:50경 4층 난간이 완전히

침수되어 출구가 차례로 폐쇄되면서 스스로의 힘으로 선체를 빠져나가는 것이 사실상 불가능하게 되어, 해경 등의 구조활동에도 불구하고 303명이 바다에 빠져 사망하였고, 152명은 해경 등에 의하여 구조되었으나 세월호가 갑자기 기울어질 때 또는 탈출 과정에서 상해를 입었다.

(2) 피고인 1의 상고이유에 관하여

 (가) 퇴선방송 지시 관련 주장에 관하여

 원심판결 이유를 원심 및 제1심이 적법하게 채택하여 조사한 증거들에 의하여 살펴보면, 원심이 잘못이 없다.

 (나) 부작위에 의한 살인 관련 주장에 관하여

    1) 먼저 피고인 1의 부작위가 작위에 의한 살인행위와 동등한 형법적 가치를 가지는 것으로 평가될 수 있는지에 관하여 본다.
앞서 본 사실관계에 의하면, ① 피고인 1은 승객 등의 구조를 위한 가장 핵심적인 역할을 수행하여야 할 선장으로서, 퇴선명령 등을 통하여 적극적으로 선내 대기 상태에 있는 승객 등의 사망 결과를 방지하여야 할 의무가 있을 뿐 아니라 승객 등의 퇴선 여부 및 그 시기와 방법을 결정하고 선원의 비상임무 배치를 지시하는 등 승객 등의 인명구조를 위한 조치를 지휘·통제할 수 있는 법률상·사실상 유일한 권한을 가진 지위에 있었으며, 당시 피고인 3에게 승객으로 하여금 구명조끼를 입고 선내에 대기하라는 방송을 지시하여 세월호 승무원들이 피고인 1의 다음 지시를 기다리고 있었고, 한편 승객 등은 이 사건 사고로 세월호가 침몰할 수 있는 상황에서 각자의 인식과 판단에 따라 스스로 탈출할 가능성이 있었음에도, 선장인 피고인 1의 지시에 의한 선내 대기 안내방송에 따라 기울어져 가는 세월호 선내에서 해경 등 구조세력을 기다리며 마냥 대기하고 있었으므로, 당시 사태의 변화를 지배하고 있었다고 할 것이다. ② 당시 세월호가 상당한 정도로 기울어져 좌현과 우현 간의 이동이 자유롭지 아니하였다는 점을 감안하더라도 주어진 상황에서 승객 등에 대한 구조활동이 얼마든지 가능하였고, 무엇보다 적절한 시점의 퇴선에 대비한 대피명령이나 퇴선명령만으로도 상당수 피해자들의 탈출 및 생존이 가능하고, 이러한 대피명령이나 퇴선명령은 조타실 내의 장비이용 등 비교적 간단하고 쉬운 방법으로 충분히 이행할 수 있었으므로, 피고인 1은 적어도 승객 등이 선내 대기 안내방송에 따라 침몰하는 세월호 선내에 계속 대기하다가 탈출 자체에 실패하여 사망에 이르게 되는 상황만큼은 쉽게 방지할 수 있었음을 알 수 있다. ③ 그럼에도 피고인 1은 선내 대기 중인 승객 등에 대한 퇴선조치 없이 갑판부 선원들과 함께 해경 경비정으로 퇴선하였을 뿐 아니라 퇴선 이후에도 아무런 조치를 취하지 아니하여 승객 등이 스스로 세월호에서 탈출하는 것이 불가능하게 되는 결과를 초래하였는바, 피고인 1의 이러한 퇴선조치의 불이행은 승객 등을 적극적으로 물에 빠뜨려 익사시키는 행위와 다름없다고 할 것이다.

그렇다면 피고인 1의 위와 같은 부작위는 작위에 의한 살인의 실행행위와 동일하게 평가할 수 있고, 승객 등의 사망 또는 상해의 결과는 작위행위에 의해 결과가 발생한 것과 규범적으로 동일한 가치가 있다고 할 것이다.

2) 다음으로 피고인 1에게 부작위에 의한 살인의 고의가 있었는지에 관하여 본다.

앞서 본 사실관계에 의하면, 피고인 1은 승선경험이 풍부한 선장으로서 포괄적이고 절대적인 권한을 행사하여 세월호의 승객 등의 안전이 종국적으로 확보될 때까지 적극적·지속적으로 구조조치를 다할 의무가 있음을 잘 알고 있었을 뿐 아니라 당시 세월호의 침몰상황이나 구조세력과의 교신내용 등을 통하여 지체할 경우 자신의 명령에 따라 선내 대기 중인 승객 등이 세월호에서 빠져나오지 못하고 익사할 수밖에 없다는 것을 충분히 예상하였다고 할 것이다. 그럼에도 피고인 1은 승객의 안전에 관하여 아무런 논의나 설명도 없이 해경 등 구조세력의 수차례에 걸친 퇴선요청마저 묵살하고 승객 등을 선실 내에 계속 대기하도록 내버려 둔 채 해경 경비정이 도착하자 승객 등보다 먼저 퇴선한 것이므로, 이는 구조작업이나 승객 등의 안전에 대한 선장으로서의 역할을 의식적이고 전면적으로 포기한 것으로 보아야 한다. 나아가 피고인 1은 퇴선 직전이라도 선내 대기 중인 승객 등에게 직접 또는 다른 선원을 통하여 쉽게 퇴선상황을 알려 피해를 줄일 수 있었음에도 그것마저도 하지 아니한 채 퇴선하였을 뿐 아니라 해경 경비정에 승선한 후에도 구조세력에게 선내 상황에 대한 정보를 제공하지 아니하는 등 승객 등의 안전에 대하여 철저하게 무관심한 태도로 일관하면서 선내 대기 중인 승객 등의 탈출 가능성이 점차 희박해져 가는 상황을 그저 방관하였음을 알 수 있다.

피고인 1의 이와 같은 행태는 자신의 부작위로 인하여 승객 등이 사망에 이를 수 있음을 예견하고도 이를 용인하는 내심의 의사에서 비롯되었다고 할 것이므로, 부작위에 의한 살인의 미필적 고의가 인정된다고 할 것이다.

3) 끝으로 피고인 1의 부작위와 승객 등의 사망 결과 사이에 인과관계가 있는지에 관하여 본다.

위 사실관계를 앞서 본 법리에 비추어 살펴보면, 피고인 1이 해경 등 구조세력의 퇴선요청에 따라 퇴선 대피 안내방송을 실시하고 승객 등을 퇴선하기 좋은 외부 갑판으로 유도하거나 구호장비를 작동시키는 등 승객 등에 대한 구조조치를 하였다면, 적어도 승객 등이 사망에 이르지는 아니하였을 것으로 보이므로, 피고인 1의 부작위와 피해자 공소외 3을 제외한 나머지 익사자 303명의 사망 결과 사이에 인과관계가 인정된다고 할 것이다.

4) 그렇다면 같은 취지에서 피고인 1의 위 공소사실 중 피해자 공소외 3을 제외한 나머지 피해자들 부분에 대하여 부작위에 의한 살인 및 살인미수죄를 인정한 원심의 판단은 정당하고, 거기에 잘못이 없다.

(3) 검사의 상고이유에 관하여

(가) 피고인 1의 피해자 공소외 3에 대한 살인의 점에 관하여

원심은 피고인 1의 위 공소사실 중 피해자 공소외 3 부분에 대하여, 그 판시와 같은 이유를 들어 위 피해자의 경우 이 사건 사고 관련 나머지 실종자들과는 달리 세월호가 침몰할 때까지 선체 내부에 있었다고 볼 수 없고, 검사가 제출한 증거만으로는 사망시점이나 사망원인을 알 수도 없으므로, 피고인 1의 행위와 위 피해자의 사망 결과 사이에 인과관계가 인정되지 아니한다고 판단하여, 무죄를 선고한 제1심판결을 그대로 유지하였다.
원심판결 이유를 관련 법리와 기록에 비추어 살펴보면, 원심의 위와 같은 판단은 정당하고, 거기에 상고이유 주장과 같이 논리와 경험의 법칙을 위반하여 자유심증주의의 한계를 벗어나는 등의 잘못이 없다.

(나) 피고인 2, 피고인 3, 피고인 9의 살인·살인미수의 점에 관하여

1) 앞서 본 사실관계와 기록에 의하여 알 수 있는 다음 사정을 고려하면, 위 피고인들이 간부 선원들로서 선장을 보좌하여 승객 등을 구조하여야 할 지위에 있음에도 별다른 구조조치를 취하지 아니한 채 사태를 방관하여 결과적으로 선내 대기 중이던 승객 등이 탈출에 실패하여 사망에 이르게 한 잘못이 있다고 할 것이나, 그렇다고 하여 그러한 부작위를 작위에 의한 살인의 실행행위와 동일하게 평가하기 어렵고, 또한 살인의 미필적 고의로 피고인 1의 부작위에 의한 살인행위에 공모 가담하였다고 단정하기도 어렵다.

① 우선 피고인 1은 이 사건 사고 직후 조타실로 복귀하여 조타실 내 평소 지휘 장소인 해도대 부근에 머물면서 피고인 9에게 엔진 정지를 지시하거나 피고인 2, 피고인 3 등 조타실에 있던 나머지 갑판부 선원들이 구조세력과 교신하는 상황을 주시하면서 피고인 3에

게 승객들에 대한 선내 대기 방송을 지시한 후 구조세력의 퇴선요구와 이에 대한 피고인 3의 대응지시 요청 등을 받고도 모두 묵살하여 승객 등의 선내 대기 상태가 그대로 유지되도록 하는 등 퇴선할 무렵까지 선박의 안전에 관한 선장으로서의 포괄적이고 절대적인 권한을 가지고 이 사건 사고 이후의 사태 변화를 주도하거나 조종하고 있었음을 알 수 있다. 반면 피고인 2, 피고인 3, 피고인 9는 비록 간부 선원이기는 하나 나머지 선원들과 마찬가지로 선박침몰과 같은 비상상황 발생 시 각자 비상임무를 수행할 현장에 투입되어 선장의 퇴선명령이나 퇴선을 위한 유보갑판으로의 대피명령 등에 대비하다가 선장의 실행지휘에 따라 승객들의 이동과 탈출을 도와주는 임무를 수행하는 자로서, 그 임무의 내용이나 중요도가 선장의 지휘 내용이나 구체적인 현장상황에 따라 수시로 변동될 수 있을 뿐 아니라 퇴선유도 등과 같이 경우에 따라서는 승객이나 다른 승무원에 의해서도 비교적 쉽게 대체 가능하다. 따라서 승객 등의 퇴선을 위한 선장의 아무런 지휘·명령이 없는 상태에서 피고인 2, 피고인 3, 피고인 9가 단순히 비상임무 현장에 미리 가서 추가 지시에 대비하지 아니한 채 선장과 함께 조타실에 있었다거나 혹은 기관부 선원들과 함께 3층 선실 복도에서 대기하였다는 사정만으로, 선장과 마찬가지로 선내 대기 중인 승객 등의 사망 결과나 그에 이르는 사태의 핵심적 경과를 계획적으로 조종하거나 저지·촉진하는 등 사태를 지배하는 지위에 있었다고 보기 어렵다.

② 또한 선박 위험시 퇴선조치는 선박 위험의 태양과 정도, 선박의 내부구조와 승선자의 선내 위치 및 규모, 수온·조류·기상상황 등 자연조건, 구명장비·구조세력 등에 의한 생존 또는 구조 가능성 등을 종합적으로 고려할 때 승선자로 하여금 사고 선박에 계속 머물게 하는 것보다 퇴선하게 하는 것이 오히려 안전하다고 판단되는 최악의 비상상황에서 선박공동체의 안전을 위하여 부득이하게 행하여지는 극단의 조치이므로, 퇴선조치의 필요성이나 시기·방법 등은 선박공동체의 총책임자인 선장의 전문적인 판단과 지휘에 따라야 하고, 다른 선원들이 함부로 이를 방해하거나 간섭하여서는 아니 된다. 따라서 비록 피고인 2, 피고인 3, 피고인 9가 구조세력과의 교

신과정이나 선내 대기 안내방송 등을 통하여 승객 등에 대한 퇴선조
치의 필요성을 어느 정도 인식할 수 있었다고 하더라도, 선장으로서
의 경험이 풍부하고 연륜이 깊은 피고인 1을 중심으로 한 지휘명령
체계가 그대로 유지되고 다른 승무원들과 마찬가지로 그 지휘체계
에 편입되어 선장의 상황 판단과 지휘 내용에 의존하면서 후속 임무
를 수행하여야 하는 지위에 있었을 뿐 아니라, 피고인 1이 명시적으
로 퇴선조치에 대한 거부의사를 밝힌 것도 아니었던 당시 상황을 고
려하면, 선장의 전문적인 판단과 지휘명령체계를 무시하면서까지
결과책임이 따를 수 있는 퇴선조치를 독단적으로 강행하여야 할 만
큼 비정상적인 상황이 전개되고 있음을 쉽게 인식할 수 있었다고 단
정할 수 없다.

③ 나아가 피고인 2, 피고인 3, 피고인 9는 조타실 또는 3층 기
관부 선실 복도에 있던 나머지 선원들과 마찬가지로 구조세력에 구
조요청을 하면서 대기하다가 해경 경비정 등 구조세력이 사고현장
에 도착하여 해경을 중심으로 한 체계적인 구조작업이 개시된 후에
야 피고인 1의 선원들에 대한 퇴선명령이나 해경의 구조유도에 따
라 세월호에서 퇴선하였고 그 과정에서 특별히 피고인 1의 지시에
불응하고 상황 판단에 혼란을 주거나 혹은 다른 승무원들의 승객 등
에 대한 구조활동을 방해 또는 제지하지 아니하였음에도, 이들이 상
대적으로 간부 선원의 지위에 있었다고 하여 조타실 또는 3층 기관
부 선실 복도에 함께 있었던 3등 항해사인 피고인 4, 1등 기관사인
피고인 10 등 나머지 피고인들과 달리 승객 등에 대한 유기의 고의
를 넘어 살인의 미필적 고의를 가지고 피고인 1의 범행에 가담하였
다고 단정하기도 어렵다.

④ 한편 피고인 9는 당시 피해자 공소외 1, 공소외 2를 직접 보
지는 못한 상태에서 함께 대기하던 다른 피고인들의 보고를 통해 상
황을 파악하였을 뿐이며, 그 보고내용 중에는 피해자들이 생존 가능
성이 없다는 취지도 있었고 이러한 상황보고가 허위라고 볼 만한 뚜
렷한 사정이 보이지 아니한 점, 피고인 9를 제외한 나머지 기관부
소속 피고인들도 위 피해자들의 생존 가능성을 의심하여 퇴선시 구

조방안을 전혀 마련하지 아니하였을 뿐 아니라 아무도 피고인 9에게 위 피해자들을 데리고 나가자고 제안하지 아니하였던 점을 고려하면, 피고인 9가 적어도 퇴선 무렵에는 위 피해자들이 이미 사망한 것으로 오인하였을 가능성을 배제하기 어렵다.

2) 그렇다면 피고인 2, 피고인 3, 피고인 9의 위 공소사실에 대하여 부작위에 의한 살인의 고의를 인정하기 어렵다는 이유로 무죄를 선고한 원심의 조치는 앞서 본 관련 법리에 기초한 것으로서 정당하고, 거기에 잘못이 없다.

2. 피고인들의 수난구호법 위반의 점에 대하여

가. 피고인들의 상고이유에 관하여

(1) 피고인들의 수난구호법 제18조 제1항 단서의 적용대상에 대한 주장에 관하여

(가) 수난구호법 관련 규정의 체계, 내용 및 취지와 더불어, 수난구호법 제18조 제1항은 구조대상을 '조난된 선박'이 아니라 '조난된 사람'으로 명시하고 있는데, 같은 법 제2조 제4호에서 조난사고가 다른 선박과의 충돌 등 외부적 원인 외에 화재, 기관고장 등과 같이 해당 선박 자체의 내부적 원인으로도 발생할 수 있음을 전제로 하고 있으므로, 조난된 선박의 선장 및 승무원이라 하더라도 구조활동이 불가능한 상황이 아니라면 구조조치의무를 부담하게 하는 것이 조난된 사람의 신속한 구조를 목적으로 하는 수난구호법의 입법취지에 부합하는 점을 고려하면, 수난구호법 제18조 제1항 단서의 '조난사고의 원인을 제공한 선박의 선장 및 승무원'에는 조난사고의 원인을 스스로 제공하여 '조난된 선박의 선장 및 승무원'도 포함된다고 보아야 한다.

(나) 원심은 그 판시와 같은 이유를 들어 피고인들은 조난사고의 원인을 제공한 세월호의 선장 및 승무원들로서 수난구호법 제18조 제1항 단서의 적용대상이 된다고 판단하였는바, 앞서 본 법리와 원심이 적법하게 채택한 증거들에 비추어 살펴보면, 원심의 위와 같은 판단은 정당하고, 거기에 잘못이 없다.

(2) 피고인 4, 피고인 6, 피고인 7, 피고인 8, 피고인 13의 나머지 상고이유에 관하여

수난구호법 제18조 제1항 단서에서 정한 '조난된 사람을 신속히 구조하는 데 필요한 조치'에는 아무런 제한이 없으므로, 조난된 사람의 생명·신체에 대한 급박한 위해를 실질적으로 제거하기 위하여 필요하고도 가능한 조치를 다하여야 할 것이고, 그러한 조치의무를 이행하였는지 여부는 조난사고의 발생장소나 시각, 사고현장의 기상 등 자연조건, 조난사고의 태양과 위험 정도, 구조인원 및 장비의 이용 가능성, 응급처치의 내용과 정도 등을 종합적으로 고려하여 판단하여야 할 것이다.

원심은 그 판시와 같은 이유를 들어 이 사건 사고로 세월호의 승객 등이 조난을 당하였음에도, 그 조난사고의 원인을 제공한 선박의 승무원들인 위 피고인들이 조난당한 승객 등을 신속히 대피시키는 등 인명구조를 위해 필요한 조치를 취하지 아니하였다고 판단하여, 위 피고인들에 대한 이 부분 공소사실을 모두 유죄로 인정하였다.

원심판결 이유를 앞서 본 법리와 원심이 적법하게 채택한 증거들에 비추어 살펴보면, 원심의 위와 같은 판단은 정당하고, 거기에 잘못이 없다.

나. 검사의 상고이유에 관하여

원심판결 이유를 관련 법리와 기록에 비추어 살펴보면, 원심이 관련 법리를 오해하여 판결에 영향을 미친 잘못이 없다.

3. 피고인 1, 피고인 2, 피고인 3을 제외한 나머지 피고인들의 유기치사·치상의 점에 대하여

가. 피고인 9를 제외한 위 나머지 피고인들의 상고이유에 관하여

(1) 피고인 4, 피고인 5, 피고인 6, 피고인 7, 피고인 8, 피고인 12의 보호의무 관련 주장에 관하여

형법 제275조 제1항의 유기치사·치상죄는 노유, 질병 기타 사정으로 인하여 부조를 요하는 자를 보호할 법률상 또는 계약상 의무가 있는 자가 유기하여 사상에 이르게 한 때에 성립하는 범죄로서, 위보호의무는 부조를 요하는 상대방의 생명·신체에 대한 안전을 도모하는 것이므로 그 상대방이 직면하게 될 생명·신체에 대한 위험을 실질적으로 차단하기 위하여 필요하고도 가능한 조치를 다하는 것을 내용으로 한다.

원심은 그 판시와 같은 이유를 들어 위 피고인들은 세월호의 승무원으로서 수난구호법 제18조 제1항 단서에 의한 승객 등에 대한 법률상 보호의무와 피고인들이 소속된 주식회사 청해진해운과 승객 사이에 체결된 여객운송계약의 의무이행자 또는 이행보조자로서 승객에 대한 계약상 보호의무가 있으며, 그 내용은 세월호 운항관리규정에서 정한 의무에 한정되지 아니하고 선장인 피고인 1의 구체적인 구조지시가 없었다고 하여 보호의무가 면제되는 것도 아니라고 판단하였다.

원심판결 이유를 앞서 본 법리와 원심이 적법하게 채택한 증거들에 비추어 살펴보면, 원심의 위와 같은 판단은 정당하고, 거기에 잘못이 없다.

(2) 피고인들의 유기행위와 고의 관련 주장에 관하여

유기행위는 부조를 요하는 자를 보호 없는 상태로 둠으로써 생명·신체를 위태롭게 하는 것이므로 작위뿐만 아니라 부작위에 의하여도 성립하며, 유기를 당한 사람의 생명·신체에 위험을 발생하게 할 가능성이 있으면 유기행위의 요건은 충족되고 반드시 보호의 가능성이 전혀 없을 것을 요하는 것은 아니다. 한편 피고인이 주관적 요

소인 고의나 공동 가공의 의사를 부인하는 경우에는, 사물의 성질상 범의와 상당한 관련성이 있는 간접사실 또는 정황사실을 증명하는 방법에 의하여 이를 입증할 수밖에 없고, 무엇이 상당한 관련성이 있는 간접사실에 해당할 것인가는 정상적인 경험칙에 바탕을 두고 치밀한 관찰력이나 분석력에 의하여 사실의 연결 상태를 합리적으로 판단하는 방법에 의하여야 한다.

원심은 그 판시와 같은 이유를 들어, 피고인들은 승객 등이 선내 대기 안내방송에 따라 침몰하는 세월호의 선내에서 구조를 기다리며 대기 중에 있으므로 퇴선을 위한 조치를 취하지 않을 경우 승객 등의 생명·신체에 위험이 발생한다는 사실을 인식하였음에도, 09:26경 진도 VTS로부터 10분 후에 경비정이 도착한다는 말을 들은 이후로도 대피명령 및 퇴선명령, 퇴선유도 등 승객 등을 구조하기 위하여 필요하고도 가능한 조치를 전혀 취하지 아니한 사실을 인정한 다음, 피고인들이 유기의 고의로 공동하여 세월호의 승객 등을 유기하였다고 판단하였다.

원심판결 이유를 앞서 본 법리와 원심이 적법하게 채택한 증거들에 비추어 살펴보면, 원심의 위와 같은 판단은 정당하고, 거기에 잘못이 없다.

　(3) 피고인 5, 피고인 10의 인과관계 관련 주장에 관하여
　형법 제275조 제1항의 유기치사·치상죄는 결과적 가중범이므로, 위 죄가 성립하려면 유기행위와 사상의 결과 사이에 상당인과관계가 있어야 하며 행위 시에 결과의 발생을 예견할 수 있어야 한다. 다만 유기행위가 피해자의 사상이라는 결과를 발생하게 한 유일하거나 직접적인 원인이 된 경우뿐만 아니라, 그 행위와 결과 사이에 제3자의 행위가 일부 기여하였다고 할지라도 유기행위로 초래된 위험이 그대로 또는 그 일부가 사상이라는 결과로 현실화된 경우라면 상당인과관계를 인정할 수 있다

원심은 그 판시와 같은 이유를 들어 사고지점의 수온과 조류의 세기, 구조세력의 대기 상태, 선내 이동의 용이성 등 제반 사정에 비추어 피해자 공소외 3을 제외한 나머지 사망 피해자들이 적절하게 대피했더라면 모두 생존할 수 있었고, 생존 피해자들의 정신적·신체적

상해 역시 피고인들의 유기행위로 인해 피해자들이 스스로 탈출하는 과정에서 발생하였다고 판단하여, 위 피고인들의 유기행위와 피해자 445명의 사망 또는 상해 결과 사이의 인과관계를 인정하였다. 원심판결 이유를 앞서 본 법리와 원심이 적법하게 채택한 증거들에 비추어 살펴보면, 원심의 위와 같은 판단은 정당하고, 거기에 잘못이 없다.

(4) 피고인들의 긴급피난 또는 기대가능성 관련 주장에 관하여
형법 제22조 제1항의 '긴급피난'이란 자기 또는 타인의 법익에 대한 현재의 위난을 피하기 위한 상당한 이유 있는 행위를 말하고, 여기서 '상당한 이유 있는 행위'에 해당하려면, 첫째 피난행위는 위난에 처한 법익을 보호하기 위한 유일한 수단이어야 하고, 둘째 피해자에게 가장 경미한 손해를 주는 방법을 택하여야 하며, 셋째 피난행위에 의하여 보전되는 이익은 이로 인하여 침해되는 이익보다 우월해야 하고, 넷째 피난행위는 그 자체가 사회윤리나 법질서 전체의 정신에 비추어 적합한 수단일 것을 요하는 등의 요건을 갖추어야 한다. 한편 피고인에게 적법행위를 기대할 가능성이 있는지 여부를 판단하기 위해서는 행위 당시의 구체적인 상황 하에 행위자 대신에 사회적 평균인을 두고 이 평균인의 관점에서 그 기대가능성 유무를 판단하여야 한다.
원심은 그 판시와 같은 이유를 들어 피고인들이 승객 등에 대한 구호조치를 전혀 취하지 않고 세월호를 탈출하여 승객 등으로 하여금 사상에 이르게 한 행위가 위 '상당한 이유 있는 행위'에 해당한다고 볼 수 없고, 당시 이 사건 사고로 인하여 당황한 상태에 있었다고 하더라도 위 구호조치 등 적법행위에 대한 기대가능성이 없었다고 보기 어렵다고 판단하였다.
원심판결 이유를 앞서 본 법리와 원심이 적법하게 채택한 증거들에 비추어 살펴보면, 원심의 위와 같은 판단은 정당하고, 거기에 잘못이 없다.

나. 검사의 상고이유에 관하여

원심은 그 판시와 같은 이유를 들어 피고인 3, 피고인 4, 피고인 5, 피고인 9의 유기치사의 점에 대한 이 사건 공소사실 중 피해자 공소외 3 부분에 대하여, 위 제1의 마.항 중 (3)의 (가)항 기재와 같은 이유로 유기행위와 사망 결과 사이에 인과관계를 인정할 수 없다고 판단하여, 무죄를 선고한 제1심판결을 그대로 유지하였다.

원심판결 이유를 앞서 본 관련 법리와 기록에 비추어 살펴보면, 원심의 위와 같은 판단은 정당하고, 거기에 잘못이 없다.

4. 피고인 2, 피고인 4, 피고인 5의 업무상 과실 선박매몰의 점에 대하여

가. 피고인 2의 상고이유에 관하여

원심은, 그 판시와 같은 이유를 들어 피고인 2가 세월호가 안전한 상태에서 운항할 수 있도록 화물적재량과 고박상태를 확인하여 사고 발생을 방지하여야 할 업무상 주의의무가 있음에도 이를 소홀히 하여 세월호가 좌현으로 기울어지면서 전복되는 이 사건 사고가 발생하게 되었다고 판단하여, 위 피고인이 피고인 1과 공동하여 업무상 과실로 사람이 현존하는 세월호를 침몰하게 하였다는 이 부분 공소사실을 유죄로 인정한 제1심판결을 그대로 유지하였다.

원심판결 이유를 관련 법리와 원심이 적법하게 채택한 증거들에 비추어 살펴보면, 원심의 위와 같은 판단은 정당하고, 거기에 잘못이 없다.

나. 검사의 상고이유에 관하여

형사재판에서 유죄의 인정은 법관으로 하여금 합리적인 의심을 할 여지가 없을 정도로 공소사실이 진실한 것이라는 확신을 가지게 하

는 증명력을 가진 증거에 의하여야 하고, 그러한 증거가 없다면 설령 피고인에게 유죄의 의심이 간다 하더라도 피고인의 이익으로 판단할 수밖에 없다.

원심은, 세월호를 우현으로 대각도로 조타한 피고인 5의 업무상 과실과 대각도 조타에 관한 감독의무를 소홀히 한 피고인 4의 업무상 과실 역시 이 사건 사고의 원인이 되었음을 전제로 하여, 위 피고인들이 피고인 1, 피고인 2와 공동하여 업무상 과실로 사람이 현존하는 세월호를 침몰하게 하였다는 이 부분 공소사실에 대하여, ① 관련자들의 진술 등을 종합하면, 피고인 5가 피고인 4의 지시에 따라 정상적으로 변침을 시도하던 중 자신이 사용한 조타기의 타각보다 더 많은 각도의 타효가 발생하여 세월호가 급격하게 오른쪽으로 선회하였을 가능성이 있는 점, ② 이러한 현상은 조타유압장치에 설치되어 있는 솔레노이드 밸브(Solenoid Valve) 안에 오일 찌꺼기(슬러지)가 끼는 경우에 발생할 수 있는데, 사고 당시 세월호의 항적이 세월호 건조 당시 우현 최대 타각 35도로 한 선회시험에서의 항적과 거의 일치하여 위 솔레노이드 밸브 고착 현상에 의해 타가 우현 최대 타각 위치까지 비정상적으로 작동하였을 가능성을 뒷받침하는 점, ③ 세월호는 프로펠러가 2개이고 타가 하나인 이른바 '2축 1타선'이므로 엔진 이상 등으로 좌현 쪽 프로펠러만 작동하고 우현 쪽 프로펠러는 작동하지 아니하는 현상이 발생할 경우 추진력 차이로 인해 세월호가 급격하게 우선회할 수도 있는 점 등을 이유로, 이 사건 사고 당시 세월호의 조타기나 프로펠러가 정상적으로 작동하였는지에 관하여 합리적인 의심이 있는 이상 피고인 5, 피고인 4에게 위와 같은 업무상 과실이 있다고 단정하기 어렵다고 판단하여, 위 피고인들에 대한 이 부분 공소사실을 유죄로 인정한 제1심판결을 파기하고 무죄를 선고하였다.

원심판결 이유를 앞서 본 법리를 비롯한 관련 법리와 기록에 비추어 살펴보면, 원심의 위와 같은 판단은 잘못이 없다.

5. 피고인 1, 피고인 2, 피고인 4, 피고인 5의

특정범죄가중법 위반의 점에 대하여

가. 피고인 1, 피고인 2의 상고이유에 관하여

(1) 피고인 2의 공소장변경 관련 주장에 관하여
형사소송법 제298조 제4항은 공소사실의 변경 등이 피고인의 불이익을 증가할 염려가 있다고 인정될 때에는 피고인으로 하여금 필요한 방어의 준비를 하게 하기 위하여 공판절차를 정지할 수 있도록 규정하고 있으므로, 공소사실의 일부 변경이 있고 법원이 그 변경을 이유로 공판절차를 정지하지 아니하였다고 하더라도 공판절차의 진행상황에 비추어 그 변경이 피고인의 방어권행사에 실질적 불이익을 주지 아니하는 것으로 인정될 때에는 이를 위법하다고 할 수 없다.
기록에 의하면, 원심은 업무상 과실 선박매몰의 점 외에 주위적 공소사실로 [살인·살인미수의 점, 수난구호법 위반의 점], 예비적 공소사실로 [유기치사·치상의 점, 수난구호법 위반의 점]으로 기소된 피고인 2에 대하여, 제1 예비적 공소사실로 [특정범죄가중법 위반의 점]을 추가하고 당초의 예비적 공소사실을 제2 예비적 공소사실로 하는 검사의 공소장변경 신청을 허가한 다음, 제1 예비적 공소사실인 특정범죄가중법 위반의 점에 대하여 새로이 심리를 하고 피고인 및 변호인에게 최종 의견진술의 기회를 부여한 후 변론을 종결한 사실을 알 수 있는바, 제1심 이래 원심의 공소장변경이 있기까지의 공판절차 진행상황과 검사 및 피고인의 주장·입증 등 기록에 나타난 여러 가지 사정에 비추어 보면, 위 공소장변경이 잘못이 없다.

(2) 피고인 1의 상고이유 및 피고인 2의 나머지 상고이유에 관하여
특정범죄가중법은 제1조에서 "이 법은 형법, 관세법, 조세범 처벌법, 지방세기본법, 산림자원의 조성 및 관리에 관한 법률 및 마약류 관리에 관한 법률에 규정된 특정범죄에 대한 가중처벌 등을 규정함으로써 건전한 사회질서의 유지와 국민경제의 발전에 이바지함을 목적으로 한다."라고 규정하고, 제5조의12에서 "해사안전법 제2조에 따른 선박의 교통으로 인하여 형법 제268조의 죄를 범한 해당 선박의 선장 또는 승무원이 피해자를 구호하는 등 수난구호법 제18

조 제1항 단서에 따른 조치를 하지 아니하고 도주한 경우에는 다음 각 호의 구분에 따라 가중 처벌한다."라고 규정하면서, 그 각 호에서 "피해자를 사망에 이르게 하고 도주하거나, 도주 후에 피해자가 사망한 경우에는 무기 또는 5년 이상의 징역에 처하고(제1호), 피해자를 상해에 이르게 한 경우에는 1년 이상의 유기징역 또는 1천만 원 이상 1억 원 이하의 벌금에 처한다(제2호)."라고 규정하고 있다. 한편 해사안전법 제2조는 "'선박'이란 물에서 항행수단으로 사용하거나 사용할 수 있는 모든 종류의 배(물 위에서 이동할 수 있는 수상항공기와 수면비행선박을 포함한다)를 말한다(제2호)."라고 규정하고, 수난구호법 제18조 제1항 단서에서도 조난사고의 원인을 제공한 선박의 선장과 승무원의 구조조치의무를 규정하고 있을 뿐, 선박교통사고에 관한 정의 규정이나 선박간의 충돌사고로 제한하는 규정을 두고 있지 아니하다.

이와 같은 관련 규정의 체계, 내용 및 취지 등을 고려하면, 특정범죄가중법 제5조의12 위반죄는 형법 제268조의 업무상과실치사상죄 및 중과실치사상죄를 기본범죄로 하여 수난구호법 제18조 제1항 단서 위반 행위 및 도주 행위를 결합하여 가중 처벌하는 일종의 결합범으로서 선박의 교통으로 인하여 형법 제268조의 죄를 범한 해당 선박의 선장 또는 승무원이 수난구호법 제18조 제1항 단서에 규정된 의무를 이행하기 이전에 사고현장을 이탈한 때에 성립하는 것이고, '선박간의 충돌사고'나 '조타상의 과실'로 형법 제268조의 죄를 범한 경우에 한하여 성립하는 것으로 볼 수 없다고 할 것이다.

한편 수난구호법 제18조 제1항 단서에 따라 사고를 낸 선장 또는 승무원이 취하여야 할 조치는 사고의 내용과 피해의 정도 등 구체적 상황에 따라 건전한 양식에 비추어 통상 요구되는 정도로 적절히 강구되어야 하고, 그러한 조치를 취하기 전에 도주의 범의로써 사고현장을 이탈한 것인지 여부를 판정함에 있어서는 그 사고의 경위와 내용, 피해자의 생명·신체에 대한 위험의 양상과 정도, 선장 또는 승무원의 과실 정도, 사고 후의 정황 등을 종합적으로 고려하여야 할 것이다.

원심은 그 판시와 같은 이유를 들어 위 피고인들이 화물과적, 고박불량 등의 업무상 과실로 이 사건 사고를 낸 선장 또는 승무원으로서 특정범죄가중법 제5조의12의 범행주체가 됨을 전제로 하여, 위 피고인들은 456명의 피해자들로 하여금 이 사건 사고로 바다에 빠지게 하거나 매몰된 선체에 갇히게 하였음에도 조난된 피해자들을 신속히 구조하는 데 필요한 조치를 취하지 아니하고 도주하였다는 사실을 인정한 다음, 피고인 1에 대하여는 이 부분 공소사실 중 살인죄가 인정되지 아니한 피해자 공소외 3 부분을, 피고인 2에 대하여는 이 부분 공소사실 전부를 각 유죄로 인정하였다.

원심판결 이유를 위 법리와 원심이 적법하게 채택한 증거들에 비추어 살펴보면, 원심이 특정범죄가중법 제5조의12에서 정한 수난구호법 제18조 제1항 단서 부분을 가중범죄로 규정한 것이 아니라 단순히 선장 또는 승무원에게 요구되는 '조치의무의 내용'을 분명히 하기 위해 인용한 것에 불과하다는 취지로 설시한 것은 다소 부적절하다고 할 것이나, 수난구호법 제18조 제1항 단서의 '조난사고의 원인을 제공한 선박의 선장 및 승무원'에는 조난사고의 원인을 스스로 제공하여 '조난된 선박의 선장 및 승무원'도 포함되는 이상, 위 피고인들이 특정범죄가중법 제5조의12 위반죄의 주체가 될 수 있음을 전제로 위와 같이 유죄로 인정한 원심의 결론은 정당하고, 거기에 잘못은 없다.

나. 검사의 상고이유에 관하여

원심은, 피고인 4, 피고인 5가 피고인 1, 피고인 2와 공동하여 업무상 과실로 이 사건 사고를 내고도 456명의 조난된 피해자를 신속히 구조하는 데 필요한 조치를 취하지 아니하고 도주하였다는 이 부분 공소사실에 대하여, 위 제4의 나.항 기재와 같은 이유로 위 피고인들에게 업무상 과실을 인정하기 어렵다고 판단하여 무죄를 선고한 제1심판결을 유지하였다.

원심판결 이유를 관련 법리와 기록에 비추어 살펴보면, 원심의 위와 같은 판단은 정당하고, 거기에 상고이유 주장과 같이 논리와 경험의 법칙을 위반하여 자유심증주의의 한계를 벗어나는 등의 잘못이 없다.

6. 피고인 4, 피고인 5의 해양환경관리법 위반의 점에 대하여

 원심은, 위 피고인들이 피고인 1과 공동하여 업무상 과실로 세월호가 바다에 매몰되어 총 214㎘ 가량의 기름을 주변해상으로 배출하였다는 이 부분 공소사실에 대하여, 위 제4의 나.항 기재와 같은 이유로 위 피고인들에게 업무상 과실을 인정하기 어렵다고 판단하여 유죄로 인정한 제1심판결을 파기하고 무죄를 선고하였다.
원심판결 이유를 관련 법리와 기록에 비추어 살펴보면, 원심의 위와 같은 판단은 정당하고, 거기에 상고이유 주장과 같이 논리와 경험의 법칙을 위반하여 자유심증주의의 한계를 벗어나는 등의 잘못이 없다.

7. 피고인들의 양형부당 주장에 대하여

 가. 피고인 1, 피고인 2, 피고인 9의 상고이유에 관하여

 위 피고인들의 연령·성행·지능과 환경, 이 사건 범행의 동기·수단과 결과, 범행 후의 정황 등 기록에 나타난 양형의 조건이 되는 여러 가지 사정을 검토하여 보면, 위 피고인들이 주장하는 각 정상을 참작하더라도 원심의 형의 양정이 심히 부당하다고 인정할 현저한 사유가 있다고 볼 수 없다.

나. 피고인 5, 피고인 11, 피고인 12, 피고인 13, 피고인 14,
    피고인 15의 상고이유에 관하여

 형사소송법 제383조 제4호에 의하면 사형, 무기 또는 10년 이상의 징역이나 금고가 선고된 사건에서만 양형부당을 사유로 한 상고가 허용되므로, 위 피고인들에 대하여 각 10년 미만의 형이 선고된 이 사건에서 형의 양정이 부당하다는 취지의 주장은 적법한 상고이유가 되지 못한다.

8. 결론

 그러므로 상고를 모두 기각하기로 하여, 주문과 같이 판결한다. 이 판결에는 피고인2, 피고인 3의 살인·살인미수 무죄판단 부분에 대한 대법관 박보영, 대법관 김소영, 대법관 박상옥의 반대의견과 수난구호법 위반, 유기치사·치상 및 특정범죄가중법 위반의 각 유죄판단 부분에 대한 대법관 이상훈, 대법관 김용덕, 대법관 김신, 대법관 조희대, 대법관 이기택의 반대의견이 있는 외에는 관여 법관의 의견이 일치하였고, 살인·살인미수 판단 부분에 관한 다수의견에 대한 대법관 이인복, 대법관 이상훈, 대법관 조희대의 보충의견과 수난구호법 위반 유죄판단 부분에 관한 다수의견에 대한 대법관 김소영, 대법관 박상옥의 보충의견이 있다.

재판장	대법원장	양승태
	대법관	이인복
	대법관	이상훈
	대법관	김용덕
	대법관	박보영
	대법관	고영한
	대법관	김창석
	대법관	김 신
주심	대법관	김소영
	대법관	조희대
	대법관	권순일
	대법관	박상옥
	대법관	이기택

거대한 음모 세월호 침몰
-누가, 왜, 어떻게

지은이 | 조원룡
만든곳 | 광화
(등록 제2019-000095호 2019. 4. 8)

1쇄 | 2019년 4월 16일
2쇄 | 2019년 4월 26일

주소 | 서울시 서초구 법원로 2길 17-8 몽마르뜨 203호(서초동)
전화 | 02. 594. 5670
팩스 | 02. 594. 5671

공급처 | 02. 451. 1227
홈페이지 | www. gulmadang.com
이메일 | morning2025@gmail.com

ISBN: 979-11-966803-1-2(03340)